国家社会科学基金（教育学）重大项目（VDA200004）阶段性研究成果
北京外国语大学"双一流"建设标志性项目（BW202018）阶段性研究成果

"一带一路"国家文化教育大系　　　　　总主编　王定华

新加坡文化教育研究

Singapore
Culture and Education

檀慧玲　等著

外语教学与研究出版社
FOREIGN LANGUAGE TEACHING AND RESEARCH PRESS
北京 BEIJING

图书在版编目（CIP）数据

新加坡文化教育研究 / 檀慧玲等著. -- 北京：外语教学与研究出版社，2022.5
（"一带一路"国家文化教育大系 / 王定华总主编）
ISBN 978-7-5213-3591-0

Ⅰ. ①新… Ⅱ. ①檀… Ⅲ. ①教育研究－新加坡 Ⅳ. ①G553.39

中国版本图书馆 CIP 数据核字 (2022) 第 076708 号

出 版 人　王　芳
项目负责　孙凤兰　巢小倩
责任编辑　杜晓沫
责任校对　孙凤兰
装帧设计　李　高
出版发行　外语教学与研究出版社
社　　址　北京市西三环北路 19 号（100089）
网　　址　http://www.fltrp.com
印　　刷　北京盛通印刷股份有限公司
开　　本　787×1092　1/16
印　　张　24
版　　次　2022 年 5 月第 1 版 2022 年 5 月第 1 次印刷
书　　号　ISBN 978-7-5213-3591-0
定　　价　180.00 元

购书咨询：（010）88819926　电子邮箱：club@fltrp.com
外研书店：https://waiyants.tmall.com
凡印刷、装订质量问题，请联系我社印制部
联系电话：（010）61207896　电子邮箱：zhijian@fltrp.com
凡侵权、盗版书籍线索，请联系我社法律事务部
举报电话：（010）88817519　电子邮箱：banquan@fltrp.com
物料号：335910001

记载人类文明
沟通世界文化
www.fltrp.com

"一带一路"国家文化教育大系编写委员会

"一带一路"国家文化教育大系编审委员会

维多利亚剧院和音乐厅

新加坡旧最高法院大楼

新加坡莱佛士雕像

新加坡传统的色彩缤纷的窗户

新加坡红点设计博物馆

新加坡牛车水唐人街

新加坡中国花园

穿着传统服装的新加坡女孩

新加坡幼儿园小朋友外出

新加坡国际学校

国际学校图书馆

新加坡学生参观科技中心

新加坡华侨中学

新加坡学生扔帽合影庆祝毕业

新加坡国立大学

新加坡南洋大学建校纪念碑

新加坡南洋理工大学标志性建筑

出版说明

2013 年 9 月 7 日，国家主席习近平提出共建"丝绸之路经济带"重大倡议。2013 年 10 月 3 日，习近平主席提出共建"21 世纪海上丝绸之路"重大倡议。两者合称"一带一路"倡议。以 2013 年金秋为起点，"一带一路"倡议作为构建人类命运共同体的伟大设想，在开拓和平、繁荣、开放、绿色、创新、文明之路的非凡征程中，孕育生机和活力，汇聚信心和期待，在世界范围内广受欢迎和响应。

文化交流、文明互鉴是构建人类命运共同体的人文基础。文化发展，教育先行。作为"共和国外交官的摇篮"、文化教育的主动践行者、"一带一路"倡议的踊跃响应者和构建人类命运共同体的积极参与者，北京外国语大学在党委书记王定华教授的带领下，放眼世界，找准坐标，勇于担当，主动作为，深耕文化教育相关领域，研究、策划并组织编写了"一带一路"国家文化教育大系（以下简称大系）。国内相关高校和研究机构的众多专家学者献计献策，踊跃参加，形成了一个范围广泛、交流互动、共同进步的"一带一路"国家文化教育学术研究共同体。大系旨在填补国内相关研究领域的学术空白，实现"一带一路"国家教育研究全覆盖，为中国教育"走出去"和相关国家先进教育理念"请进来"提供科学理论和实践指导，具有重要的学术价值。同时，大系服务国家重大战略，通过分期分批出版，形成规模和品牌，向中国共产党建党一百周年和"一带一路"倡议提出十周年献礼，具有深远的意义。

作为国家社会科学基金（教育学）重大项目"新时代提升中国参与全球教育治理的能力及策略研究"、北京外国语大学"双一流"建设标志性项目"'一带一路'国家文化教育研究"的课题研究成果和北京外国语大学党委的"奋进之举"，大系秉承学术性与可读性兼顾的原则，对"一带一路"国家文化教育理论与实践问题展开深入研究，从国情概览、文化传统、教育历史、学前教育、基础教育、高等教育、职业教育、成人教育、教师教育、教育政策、教育行政、教育交流等方面，全景擘画"一带一路"国家的教育风貌，帮助读者了解"一带一路"国家教育的历史与现状、经验与特点，为我国教育的发展和对外交流合作提供有益的借鉴、思考与启迪。

肆虐全球的新冠肺炎疫情严重影响了各国人民的生产生活，带来了二战以来人类面临的最严重的全球性危机，同时也再次阐述了人类命运共同体深刻内涵的世界性意义。在疫情防控常态化背景下，大系所有专家学者不畏困难，齐心协力，直面挑战，守望相助，化危为机，切实履行了响应和支持"一带一路"倡议的承诺。在此，特别感谢大系总策划、总主编王定华教授，以及所有顾问、编委和作者的心血倾注、智慧贡献和努力付出。

外语教学与研究出版社对大系的编写和出版工作给予了高度重视。自2019年项目启动以来，外研社抽调精锐力量成立大系工作组，多次组织相关部门和人员召开选题论证会，商建编委会，召开全体作者大会，制订周密、科学的出版计划，以保证项目的顺利开展和图书的优质出版。目前，大系的出版工作已取得阶段性成果，预计在2023年"一带一路"倡议提出十周年之前，将分期分批推出数量和规模可观的、具有相当科研价值和学术价值的系列专著。期望大系的编写和出版能为"一带一路"建设、中外教育交流及我国文化教育发展发挥基础性、服务性、广远性的作用。

外语教学与研究出版社
2021 年 4 月

总　序

王定华

改革开放以来，中国各项事业取得了巨大成就。中国经济和世界经济高度关联，中国一以贯之地坚持对外开放的基本国策，构建全方位开放新格局，深度融入世界经济体系。2013 年 9 月和 10 月，习近平主席在出访中亚和东南亚国家期间，先后提出共建"丝绸之路经济带"和"21 世纪海上丝绸之路"的重大倡议（以下简称"一带一路"倡议），得到国际社会的高度关注。其中，"丝绸之路经济带"东边牵着亚太经济圈，西边系着发达的欧洲经济圈，是世界上最长、最具发展潜力的经济大走廊；"21 世纪海上丝绸之路"串起连通东盟、南亚、西亚、北非、欧洲等各大经济板块的市场链，发展面向南海、太平洋和印度洋的战略合作经济带，以亚欧非经济贸易一体化为发展的长期目标。

一、精准把握"一带一路"倡议的时代意蕴

"经济带"概念是对地区经济合作模式的创新。其中经济走廊涵盖中蒙

俄经济走廊、新亚欧大陆桥、中国–中亚–西亚经济走廊、孟中印缅经济走廊、中国–中南半岛经济走廊等，以经济增长极辐射周边，超越了传统发展经济学理论。"丝绸之路经济带"概念不同于历史上所出现的各类"经济区"与"经济联盟"，同后两者相比，经济带具有灵活性高、适用性广以及可操作性强的特点，各国都是平等的参与者，本着自愿参与、协同推进的原则，发扬古丝绸之路兼容并包的精神。

"一带一路"倡议是我国在新时代推进全方位对外开放的重要举措，为当今世界提供了一个充满东方智慧、实现共同发展的中国方案，也是对历史文化传统的高度尊重，凝聚了世界各国利益的最大公约数。丝绸之路是起始于古代中国，连接亚洲、非洲和欧洲的古代陆上商业贸易路线，最初的作用是运输古代中国出产的丝绸、瓷器等商品，后来成为东方与西方之间在经济、政治、文化等方面进行交流的主要通道。1877 年，德国地质、地理学家李希霍芬（F. P. W. Richthofen）在其著作《中国》一书中，把公元前 114 年至公元 127 年，中国与中亚、中国与印度间以丝绸贸易为媒介的这条西域交通道路命名为"丝绸之路"，这一名词很快为学术界和大众所接受，并正式运用。其后，德国历史学家赫尔曼（A. Herrmann）在 20 世纪初出版的《中国与叙利亚之间的古代丝绸之路》一书中，根据新发现的文物考古资料，进一步把丝绸之路延伸到地中海西岸和小亚细亚，并确定了丝绸之路的基本内涵，即它是中国古代与中亚、南亚、西亚以及欧洲、北非的陆上贸易交往通道。进入 21 世纪，海上丝绸之路也被纳入丝绸之路的涵盖范围，即从中国沿海港口过南海到印度洋并延伸至欧洲，从中国沿海港口过南海到南太平洋。随着时代的发展，"丝绸之路"成为古代中国与西方所有政治经济文化往来通道的统称。

推进"一带一路"建设既是中国扩大和深化对外开放的需要，也是加强和世界各国互利合作的需要，中国愿意承担更多责任和义务，为人类和平发展做出更大的贡献。文明交流互鉴是构建人类命运共同体的重要途径，是推动人类文明共同进步、实现世界和平发展的重要动力。共建"一带一路"要顺应世界多极化、经济全球化、文化多样化、社会信息化的潮流，秉持开放的区域合作精神，致力于推动"一带一路"各国实现经济政策协调，开展更大范围、更高水平、更深层次的区域合作，共同打造开放、包容、均衡、普惠的区域经济合作架构，维护全球自由贸易体系和开放型世界经济格局。

"一带一路"贯穿亚欧非大陆，一头是活跃的东亚经济圈，一头是发达的欧洲经济圈，中间广大腹地国家经济发展潜力巨大。根据"一带一路"走向，陆上依托国际大通道，以中心城市为支撑，以重点经贸产业园区为合作平台，共同打造新亚欧大陆桥以及中蒙俄、中国-中亚-西亚、中国-中南半岛等国际经济合作走廊；海上以重点港口为基点，共同建设通畅安全高效的运输大通道。

"一带一路"建设是有关国家开放合作的宏大经济愿景，需要各国携手努力，朝着互利互惠、共同安全的目标相向而行：努力实现区域基础设施更加完善，安全高效的陆海空通道网络基本形成，互联互通达到新水平；投资贸易便利化水平进一步提升，高标准自由贸易区网络基本形成，经济联系更加紧密，政治互信更加深入；人文交流更加广泛深入，不同文明互鉴共荣，各国人民相知相交、和平友好。

"一带一路"倡议是具有开放性和包容性的友好建议。当今世界是一个开放的世界，开放带来进步，封闭导致落后。中国认为，只有开放才能发现机遇、抓住并用好机遇、主动创造机遇，才能实现国家的奋斗目标。"一带一路"倡议就是要把世界的机遇转变为中国的机遇，把中国的机遇转变为世界的机遇。正是基于这种认知与愿景，"一带一路"倡议以开放为导向，冀望通过加强交通、能源和网络等基础设施的互联互通建设，促进经济要素有序自由流动、资源高效配置和市场深度融合，开展更大范围、更高水平、更深层次的区域合作，打造开放、包容、均衡、普惠的区域经济合作架构，以此来解决经济增长和平衡问题。"一带一路"倡议的开放包容性是区别于其他区域性经济倡议的一个突出特点。

"一带一路"倡议是超越地缘政治的务实合作的广阔平台。"和平合作、开放包容、互学互鉴、互利共赢"的丝路精神是人类共有的历史财富，"一带一路"倡议就是秉承这一精神与原则提出的新时代重要倡议，通过加强相关国家间的全方位多层面交流合作，充分发掘与发挥各国的发展潜力与比较优势，形成互利共赢的区域利益共同体、命运共同体和责任共同体。在这一机制中，各国是平等的参与者、贡献者、受益者。因此，"一带一路"倡议从一开始就具有平等性、和平性特征。平等是中国坚持的重要国际准则，也是"一带一路"建设的关键基础。只有建立在平等基础上的合作才能是持久的合作，也才会是互利的合作。"一带一路"倡议平等包容的合作特征为其推进减轻了阻力，提升了共建效率，有助于国际合作真正"落地生根"。同时，"一带一路"建设离不开和平安宁的国际环境和地区环境，和平是"一带一路"建设的本质属性，也是保障其顺利推进所不可或缺的重要因素。这些就决定了"一带一路"倡议不应该也不可能沦为大国政治较量的工具，更不会重复地缘博弈的老路。

"一带一路"倡议是政府、企业、团体共同发力的项目载体。"一带一路"建设是在双边或多边联动基础上通过具体项目加以推进的，是在进行充分政策沟通、战略对接以及市场运作后形成的发展倡议与规划。2017 年 5 月发布的《"一带一路"国际合作高峰论坛圆桌峰会联合公报》强调了建设"一带一路"的合作原则，其中就包括市场运作原则，即充分认识市场作用和企业主体地位，确保政府发挥适当作用，政府采购程序应开放、透明、非歧视。可见，"一带一路"建设的核心主体与支撑力量并不是政府，而是企业，根本方法是遵循市场规律，并通过市场化运作模式来实现参与各方的利益诉求，政府在其中发挥构建平台、创立机制、政策引导等指向性、服务性功能。

"一带一路"倡议是与现有相关机制对接互补的有益渠道。参与"一带一路"建设的国家要素禀赋各异，比较优势差异明显，互补性很强。有的国家能源资源富集但开发力度不够，有的国家劳动力充裕但就业岗位不足，有的国家市场空间广阔但产业基础薄弱，有的国家基础设施建设需求旺盛但资金紧缺。我国目前经济总量居全球第二，外汇储备居全球第一，优势产业越来越多，基础设施建设经验丰富，装备制造能力强、质量好、性价比高，具备资金、技术、人才、管理等综合优势。这就为我国与其他"一带一路"建设参与方实现产业对接与优势互补提供了现实可能与重大机遇。因而，"一带一路"倡议的核心内容就是要加强基础设施建设和促进互联互通，对接各国政策和发展战略，以便深化务实合作，促进协调联动发展，实现共同繁荣。由此可见，"一带一路"倡议不是对现有地区合作机制的替代，而是与现有机制互为助力、相互补充。实际上，"一带一路"建设已经与俄罗斯主导的欧亚经济联盟、印尼全球海洋支点发展规划、哈萨克斯坦光明之路经济发展战略、蒙古国草原之路倡议、欧盟欧洲投资计划、埃及苏伊士运河走廊开发计划等实现了对接与合作，并形成了一批标志性项目，如中哈（连云港）物流合作基地。作为新亚欧大陆桥经济走廊建设成果之一，中哈（连云港）物流合作基地初步实现了深水大港、远洋干线、中欧班列、物流场站的无缝对接。该项目与哈萨克斯坦光明之路经济发展战略高度契合。

"一带一路"倡议是促进人文交流的沟通桥梁。"一带一路"倡议跨越不同区域、不同文化、不同宗教信仰，但它带来的不是文明冲突，而是各文明间的交流互鉴。"一带一路"倡议在推进基础设施建设、加强产能合作与发展战略对接的同时，也将"民心相通"作为工作重心之一。民心相通是"一带一路"建设的社会根基。民心相通就是要传承和弘扬丝绸之路友好合作精神，广泛进行文化交流、学术交流、人才交流往来、媒体合作、青年和妇女交往、志愿者服务等，为深化双边和多边合作奠定坚实的民意基础。一是扩大相互间留学生规模，开展合作办学；国家间互办文化年、艺术节、电影节、电视周和图书展等活动，深化国家间人才交流合作。二是加强旅游合作，扩大旅游规模，联合打造具有丝绸之路特色的国际精品旅游线路和旅游产品。三是强化与周边国家在传染病疫情信息沟通、防治技术交流、专业人才培养等方面的合作，提高合作处理突发公共卫生事件的能力。四是加强科技合作，共建联合实验室（研究中心）、国际技术转移中心、海上合作中心，促进科技人员交流，合作开展重大科技攻关，共同提升科技创新能力。五是整合现有资源，开拓和推进参与国家在青年就业、创业培训、职业技能开发、社会保障管理服务、公共行政管理等共同关心领域的务实合作。六是充分发挥政党、议会交往的桥梁作用，加强国家之间立法机构、主要党派和政治组织的友好往来，互结友好城市。七是加强各国民间组织的交流合作，重点面向基层民众，广泛开展教育、医疗、减贫开发、生物多样性和生态环保等主题的各类公益慈善活动，改善贫困地区生产生活条件；加强文化传媒领域的国际交流合作，积极利用网络平台，运用新媒体工具，塑造和谐友好的文化生态和舆论环境；通过强化民心相通，弘扬丝绸之路精神，开展智力丝绸之路、健康丝绸之路等建设，在科学、教育、文化、卫生、民间交往等领域广泛合作，使"一带一路"建设的民意基础更为坚实，社会根基更加牢固。"一带一路"建设就是要以文明交流超越文明隔阂，以文明互鉴超越文明冲突，以文明共存超越文明优越，为相关国家人民加强交流、增进理解搭起新的桥梁，为不同文化和文明加强对话、交流互鉴织就新的纽带，推动各国相互理解、相互尊重、相互信任。

"一带一路"是促进共同发展、实现共同繁荣的友谊之路。共建"一带一路"旨在促进各国发展战略的对接和耦合，有利于发掘区域市场的潜力，推动经济要素有序自由流动、资源高效配置和市场深度融合，促进投资和消费，创造需求和就业，增进各国人民的人文交流与文明互鉴，从而让各国人民相逢相知、互信互敬，共享和谐、安宁、富裕的生活。共建"一带一路"符合国际社会的根本利益，彰显了人类社会的共同理想和美好追求，是国际合作及全球治理新模式的积极探索，将为世界和平发展增添新的正能量。中国政府倡议秉持和平合作、开放包容、互学互鉴、互利共赢的理念，全方位推进务实合作，打造政治互信、经济融合、文化包容的利益共同体、命运共同体和责任共同体。

"一带一路"倡议已经得到世界上众多国家和地区的积极响应，成为维护全球自由贸易体系和开放型世界经济的重要支撑。截至 2021 年 1 月 30 日，中国已经同 171 个国家和国际组织签署 205 份共建"一带一路"合作文件。[1] 特别是 2017 年 5 月第一届"一带一路"国际合作高峰论坛、2019 年 4 月第二届"一带一路"国际合作高峰论坛和 2019 年 5 月亚洲文明对话大会的成功举办，充分彰显了我国开放、包容的大国外交风范。在此背景下，我们一方面应致力于向世界介绍中国，推动中国文化"走出去"，讲好中国故事；另一方面也应加强对"一带一路"国家的历史、文化、语言、教育、艺术等方面的介绍和研究，让中国人民更多地了解"一带一路"国家的具体国情，特别是文化传统和教育体系。

"一带一路"倡议合作范围不断扩大，合作领域愈加广阔。它不仅给参与各方带来了实实在在的合作红利，也为世界贡献了应对挑战、创造机遇、强化信心的智慧与力量。

当今世界，新冠肺炎疫情带来诸多挑战，局部战争风险依然存在，经济增长动能不足，"逆全球化"思潮涌动，地区动荡持续，恐怖主义蔓延。和平赤字、发展赤字、治理赤字带来的严峻问题，已摆在全人类面前。这充分说明现有的全球治理体系面临结构性问题，亟须找到新的破解之策与应对方略。作为一个新兴大国，中国有能力、有意愿同时也有责任为完善全球治理体系贡献智慧与力量。面对新挑战、新问题、新情况，中国给出

---

[1] 中国一带一路网. 我国已签署共建"一带一路"合作文件 205 份 [EB/OL].（2021-01-30）[2021-02-23]. https://www.yidaiyilu.gov.cn/xwzx/gnxw/163241.htm.

的全球治理方案是：构建人类命运共同体，实现共赢共享。"一带一路"倡议正是朝着这个目标努力的具体实践。"一带一路"倡议强调各国的平等参与、包容普惠，主张携手应对世界经济面临的挑战，开创发展新机遇，谋求发展新动力，拓展发展新空间，共同朝着人类命运共同体方向迈进。正是本着这样的原则与理念，"一带一路"倡议针对各国发展的现实问题和治理体系的短板，创立了亚洲基础设施投资银行、丝路基金等新型国际机制，构建了多形式、多渠道的交流合作平台。这既能缓解当今全球治理机制代表性、有效性、及时性难以适应现实需求的困境，在一定程度上扭转公共产品供应不足的局面，提振国际社会参与全球治理的士气与信心，又能满足发展中国家尤其是新兴市场国家变革全球治理机制的现实要求，大大增强了新兴国家和发展中国家的话语权，是推进全球治理体系朝着更加公正合理方向发展的重大突破。

"一带一路"倡议涵盖了发展中国家与发达国家，实现了"南南合作"与"南北合作"的统一，有助于推动全球均衡可持续发展。"一带一路"建设以基础设施建设为着眼点，促进经济要素有序自由流动，推动中国与相关国家的宏观政策的对接与协调。对于参与"一带一路"建设的发展中国家来说，这是一次搭中国经济发展"快车""便车"，实现自身工业化、现代化的历史性机遇，有利于推动"南南合作"的广泛展开，同时也有助于增进"南北对话"，促进"南北合作"的深度发展。不仅如此，"一带一路"倡议的理念和方向同联合国《2030 年可持续发展议程》也高度契合，完全能够加强对接，实现相互促进。联合国秘书长古特雷斯表示，"一带一路"倡议与《2030 年可持续发展议程》都以可持续发展为目标，都试图提供机会、全球公共产品和双赢合作，都致力于深化国家和区域间的联系。

二、深入推动"一带一路"国家的教育交流

2020 年 6 月印发的《教育部等八部门关于加快和扩大新时代教育对外开放的意见》指出，教育对外开放是教育现代化的鲜明特征和重要推动力，要以习近平新时代中国特色社会主义思想为指导，坚持教育对外开放不动摇，主动加强同世界各国的互鉴、互容、互通，形成更全方位、更宽领域、更多层次、更加主动的教育对外开放局面。

教育为国家富强、民族繁荣、人民幸福之本，在共建"一带一路"中具有基础性和先导性作用。教育交流为各国民心相通架设桥梁，人才培养为各国政策沟通、设施联通、贸易畅通、资金融通提供支撑。各国间教育交流源远流长，教育合作前景广阔，大家携手发展教育，合力共建"一带一路"，是造福各国人民的伟大事业。推进"一带一路"国家教育共同繁荣，既是加强与各国教育互利合作的需要，也是推进中国教育改革发展的需要，中国愿意在力所能及的范围内承担更多责任和义务，为区域教育大发展做出更大的贡献。

（一）教育合作的原则

"一带一路"国家教育合作应遵循四个重要原则。

一是育人为本，人文先行。加强合作育人，提高区域人口素质，为共建"一带一路"提供人才支撑。坚持人文交流先行，建立区域人文交流机制，搭建民心相通桥梁。

二是政府引导，民间主体。政府加强沟通协调，整合多种资源，引导教育融合发展。发挥学校、企业及其他社会力量的主体作用，活跃教育合作局面，丰富教育交流内涵。

三是共商共建，开放合作。坚持共商、共建、共享，推进各国教育发

11

展规划相互衔接，实现各国教育融通发展、互动发展。

四是和谐包容，互利共赢。加强不同文明之间的对话，寻求教育发展最佳契合点和教育合作最大公约数，促进各国在教育领域互利互惠。

（二）教育合作的重点

"一带一路"各国教育特色鲜明、资源丰富、互补性强、合作空间巨大。中国将以基础性、支撑性、引领性三方面举措为建议框架，开展三方面重点合作，对接各国意愿，互鉴先进教育经验，共享优质教育资源，全面推动各国教育提速发展。

1. 开展教育互联互通合作

一是加强教育政策沟通。开展"一带一路"国家教育法律、政策协同研究，构建各国教育政策信息交流通报机制，为各国政府推进教育政策互通提供决策建议，为各国学校和社会力量开展教育合作交流提供政策咨询。积极签署双边、多边和次区域教育合作框架协议，制定各国教育合作交流国际公约，逐步疏通教育合作交流政策性瓶颈，实现学分互认、学位互授联授，协力推进教育共同体建设。

二是助力教育合作渠道畅通。推进"一带一路"国家间签证便利化，扩大教育领域合作交流，形成往来频繁、合作众多、交流活跃、关系密切的携手发展局面。鼓励有合作基础、相同研究课题和发展目标的学校缔结姊妹关系，逐步深化和拓展教育合作交流。举办校长论坛，推进学校间开展多层次、多领域的务实合作。支持高等学校依托优势学科和专业，建立"产学研用"相结合的国际合作联合实验室（研究中心）、国际技术转移中心，共同应对各国在经济发展、资源利用、生态保护等方面面临的重大挑战与机遇。打造"一带一路"国家学术交流平台，吸引各国专家学者、青年学生开展研究和学术交流。推进"一带一路"国家优质教育资源共享。

三是促进语言互通。研究构建语言互通协调机制，共同开发语言互通开放课程，逐步将国家语言课程纳入各国的学校教育课程体系。拓展政府间语言学习交换项目，联合培养、相互培养高层次语言人才。发挥外国语院校人才培养优势，推进基础教育多语种师资队伍建设和外语教育教学工作。扩大语言学习国家公派留学人员规模，倡导各国与中国院校合作在华开办本国语言专业。支持更多社会力量助力孔子学院和孔子课堂建设，加强汉语教师和汉语教学志愿者队伍建设，全力满足不同国家的汉语学习需求。

四是推进民心相通。鼓励学者开展或合作开展中国课题研究，增进各国对中国发展模式、国家政策、教育文化等各方面的理解。建设国别和区域研究基地，与对象国合作开展经济、政治、教育、文化等领域研究。逐步将理解教育课程、丝路文化遗产保护纳入各国中小学教育课程体系，加强青少年对不同国家文化的理解。加强"丝绸之路"青少年交流，注重通过志愿服务、文化体验、体育竞赛、创新创业活动和新媒体社交等途径，增进不同国家青少年对其他国家文化的理解。

五是推动学历学位认证标准联通。推动落实联合国教科文组织《亚太地区承认高等教育资历公约》，支持联合国教科文组织建立世界范围学历互认机制，实现区域内双边、多边学历学位关联互认。呼吁各国完善教育质量保障体系和认证机制，加快推进本国教育资历框架开发，助力各国学习者在不同种类和不同阶段教育之间进行转换，促进终身学习社会的建设。共商、共建区域性职业教育资历框架，逐步实现就业市场的从业标准一体化。探索建立各国教师专业发展标准，促进教师流动。

2．开展人才培养培训合作

一是实施"丝绸之路"留学推进计划。设立"丝绸之路"中国政府奖学金，为各国专项培养行业领军人才和优秀技能人才。全面提升来华留学人才培养质量，把中国打造成为深受各国学子欢迎的留学目的地。以国家公派留学为引领，推动更多中国学生到"一带一路"其他国家留学。坚持"出国留学和来华留学并重、公费留学和自费留学并重、扩大规模和提高质量并重、依法管理和完善服务并重、人才培养和发挥作用并重"，完善全链条的留学人员管理服务体系，保障平安留学、健康留学、成功留学。

二是实施"丝绸之路"合作办学推进计划。有条件的中国高等学校开展境外办学要集中优势学科，选好合作契合点，做好前期论证工作，构建科学的人才培养模式、运行管理模式、服务当地模式、公共关系模式，使学校顺利落地生根、开花结果。发挥政府引领、行业主导作用，促进高等学校、职业院校与行业企业深度产教融合。鼓励中国优质职业教育配合高铁、电信运营等行业企业"走出去"，探索开展多种形式的境外合作办学，合作设立职业院校、培训中心，合作开发教学资源和项目，开展多层次职业教育和培训，培养当地急需的各类"一带一路"建设者。整合资源，积极推进与各国在青年就业培训等共同关心领域的务实合作。倡议国家之间开展高水平合作办学。

三是实施"丝绸之路"师资培训推进计划。开展"丝绸之路"教师培训，加强先进教育经验交流，提升区域教育质量。加强"丝绸之路"教师交流，推动各国校长交流访问、教师及管理人员交流研修，推进优质教育模式在各国的互学互鉴。大力推进各国优质教学仪器设备、教材课件和整体教学解决方案的输出，跟进教师培训工作，促进各国教育资源和教学水平均衡发展。

四是实施"丝绸之路"人才联合培养推进计划。推进国家间的研修访学活动。鼓励各国高等院校在语言、交通运输、建筑、医学、能源、环境

工程、水利工程、生物科学、海洋科学、生态保护、文化遗产保护等国家
发展急需的专业领域联合培养学生，推动联盟内或校际教育资源共享。

3．共建丝路合作机制

一是加强"丝绸之路"人文交流高层磋商。开展国家间的双边、多边
人文交流高层磋商，商定"一带一路"教育合作交流总体布局，协调推动
各国建立教育双边和多边合作机制、教育质量保障协作机制和跨境教育市
场监管协作机制，统筹推进"一带一路"教育共同行动。

二是充分发挥国际合作平台作用。发挥上海合作组织、东亚峰会、亚
太经合组织、亚欧会议、亚洲相互协作与信任措施会议、中阿合作论坛、
东南亚教育部长组织、中非合作论坛、中巴经济走廊、孟中印缅经济走
廊、中蒙俄经济走廊等现有双边、多边合作机制的作用，增加教育合作的
新内涵。借助联合国教科文组织等国际组织力量，推动各国围绕实现世界
教育发展目标形成协作机制。充分利用中国–东盟教育交流周、中日韩大学
交流合作促进委员会、中阿大学校长论坛、中非高校20+20合作计划、中日
大学校长论坛、中韩大学校长论坛、中俄综合性大学联盟等已有平台，开
展务实的教育合作交流。支持在共同区域、有合作基础、具备相同专业背
景的学校组建联盟，不断延展教育务实合作平台。

三是实施"丝绸之路"教育援助计划。发挥教育援助在"一带一路"
教育共同行动中的重要作用，逐步加大教育援助力度，重点投资于人、援
助于人、惠及于人。发挥教育援助在"南南合作"中的重要作用，加大对
相关国家尤其是最不发达国家的支持力度。统筹利用国家、教育系统和民
间资源，为相关国家培养培训教师、学者和各类技能人才。积极开展优质
教学仪器设备、整体教学方案、配套师资培训一体化援助。加强中国教育
培训中心和教育援外基地建设。倡议各国建立政府引导、社会参与的多元

化经费筹措机制，通过国家资助、社会融资、民间捐赠等渠道，拓宽教育经费来源，做大教育援助格局，实现教育共同发展。

三、精心组织"一带一路"国家文化教育大系的编著出版

在编写"一带一路"国家文化教育大系过程中，应当全面了解国内外对"一带一路"倡议的响应情况，关注进展，总结做法；应当在新冠肺炎疫情得到控制后到对象国去走一走，看一看，实地感受其教育情况和发展变化；应当广泛收集对象国一手资料，认真阅读，消化分析，吐故纳新；应当多方检索专家学者已经开展的相关研究，虚心参阅已有的研究成果。肆虐全球的新冠肺炎疫情，给人类身体健康和生命安全带来了巨大威胁，对世界格局和世界治理体系产生了重大影响，给全球各行各业带来了巨大挑战。教育置身其间，影响十分明显。因而，对"一带一路"国家文化教育进行研究时，必须观察分析疫情对相关国家文化教育和全球教育治理的深刻影响。

"一带一路"倡议提出后，中外已形成多个"一带一路"多边大学联盟。2015 年 5 月 22 日，由西安交通大学发起的新丝绸之路大学联盟成立，迄今已吸引 38 个国家和地区的 150 余所大学加盟。该联盟是海内外大学结成的非政府、非营利性的开放性、国际化高等教育合作平台，以"共建教育合作平台，推进区域开放发展"为主题，推动"新丝绸之路经济带"国家和地区大学之间在校际交流、人才培养、科研合作、文化沟通、政策研究、医疗服务等方面的交流与合作，增进青少年之间的了解和友谊，培养具有国际视野的高素质、复合型人才，服务"新丝绸之路经济带"及欧亚地区的发展建设。

2015 年 10 月 17 日，丝绸之路（敦煌）国际文化博览会筹委会文化传承创新高端学术研讨会在敦煌举行。中国的复旦大学、北京师范大学、兰州大

学和俄罗斯乌拉尔国立经济大学、韩国釜庆大学等 46 所中外高校在甘肃敦煌成立了"一带一路"高校战略联盟，以探索跨国培养与跨境流动的人才培养新机制，培养具有国际视野的高素质人才。46 所高校当日达成《敦煌共识》，联合建设"一带一路"高校国际联盟智库。联盟将共同打造"一带一路"高等教育共同体，推动"一带一路"国家和地区大学之间在教育、科技、文化等领域的全面交流与合作，服务"一带一路"国家和地区的经济社会发展。

2016 年 9 月，中国、中亚及丝绸之路经济带沿线 7 个国家的 51 所高校共同发起成立了中国–中亚国家大学联盟，旨在打造开放性、国际化互动平台，深化"一带一路"科教合作。

此外，高等教育合作研讨会也日渐增多，既有官方推动形成的研讨会，也有民间自发举办的研讨会。比如，中外大学校长论坛、新加坡–中国–印度高等教育论坛、"一带一路"教育对话论坛，以及北京师范大学举办的"一带一路"国家教育交流与合作高端研讨会，北京外国语大学举办的"一带一路"与行业国际化人才培养高峰论坛，北京理工大学主办的"一带一路"高等教育研究国际会议，浙江大学举办的"一带一路"背景下的工程科技人才培养国际研讨会等。这些多边研讨会的召开，不仅吸引了大量"一带一路"沿线国家的教育研究者与实践者参会，推动了研究与实践合作，而且创新了教育合作模式，促进了国际化高端人才培养，为"一带一路"建设奠定了民意基础。

"一带一路"倡议提出之后，中国学术界迅速开展了关于"一带一路"的研究活动，有关"一带一路"主题的图书主要有以下五类。第一类是倡议解读类图书，一般是梳理"一带一路"倡议的提出、发展及其理论内涵与外延。第二类是经济贸易类图书，专业性较强，主要为理论研究型图书。第三类是国情文史类图书，多为介绍"一带一路"国家国情概览、历史情况、发展概况的工具书，语言平实，部分图书学术性较强。第四类是丝路历史类图书，一般回顾古代丝绸之路的形成与发展、丝绸之路上的人物和大事记等，追古溯源，以便更好地开启"一带一路"新篇章。第五类是法律税收类图书，多为法律指引、税务规范手册等。

可以看出，国内对"一带一路"国家的研究已有一定基础，但是囿于语言翻译的障碍，已经出版的"一带一路"图书，大多是政策解读、数据报告、概况介绍等，对对象国的研究广度和深度还很不够，尤其是针对"一带一路"国家文化教育的系统研究还比较少。

在"一带一路"国家中，遴选具有代表性的对象，对其文化、教育进行系统性的研究，并在此基础上编写"一带一路"国家文化教育大系，分期分批出版，对于帮助中国普通读者和研究人员了解"一带一路"国家的文化教育情况，以及对于拓展我国比较教育研究领域、丰富比较教育研究文献，乃至对于促进中外文明互通、更好地参与推进"一带一路"建设，都具有重要意义。基于对选题背景与意义、相关出版产品调研和北京外国语大学比较优势的分析，"一带一路"国家文化教育大系坚持学术性、可读性兼顾原则，分批次推出，不断积累，以形成规模和品牌。

大系在内容上，一方面呈现"一带一路"国家的文化概貌，展示"一带一路"国家教育发展的文化背景和社会依托。大系采用专题形式，力求用简洁平实的语言生动活泼地介绍"一带一路"国家的自然地理、人文景观、历史发展、风土人情、文化遗产等内容，重点呈现对象国独有的文化现象和独特风貌，集中揭示其民族文化内涵、民族精神、人文意蕴。另一方面，大系重点研究、评价、介绍"一带一路"国家教育的基本情况、发展历史、发展战略、政策法规、现存体系、治理模式与师资队伍等，这方面内容占较大篇幅，是全书的重点和主要内容。

"一带一路"倡议正在成为我国参与全球开放合作、改善全球治理体系、促进全球共同发展繁荣、推动构建人类命运共同体的中国方案。作为国家社会科学基金（教育学）重大项目"新时代提升中国参与全球教育治理的能力及策略研究"的部分研究成果和北京外国语大学"双一流"建设重大标志性成果，"一带一路"国家文化教育大系计划在 2021 年中国共产党建党 100 周年和北京外国语大学建校 80 周年之际，推出首批图书。2023 年"一带一路"倡议提出 10 周年时，推出该项目二期成果。同时积极参与党和国家相关主题纪念活动，以及国家重大图书项目的申报评选工作。

北京外国语大学以外语见长，国际交往活跃，被誉为"共和国外交官的摇篮"，先后培养了 400 多位大使、2 000 多位参赞，以及更多的外交外事外贸工作者。凡是有五星红旗飘扬的地方，都能看到北外人的身影。北外不仅承担着培养各类国际化人才的任务，更担负着向中国介绍世界、向世界介绍中国的历史使命。迄今为止，北外已获批开设 101 种外国语言，成立了 37 个区域与国别研究中心，丰富的涉外资源正在助力"一带一路"国家的研究。

大系由外研社具体组织实施。外研社隶属北外，多年来致力于"一带一路"国家的合作交流，服务讲好"中国故事"，在中华思想文化传播、打造中外出版联盟、推动中外学术互译等方面积累了丰富经验，对于协助研究、编著、出版"一带一路"国家文化教育大系具有良好的工作基础。这也是北外及外研社的使命和担当之所在。

大系编著者以北外教师为主。服务国家重大战略，北外人责无旁贷。同时，国内有研究专长和研究意愿的专家学者也踊跃参与，他们或独自撰著一书，或与北外同仁合作。大系还邀请了驻外使领馆的同志和对象国的学者参加撰写或审稿，他们运用一手资料，开展实地调研，力图提升大系的准确性。

四、结语

"一带一路"倡议植根历史，更面向未来；源于中国，更属于世界。"一带一路"作为文明互鉴的桥梁，从亚欧大陆延伸到非洲、美洲、大洋洲，与世界各国发展战略及众多国际和地区组织的发展实现对接联通，在通路、通航的基础上更好地通商，进而开展文化教育交流与沟通，加强商品、资金、技术、文化、教育流通，达成互学互鉴的文明愿景。"一带一路"倡议的目标是中国与"一带一路"国家在互联互通基础上分享优质产能，共商项目投资，共建基础设施，共享合作成果，内容包括政策沟通、设施联通、贸易畅通、资金融通、民心相通"五通"。"一带一路"倡议肩负重大使命，它要探寻经济增长之道，将中国自身的产能优势、技术与资金优势、经验与模式优势转化为市场与合作优势，实行全方位开放，共享中国改革发展红利；它要实现全球化再平衡，鼓励向西开放，带动西部开发以及中亚、蒙古等内陆国家和地区的开发，在国际社会推行全球化的包容性发展理念，主动向西推广中国优质产能和比较优势产业，惠及沿途、沿岸国家，避免西方国家所开创的全球化造成的贫富差距和地区发展不平衡情况，推动建立持久和平、普遍安全、共同繁荣的和谐世界；它要开创地区新型合作，强调共商、共建、共享原则，超越了马歇尔计划和传统的对外援助活动，给 21 世纪的国际合作带来了新的理念。所以，新时代中国的教育学者应当将"一带一路"国家文化教育研究作为比较教育新的增长点，全面深入开展研究，以自己的聪明才智丰富学术，为国出力，服务国家重大发展战略；在加强与"一带一路"国家的交流合作中，推动"一带一路"建设高质量发展，努力建设高质量的中国教育体系，并积极参与全球教育治理体系改革，加快构建以国内大循环为主体、国际国内双循环相互促进的新发展格局。

2021 年春
于北京外国语大学

（王定华，北京外国语大学党委书记、博士、教授、博士生导师，国家督学。历任河南大学教师、中国驻纽约总领事馆教育领事、教育部基础教育一司司长、教育部教师工作司司长等。）

本书前言

20 世纪 70 年代，新加坡实现了经济的快速增长，跻身世界发达国家之列。进入 21 世纪以来，新加坡坚持实施创新发展战略，积极推动产业数字化转型，在第四次工业革命浪潮中积聚了强大的信息科技实力，重塑其经济竞争力。国际货币基金组织 2021 年 4 月 6 日发布的最新一期《世界经济展望数据库》显示，新加坡人均 GDP 为 5.981 9 万美元，位居世界第 7 位。

由于国土面积狭小、自然资源匮乏，新加坡政府深知唯有把人力资源当作第一资源充分开发利用，才能赢得国际竞争优势。为此，新加坡高度重视教育，并不断推进教育改革创新，形成了极具本土特色的教育体系。在由经合组织（OECD）发起的国际学生评估项目（PISA）中，新加坡学生成绩优异，在参测国家（地区）中多次名列前茅（2015 年阅读、数学、科学三个科目第一，2018 年三个科目第二）。高等教育也成绩斐然，新加坡国立大学和南洋理工大学是公认的世界一流大学，近几年两所学校在 QS 世界大学排行榜中稳居前列。

本书遵循开放包容、互学互鉴精神，在已有研究的基础上，力图对新加坡的文化传统，教育历史，各级各类教育发展、教育政策、教育行政，以及中新教育交流等方面进行较为全面的梳理和分析，以期多维度、全方位呈现新加坡教育发展全貌，深化对新加坡文化教育的了解和认识。

本书共分为十二章。第一、二章概述新加坡国情和文化传统，形成对新加坡文化教育背景的基本认识。第三章对新加坡的教育发展历程进行梳理，了解其重要教育流派及其主要思想。第四、五、六章分别对新加坡学前教育、基础教育、高等教育的发展历史及现状进行梳理，总结其特点和经验。第七、八、九章重点分析新加坡职业教育、成人教育、教师教育的发展历史、现状、特点及经验。第十、十一章详细介绍新加坡的教育政策和教育行政，增加对其教育管理等方面的了解。第十二章聚焦中新教育交流的历史和现状，展望未来两国在"一带一路"倡议下的文化教育交流与合作。

本书由檀慧玲负责整体规划、撰写与统稿。参与撰写工作的还有郑丽君（第一、二、三章）、黄洁琼（第四章）、沈漪佳（第五、七、八章）、王玥（第六、十一、十二章）、万兴睿（第九、十章）。李松莹为本书做了大量工作。感谢大家的精诚合作与辛苦付出！

本书在撰写过程中，参考和借鉴了国内外新加坡文化教育相关领域学者的研究成果和观点，对此表示诚挚感谢。书中部分图片由 Flickr 网站摄影师 Lucy Gray、saeru、Richard Ricciard、smuconlaw 以及 Upslash 网站摄影师 Pang Yuhao、Đức Mạnh 提供，在此一并致谢。非常感谢北京外国语大学党委书记、"一带一路"国家文化教育大系总主编王定华教授，外语教学与研究出版社刘捷编审、孙凤兰编审和巢小倩副编审的鼓励和支持。特别感谢本书责任编辑杜晓沫副编审，她的认真负责、耐心细致是本书能够顺利出版的重要保障。

由于作者的能力和水平有限，书中不足与疏漏之处在所难免，恳请各位专家和读者批评指正。

檀慧玲

2022 年 3 月于北京师范大学

目　录

第一章　国情概览 ·· 1

　　第一节　自然地理 ·· 1

　　　　一、得天独厚的地理位置 ································ 2

　　　　二、宜人宜居的气候环境 ································ 2

　　　　三、匮乏稀缺的自然资源 ································ 3

　　第二节　国家制度 ·· 4

　　　　一、治国方略 ·· 5

　　　　二、行政管理体制 ······································ 8

　　　　三、移民国家的立国之道 ································ 9

　　第三节　社会生活 ·· 13

　　　　一、短小精悍的狮国 ··································· 13

　　　　二、老龄化的多元民族 ································· 15

　　　　三、多姿多彩的风土人情 ······························ 19

第二章　文化传统 ·· 24

　　第一节　历史沿革 ·· 24

　　　　一、文化沙漠中的绿洲

　　　　　　（独立初期至 20 世纪 70 年代末）················ 25

　　　　二、儒家文化独领风骚

　　　　　　（20 世纪 70 年代末至 80 年代末）·············· 26

　　　　三、共同价值应运而生

　　　　　　（20 世纪 80 年代末至今）···················· 29

　　第二节　文化流派 ·· 32

　　　　一、新加坡的儒家文化 ································· 32

二、个人主义文化 ………………………………………… 38

三、共同价值观 …………………………………………… 39

第三章 教育历史 ……………………………………………45

第一节 历史沿革 ………………………………………45

一、大力普及基础教育

（自治初期至 20 世纪 70 年代末）…………… 46

二、积极推进英才教育强国战略

（20 世纪 70 年代末至 20 世纪 90 年代末）…… 48

三、以学生为本，强调能力培养，注重价值导向

（20 世纪 90 年代末至今）………………… 51

第二节 教育思想 ………………………………………54

一、李光耀的教育思想 ………………………………… 55

二、精英教育思想 ……………………………………… 60

三、华文教育思想 ……………………………………… 63

第四章 学前教育 ……………………………………………72

第一节 学前教育的发展和现状 ………………………72

一、发展背景：历史与现实相统一 ………………… 73

二、托幼机构：种类丰富，满足多元需要 ………… 78

三、课程框架：幼儿是好奇、积极、有能力的

学习者 ………………………………… 81

四、师资培养：逐渐形成完备的教师教育制度 …… 91

五、质量保障：构建和完善学前教育质量

评估体系 ……………………………… 94

第二节 学前教育的特点和经验 ………………………100

一、普及性：解决"有园上"问题 ………………… 101

二、可负担性：聚焦"上得起"问题 ·················· 104

三、可问责性：关注"上好园"问题 ·················· 107

四、可持续性：稳定性与发展性相统一 ·············· 110

五、公平性：满足多元诉求，维护社会稳定 ······ 111

第五章　基础教育 ··112

第一节　基础教育的发展和现状 ·····························112

一、基础教育的发展历程 ······························· 113

二、基础教育的现状 ······································· 118

第二节　基础教育的特点和经验 ·····························133

一、教育分流，因材施教 ······························· 133

二、重视双语教育，实现创新与借鉴 ·············· 134

三、基础教育信息化 ······································· 136

第三节　基础教育的挑战和对策 ·····························138

一、改革严格的分流制度 ······························· 139

二、增强对华文教育的重视 ···························· 140

第六章　高等教育 ··143

第一节　高等教育的发展和现状 ·····························143

一、高等教育的发展历程 ······························· 143

二、高等教育的规模和质量 ···························· 147

第二节　高等教育的特点和经验 ·····························159

一、国际化 ·· 160

二、自治化 ·· 166

第三节　高等教育的挑战和对策 ·····························170

一、走向国际化过程中的冲突 ························· 170

二、实现自治中的放权与规约 ························· 173

第七章 职业教育 ·································174

  第一节 职业教育的发展和现状 ·············174

    一、职业教育的发展历程 ···············175

    二、职业教育的现状 ····················181

  第二节 职业教育的特点和经验 ············191

    一、"双师型"的师资队伍 ·············191

    二、双元制的职业教育模式 ···········192

    三、职业教育的国际化 ················194

  第三节 职业教育的挑战和对策 ············194

    一、加强职业教育与社会的连接 ·······195

    二、强化职业生涯指导 ················196

    三、提升职业教育吸引力 ··············199

第八章 成人教育 ·································201

  第一节 成人教育的发展和现状 ············201

    一、成人教育的发展历程 ··············201

    二、成人教育的现状 ···················207

  第二节 成人教育的特点和经验 ············215

    一、以终身教育理念为指导 ···········216

    二、充足的经费保障 ···················217

    三、发展特色的老年教育——乐龄教育 ·············218

  第三节 成人教育的挑战和对策 ············220

    一、构建新的教育教学理念及模式，

      提高教学质量 ·····················220

    二、推行多项职业支援及培训计划，

      提升劳动力就业技能 ·············224

第九章 教师教育 ……227

第一节 教师教育的发展和现状 ……227

一、教师教育发展历程 …… 227

二、教师教育现状 …… 233

第二节 教师教育的特点和经验 ……244

一、教师教育的特点 …… 244

二、教师教育的经验 …… 247

第三节 教师教育的挑战和对策 ……250

一、教师教育的挑战 …… 250

二、教师教育的对策 …… 252

第十章 教育政策 ……255

第一节 政策与规划 ……255

一、教育政策发展历程 …… 255

二、全人教育领域：课程辅助活动计划

（2001 年至今） …… 256

三、国家认同教育领域：国家教育计划

（2017 年修订） …… 262

四、教育信息化领域：国家教育信息化发展

规划 Master Plan 4（2015—2020 年） …… 266

第二节 实施与经验 ……272

一、专项专业、灵活规范的课程辅助活动计划… 272

二、扎根本土、路径多元的国家教育计划……… 275

三、渐进整合、多元共促的国家教育信息化

发展规划 …… 279

第十一章 教育行政 ················ 282

第一节 中央教育行政 ················ 283

一、层次清晰的教育行政机构 ············ 283

二、集中与分类并行的教育行政管理 ········ 285

第二节 学校教育行政 ················ 295

一、人事管理为主的中小学内部行政 ······· 295

二、自主权较强的高校内部行政

——以南洋理工大学为例 ········ 301

第十二章 中新教育交流 ················ 312

第一节 源远流长的中新交流史 ··········· 312

一、中新教育交流合作大事记 ············ 313

二、中新文化交流合作大事记 ············ 314

第二节 欣欣向荣的中新教育交流现状 ······· 317

一、积极促成教育交流与合作 ············ 317

二、搭建广阔的教育交流与合作平台 ········ 318

三、开拓多样化的教育交流与合作方式 ······ 320

第三节 中新教育交流的典范

——南洋理工大学孔子学院 ········ 327

一、学院概况 ···················· 327

二、学院课程设置 ················· 328

三、学院师资、教材及资金情况 ·········· 330

结 语 ························ 332

参考文献 ······················ 336

第一章 国情概览

新加坡共和国，简称新加坡，旧称新嘉坡、星洲或星岛，别称狮城，是东南亚的一个岛国，得天独厚的地理位置决定了新加坡在国际上占据重要的战略地位。从国际大洋航线上来看，新加坡地处欧亚大陆的最南端，属于马六甲海峡的咽喉地带，是国际大洋航线的枢纽；从东南亚运输通道来看，位于东南亚半岛区和群岛区的水域之中，是东南亚海上交通的十字路口，是东南亚航运的要塞。

第一节 自然地理

新加坡所处的地理位置是世界的"十字路口"之一，得天独厚的地理位置为新加坡经济贸易往来与发展提供了良好的环境基础。而典型的热带海岛型气候又使得新加坡如虎添翼，吸引大量移民驻足居住于此，为新加坡人口数量的稳定与增长提供了有益条件。然而，新加坡的先天条件也并不都是完美的，国土面积狭小、岛内资源匮乏是摆在国家生存发展面前的首要难题。新加坡自然地理环境的先天优势与劣势，共同构成了影响其政治、经济、文化、教育、科技、军事等方面不断发展前进的重要因素。

一、得天独厚的地理位置

"国际交通枢纽"是新加坡地理位置的显著特征。新加坡国土面积 728.6 平方公里 [1]，国土面积狭小，由主岛和其他 63 个小岛组成。新加坡位于北纬 1° 09′—1° 29′，东经 103° 36′—104° 36′，北隔柔佛海峡与马来西亚相邻，南隔新加坡海峡与印度尼西亚廖内群岛相望，西濒马六甲海峡，是东南亚的心脏地带。"从整个东南亚的地理分布来看，新加坡居于东南亚的中心，扼住了太平洋与印度洋的航运通道——马六甲海峡的咽喉，是连接欧、大洋、亚、非四洲的海上交通枢纽，也是贯穿亚、欧、大洋洲的交通桥梁，具有重要的战略位置，素有'远东十字路口'和'东方直布罗陀'之称。新加坡岛与印度尼西亚廖内群岛之间的新加坡海峡是马六甲海峡的一部分，为国际海上航运系统中的重要环节，是世界上船舶运量最大的航道之一。在陆路运输方面，新加坡北部柔佛长堤 [2] 与马来西亚相连，是亚洲陆路交通的南端门户，经马来西亚、泰国、缅甸、印度、巴基斯坦等国可直达西亚，并与欧洲陆路交通相连。"[3] 得天独厚的地理位置，使新加坡成为国际海陆空交通十字路口，亚洲重要的金融、服务和航运中心之一。

二、宜人宜居的气候环境

新加坡环境优美、气候宜人，享有"花园城市"的美誉。位于赤道附近的新加坡，属于典型的热带雨林气候，长年受赤道低压带控制，降水量、气温、空气湿度等方面十分适合生活与居住。全年降雨充沛，年平均降水

---

[1] 资料来源于新加坡政府网站。

[2] 柔佛长堤：又称新柔长堤，长达 1 056 米，跨越柔佛海峡，连接马来西亚的新山市与新加坡的兀兰城镇。

[3] 杨静林. 新加坡 [M]. 大连：大连海事大学出版社，2020：3-4.

量约 2 345 毫米，湿度高，介于 65%—90%。气温高且温差小，平均温度
24—32℃。[1] 虽然四面临海，但极少受台风侵袭，反而因受海洋影响气温和
湿度更加适宜生存。

受季风影响，新加坡气候比非洲中部以及南美洲赤道气候优越很多，
气候温暖而潮湿，"常年是夏，一雨成秋"。新加坡的气候特征是两个季风
季节，由季风间期分隔。东北季风发生在 12 月至 3 月上旬，西南季风发生
在 6 月至 9 月。引起新加坡强降雨的主要天气有以下三种：一是季风潮或东
北季风流中的强风，带来新加坡主要的降雨；二是苏门答腊风飑，一条形
成于苏门答腊岛或新加坡以西马六甲海峡上空、向东横穿新加坡的有组织
的雷暴线；三是强烈的地表加热和下午产生的海风环流，会导致下午和傍
晚的雷暴。[2]

三、匮乏稀缺的自然资源

新加坡的自然资源较为匮乏。境内存在并不丰富的植物资源、矿产资
源、海洋资源，其中植物资源相对多一些，产有木材、橡胶、椰子等农林
产品；还有少量具开采价值的花岗岩；虽然靠海，但渔业资源并不丰富。
此外，新加坡淡水资源匮乏，曾高度依赖邻国马来西亚淡水资源的引入。

新加坡属于热带雨林气候，温暖潮湿、雨量丰沛，十分适宜植物的生
长。境内植物物种达到 2 000 种以上，其中橡胶树、椰子树是价值较高的经
济作物，但种植量并不大。随着气候变化、物种演变，有数百种植物已经
灭绝。"新加坡森林主要分布在中西部地区、乌敏岛和德光岛，中部的武吉
知马山位于武吉知马自然保护区内，是新加坡热带雨林最茂密的地方，另

---

[1] 资料来源于新加坡气象局网站。
[2] 资料来源于新加坡气象局网站。

有中央集水区自然保护区和麦里芝自然保护区。19世纪初期，原始的热带森林基本覆盖了新加坡全境，随着聚集人口的增加和城市化建设，原始热带雨林的面积不断缩减，在20世纪末，仅有23%的国土被森林覆盖或被设为自然保护区。到目前为止，大约有578平方千米的林地被清除，只剩下28.6平方千米，不到最初原始森林面积的10%。"[1]

新加坡矿产资源也十分匮乏，境内除武吉知马山和大、小德光岛产花岗岩外，几乎没有其他矿产。

新加坡海岸线长近200千米，临近海洋形成了独特的海洋资源。"新加坡国家公园局和新加坡国立大学从2010年起，对新加坡海域展开了为期5年的海洋生物多样性调查，至2013年，科学家们首次发现新加坡海域有100种海洋生物。新加坡虽然四面环海，但是沿海渔业资源并不丰富，渔业也不发达。在渔业生产中，捕捞业所占比重远大于养殖业。从总量看，近年来新加坡的渔业生产规模呈缩小的趋势，捕获量总计在6 000—7 000吨。"[2]

第二节 国家制度

自1965年独立以来，新加坡逐步形成了中西结合、符合国情、颇具特色的国家制度。高效的行政管理体制为新加坡公务员系统和法定机构[3]输送了大量合格人才，保障了各项公共政策的有效实施，是其国家竞争力长期处于世界前列的重要保障。

[1] 杨静林. 新加坡 [M]. 大连：大连海事大学出版社，2020：8-9.

[2] 杨静林. 新加坡 [M]. 大连：大连海事大学出版社，2020：8-9.

[3] 法定机构：是根据新加坡国会制定的专门法令而设立执行专门职能的官方自主机构，是一个独立于政府序列和公务员体系之外的法定实体，属于半政府机构，如依据《公用事业法》及相关规定设立的公共事业局就是为了向公众提供电力、水和天然气。

一、治国方略

1959 年，新加坡的自治地位得到确立，人民行动党通过大选上台执政。新加坡能够跻身发达国家之列，人民行动党功不可没。自大选开始，人民行动党便确定了清晰明确的治国目标，但 1965 年新加坡被迫脱离马来西亚，人民行动党政府只能开始寻找新的治国目标，以"彻底改造"新加坡。第一个目标是维持新加坡的政治稳定，主要是巩固人民行动党在政局中的领导地位，吸引外资和提高全球竞争力，与其他国家建立长期持久的经济合作关系。第二个目标是确保经济持续增长，保证公民充分就业，使其成为与国家息息相关的一分子。简而言之就是维持新加坡的政治稳定和实现经济增长最大化，以实现新加坡人过上"好日子"这一最终目标。[1]

新加坡式好日子包括"改善住房、城市便利设施、教育和卫生"。实际上，很多新加坡人如今一心追求物质奖励，这从他们对"五个 C"，即"金钱（cash）、汽车（car）、房产（condominium）、信用卡（credit card）和事业（career）"的关心中可见一斑。

直到 1999 年，新加坡 21 世纪委员会才对上述发展目标提出挑战，指出成功的定义不应如此狭隘："作为一个社会，我们必须扩展对成功的定义，不应局限于学术和经济范畴。我们不应执迷于金钱、汽车、房产、信用卡和事业这五个 C，而忽视了品格、勇气、奉献、同情心和创造力等更长久的品质。"[2] 新加坡 21 世纪委员会提出新的目标与设想：要求公民把关注点从纯粹的个人利益（追求五个 C）转到社会和国家的利益上。

为实现政治稳定和经济增长，人民行动党政府不断调整治国目标，同时相应采取了一系列解决内忧外患的治国策略和手段，对内解决民生问题，调和种族及宗教矛盾，防范国内外不稳定势力侵扰，对外通过学习别国先

---

[1] QUAH J S T. 高效政府：新加坡式公共管理 [M]. 魏晓慧，左昌，袁亮，译. 北京：新华出版社，2018：241.

[2] QUAH J S T. 高效政府：新加坡式公共管理 [M]. 魏晓慧，左昌，袁亮，译. 北京：新华出版社，2018：242.

进经验，不断调整策略与战略。

第一，解决人民基本生活问题。人民行动党清晰地认识到，稳定的民生基础是实现经济腾飞的关键，因此解决人民基本生活问题被视为新加坡的重要治国措施。1959年6月，新当选的人民行动党政府接过了一个以转口贸易为基础的经济体，当时的失业率为14%，人均GDP为1 330新元（443美元），住房严重短缺，50%的人生活在棚户区。正是在这样的背景下，人民行动党政府开展实施了"第一个五年建屋计划（1960—1965年）"，目的是彻底解决新加坡住房短缺问题。1960年成立建屋发展局，专为老百姓解决安居问题。截至1965年，这一个五年计划超额完成任务，彻底解决了新加坡住房问题，同时也带来了大幅度的人口数量增加，新加坡居住在公共房屋里的人口比例从1959年的9%上升到2008年的82%。[1]

为了解决日益严重的失业问题，人民行动党政府于1961年成立经济发展局，积极进行招商引资。1971年，经济发展局成立十周年庆典上，时任财政部部长韩瑞生表示，经济发展局取得了"令人满意的成果"，GDP增长了1.5倍，制造业劳动力从1961年的2.8万增长到1971年的15万，1971年的工业制成品直接出口额是1961年的13.5倍。此外，经济发展局取得的成效还体现在以下事实中：在美国商业环境风险评估公司2006年8月发布的报告中，新加坡仅次于瑞士，排名世界第二，是亚洲最具投资潜力的国家。[2]

第二，打造清廉的精英公务员队伍。人民行动党治理下的公务员队伍秉持精英治国理念，从严整治队伍贪污腐败问题，努力打造一支致力于国家发展与建设的清廉的高素质精英队伍。早在1951年，英国殖民政府将其精英治国制度引入新加坡，并成立公共服务委员会，具体负责选拔优秀精

---

[1] QUAH J S T. 高效政府：新加坡式公共管理[M]. 魏晓慧，左昌，袁亮，译. 北京：新华出版社，2018：251-252.

[2] QUAH J S T. 高效政府：新加坡式公共管理[M]. 魏晓慧，左昌，袁亮，译. 北京：新华出版社，2018：252.

英成为新加坡政府公务员。独立后的新加坡继承并革新了这一制度，保留了公共服务委员会和精英治国传统，而且不再强调论资排辈。从 1995 年起人民行动党政府将公共服务委员会的大部分职能下放到各部委的人事机构。

1979 年，新加坡时任总理李光耀讲述了在执政前 20 年里指导他及其同事的 6 条基本原则。其中一条原则是：保持廉洁，将腐败分子革职。事实也是如此，人民行动党政府自 1959 年 6 月上台以来始终保持廉洁，这也是人民行动党治国策略中最见实效的举措之一。

第三，重视教育，提升人口素质。自然资源不足、人口数量激增，导致新加坡社会与经济环境面临巨大挑战。强压之下的人民行动党政府决定大力投资教育，旨在通过普及教育和精英教育来提高全民素质与劳动技能，从而创造价值，实现经济增长，提高人民生活水平。新加坡前总理吴作栋曾辩证地看待新加坡自然资源匮乏一事，他甚至认为自然资源的匮乏是新加坡之福。正因如此，新加坡才会格外注重通过教育和培训提高人口素质，发展国家综合实力。新加坡教育投入力度之大，也与沿袭中国"有教无类"的传统儒家思想有密切关系。从当时政府"投入大量人力物力疯狂扩大学校和班级"，以及全社会普遍重视教育——"家长、老师和学生几乎把教育视为民族信仰"等来看，新加坡确实将教育和人才培养作为国家发展的重要战略手段，并从中获益巨大。

第四，调和各种族及宗教矛盾。对于新加坡这个城市国家来说，高密度人口以及多种族人口的聚集给国家发展带来了很大压力，尤其是多种族与不同宗教之间的关系问题。新加坡大部分华裔是佛教徒或道教徒，几乎所有马来裔都是穆斯林，而印度裔多半信奉印度教，存在或发生种族、宗教冲突是很难避免的。人民行动党政府采取了诸如"限制"新闻自由、引入"集选区"制度、立法维持宗教和谐、灌输共同价值观等一系列措施，将产生种族矛盾和冲突的可能性降至最低。通过限制个人、团体、组织和媒体大肆渲染和炒作种族、语言和宗教问题，使该国庞杂的人口对种族暴乱的威胁"免疫";以创立集选区制度为契机,使新加坡的多种族政治实现制度化,保障少数民族在国会的代表权,确保政治稳定;立法授权内政部部长发布禁令,限制行为举止危及种族和谐者,禁止其聚众演说,禁止其印刷、出版、发行宗教团体制作的任何出版物,禁止其为该类出版物供稿,禁止其在宗教团体制作的任何出版物的编辑部或编委会任职。

第五,借鉴其他国家解决问题的经验。人民行动党领导人和高级公务员经常研究其他国家的举措以为新加坡的政策问题确定相关的解决方案,并对选定的"外来"政策进行修改,以适应新加坡国情。

新加坡政府总结分析他国成功与失败的经验,取其精华、去其糟粕运用到新加坡的发展中有其必然的原因:一是新加坡人由华裔、马来裔、印度裔、欧亚裔等族裔组成,近两个世纪以来一直在相互学习和借鉴彼此的文化;二是新加坡是个小岛国,且毗邻国家众多,"向近邻远邦学习是明智且必要的"。

二、行政管理体制

在有限的条件下,新加坡人民行动党通过推行一套高度公开、公平、高效的行政管理体制,依托清晰、扁平的行政管理体系,以及制度化、规范化、科学化的执行政策,为公民安居乐业做出了扎实的贡献,扭转了国土面积小、行政区域少、人口密集程度高等劣势。

新加坡行政体系包括总理办公室等 16 个部委 [1]:通信和信息部,文化、社区和青年部,国防部,教育部,财政部,外交部,卫生部,内政部,法律部,人力部,国家发展部,社会和家庭发展部,可持续发展部和环境部,

---

[1] 资料来源于新加坡政府网站。

贸易和工业部，交通运输部，总理办公室。

新加坡行政体系分为四个等级和两类雇员，包括部门服务雇员和非部门服务或一般服务的雇员。第一类公务员归属于某部委的一个部门，而他们的非部门同事通常隶属部委总部，或暂时从属于某部门或部委。对于一般服务雇员来说：一等级别是行政官员；二等级别是执行官员，拥有多种资历；三等级别是文书和技术官员；四等级别是体力劳动者、勤杂人员、厨师和司机。

三、移民国家的立国之道

独立以来，人民行动党秉持独特的治国理念，及"新加坡模式"的宪法、政治体制，依托高效的行政管理体系使新加坡快速发展成为经济发达国家，实现了从独立到强大的跃升。

（一）宪法

宪法是新加坡的根本大法，具有至高无上的地位。宪法规定：新加坡是议会共和制国家，国家元首改称总统，立法议会改为新加坡国会，实行一院制，总统委任国会多数党领袖为总理，内阁集体向国会负责，立法、司法、行政三权分立。[1] 新加坡宪法的制定与由来深受西方国家影响，其宪法体制是以西方宪政为范式建立起来的。同时，新加坡从马来西亚联邦独立出来后，宪法的很多内容也与马来西亚联邦有着十分密切的联系。"新加坡宪法是西方的模式，但又蕴含着东方的政治文化和理念，正是这种东西

---

[1] 杨静林. 新加坡 [M]. 大连：大连海事大学出版社，2020：21-23.

交融的模式才让新加坡宪法得以在生存的土壤中不断发展完善，并一直保持生命力。"[1]

新加坡政府尤其重视宪法对现实社会的指导性和适用性。独立以来，国内外政治、经济等各个方面都发生了很大变化，为了适应这种变化，新加坡政府对宪法进行了 40 余次的修改，不断对其调整与完善。新加坡宪法共计七篇一百零五条，描述了国家的各个机构所拥有的权力及应具备的功能，包含了明确的条款，分别为政府、立法机关、公民资格、公共事务、财政、一般、临时性和过渡性条款。作为效力最高的法律，规定任何与宪法冲突的法律都会被宣告为无效。只有超过全体国会选举议员中的 2/3 的人数投票通过，宪法的条款才可以被修改。对于宪法特别修正案涉及寻求更改民选总统的自主权力范围和有关公民基本自由的条款的，除了国会投票，还要求在一次性的全国公民投票中获得至少 2/3 以上的选票同意。宪法突出地加强了某些基本权利，如宗教信仰自由、言论自由和公民平等的权利。但这些个人权利并不是绝对的，出于公共秩序的维持、道德良俗和国家安全的理由，它们也会被加以限制。除了对少数族群和少数宗教群体的一般性保护之外，新加坡本土原住民马来人的特别地位受到宪法明确保障。

（二）政治体制

新加坡的政治体制是议会共和制。总统为国家元首。从 1993 年起，总统由议会选举产生改为民选产生，任期从 4 年改为 6 年。总统委任国会多数党领袖为总理，由总理任命的各部部长组成新加坡政府内阁，管理日常行政事务。

---

[1] 岳文可. 新加坡宪法初探 [J]. 法制与经济，2016（9）：216-220.

1．国会

国会是最高立法机关之一，实行一院制，设议长、副议长、国会委员会、国会秘书处等。新加坡国会议长在每一届新国会首次集会时选举产生，其职责是管理国会的日常活动，制定和实施国会的辩论规则，确定发言顺序，指导议事过程，负责维护国会的特权。

国会主要职权有立法权、决定权和监督权。立法权主要包括立法的创制权和讨论、修改、通过或不通过法案的权力，按照宪法的规定，立法机关由总统和国会组成。但是总统的作用多是礼仪性的，并不拥有参与立法的实际权。因此真正发挥立法机关作用的是国会。决定权就是决定国家重大政策的权力，主要包括制定国家重大政策部署、制定国家社会经济发展战略与计划的权力等。监督权主要是对政府财政的监督。

2．总统

总统是新加坡的国家元首，也是国家机构的重要组成部分，是新加坡国家权力的象征。名义上新加坡总统是最高国家权力的执行者，对内、对外都是新加坡的最高代表。但从法律上来看，新加坡总统是没有多大实权的虚位元首，总统不能单独行使立法、行政、司法等方面的权限。

3．政府

政府是最高国家行政机关，是国会的执行机关，管理一切社会公共事务，并代表新加坡共和国处理国际事务，与世界各国保持和发展关系。新加坡政府由总理、副总理、各部部长、政务部长和政务次长组成，一般任期与国会相同。新加坡政府组织形式采用内阁制，主要有以下特点：行政大权集于内阁，特别是总理手中；内阁总理一般由在国会中占多数席位的政党领袖担任，内阁成员通常应为国会议员，由总理提名组成内阁；内阁总理和有关部长定期向国会报告工作，集体对国会负责；国会表示不信任或通过不信任案时，内阁应当集体辞职，或者提请总统解散国会，重新举行大选，但是如果新选出的国会仍对内阁通过不信任案时，内阁就必须立即辞职。

4．司法机关

（1）新加坡的法院结构。现行的新加坡宪法中并没有法院组织的内容，这部分制度的主要依据是1867年以来一直适用的《法院组织法》。根据该法，新加坡法院设两级，即最高法院和初级法院，但涉及三个审判层级。由于新加坡国土面积小，因此，新加坡法院没有中央与地方之分，只有高级与初级之分。最高法院由高庭和上诉庭组成，也就是说最高法院本身就有两个审判层级。从人员的角度看，最高法院由首席大法官、上诉庭法官、高庭法官和司法委员组成。新加坡具有普遍管辖权的基层法院被称为初级法院，下辖地方法庭、推事法庭和几个专业法庭，如小额索偿庭、家庭法庭、少年法庭、交通法庭等。

（2）新加坡总检察署。新加坡的检察机关为新加坡总检察署，是设在内政部下的一个行政部门。新加坡的检查制度是总检察长负责制。总检察署是新加坡司法体系中的重要组成部分，其下设3个部门：立法处、刑事处和民事处。总检察署由正副总检察长、检察官和其他附属人员组成，实行总检察长负责制，总检察长同时也是新加坡政府的首席法律顾问。此外，总检察署严格奉行检察权独立原则，通过特殊的检察官委任和遴选制度、特殊的薪酬和评价考核机制，使得新加坡检察机关的独立性得到了充分保障。总检察署除了履行对犯罪行为提起公诉的职能以外，主要任务还有：为新加坡各政府部门解释和分析法律、提供法律咨询，负责各政府部门法律事务，以确保各政府部门正确地依法行事，依法治国。此外，总检察署也负责起草法律。[1]

第三节　社会生活

新加坡是一个移民国家，素有"世界民族博物馆"的称号，生活着华人、马来人、印度人、缅甸人以及欧亚混血人等东、西方移民，多民族、多宗教是其主要特征。各族人民平等相待、和睦共处。

一、短小精悍的狮国

新加坡国名的全称为新加坡共和国，"新加坡"梵文意为"狮子城"，其中，"新加"是狮子，"坡"是由"坡拉"演变而来，是"城市"的意思。古称淡马锡。其他关于新加坡国名的来源，一种说法是来源于马来语的音译，意为"海上之城"；另一种说法是新加坡意为"海口"，指其临近马六甲海峡；还有一种说法是来源于爪哇谱，新加坡主要的山脉武吉知马山曾产有少量的锡，在《航海图》中，把武吉知马山亦称为淡马锡。[2]

新加坡国旗又称星月旗，国旗长与宽之比为3∶2，由红白两个平行长方形构成，红色在上、白色在下，旗帜的左上角有一弯白色新月，五颗白色五角星。"红色表示四海皆兄弟和人类的平等，白色象征普遍永久的纯洁和美德。新月代表这个向上的年青国家，五颗星代表这个国家民主、和平、

进步、正义和平等的思想。"[1] 新月和五颗星的组合紧密而有序，象征着新加坡人民的团结和互助精神。1959 年 11 月，新加坡在英国殖民政府组织下成立自治政府，立法议会通过了以星月旗为自治政府官方旗帜的决议。1965 年新加坡独立后它被选为国旗。

新加坡国徽在新加坡正式独立之前是新加坡自治邦的邦徽，在 1959 年 11 月经新加坡立法议会通过。1965 年 8 月 9 日，新加坡正式独立，原邦徽升格为国徽。新加坡国徽图案中有一红盾，红盾上有一弯白色新月和五颗白色五角星。在左边支扶着这个红盾的是一只狮子，代表新加坡。红盾的右边是一只老虎，表示新加坡与马来西亚之间的联系。红盾下面有蓝色的卷带，上面用马来语写着新加坡共和国的格言"MAJULAH SINGAPURA"，中文意思是"前进吧，新加坡"。[2]

新加坡国歌为《前进吧，新加坡》。1958 年，由朱比赛为新加坡立法议会的正式集会作曲，1959 年新加坡获得自治后被确定为自治邦邦歌，在最高元首就职典礼上，与邦徽、邦旗一起被列为自治邦的象征。新加坡独立时，《前进吧，新加坡》被确立为新加坡共和国的国歌。部分歌词大意是：

来吧！新加坡人民，

让我们共同向幸福迈进；

我们崇高的理想，

要使新加坡成功。

来吧！让我们以新的精神，

团结在一起；

我们齐声欢呼：

前进吧！新加坡！

---

[1] 吴燕. 新加坡的国旗和国徽 [J]. 世界知识，1981（4）：21.

[2] 吴燕. 新加坡的国旗和国徽 [J]. 世界知识，1981（4）：21.

前进吧！新加坡！

来吧！让我们以新的精神，

团结在一起；

我们齐声欢呼：

前进吧！新加坡！

前进吧！新加坡！

二、老龄化的多元民族

人口老龄化既是当今世界人类社会发展的重要趋势，也是全球面临的共同挑战。新加坡是亚洲人口老龄化速度最快的国家之一，为应对日益严重的老龄化问题，新加坡的人口政策也进行了相应的、大刀阔斧的调整。

（一）当前新加坡人口情况及其特点

人口密度大、低出生率、人口老龄化是当前新加坡人口现状最显著的特点，新加坡面临着低出生率与人口老龄化双重趋势的挑战。

新加坡政府人口官网最新数据显示，截至 2020 年 6 月新加坡总人口有 568.6 万人 [1]，人口密度每平方千米大于 7 800 人，是世界上人口密度最高的国家之一。1947 年到 1967 年，是新加坡人口增长最快速的二十年，较高的生育率和大批移民的涌入导致新加坡人口剧增。独立后，政府首先关注的就是国民安居乐业。控制人口数量、提高人口质量成为政府减轻人口压力的重要措施，为此出台和推行了生育政策，提倡优生优育和小家庭模式。

---

[1] 资料来源于新加坡国家人口和人才司网站。

1965 年《新加坡家庭计划与人口委员会法案》颁布，次年新加坡家庭计划和人口委员会成立，具体负责宣传和普及家庭计划，实施人口控制计划，降低出生率。到 1970 年，进一步加强控制生育率的政策相继出台。

大刀阔斧的生育政策确实控制住了新生人口的数量，但"随着经济社会生活的现代化，多代同堂的大家庭不断解体，家庭逐渐小型化。新加坡人口出现了新问题——人口老龄化和低出生率"[1]。1986 年，新加坡政府指出低生育率是国家面临的最严峻问题之一。为此，政府放弃了之前热衷的优生优育政策，全面调整生育政策，实行全面鼓励生育的政策。"但是这些措施都收效甚微，新加坡居民的总生育率在过去几十年一直在下降，2019 年为 1.14%。"[2]

在婚龄男女延迟结婚及生育率持续低落的双重挑战下，新加坡的人口老龄化问题愈发严重。据估计，2030 年之前，新加坡老年人的数量将翻两番，达到 90 万人，他们的生活将仅仅依靠数量较少的中青年劳动力通过工作来赡养。新加坡政府将面临养老问题的严峻挑战。"现在的新加坡每 6.3 个 20—64 岁的劳动者赡养 1 个 65 岁以上的退休公民；到 2030 年之前，将会只有 2.1 个劳动力赡养 1 个 65 岁以上的退休公民。"[3] 此外，随着人口流动和受教育程度提高，越来越多的年轻人选择离开新加坡，这让原本青年人口和劳动力数量不足的新加坡雪上加霜，老人赡养问题更加突出。20 世纪 90 年代，为应对这一危机，新加坡开始放宽移民政策的限制。事实证明，新加坡需要拥有高技能的外来人力协助发展新兴行业，同时也需要有节制地引进外来劳力，以满足建筑业、制造业、医药保健及社会服务业的人才需求。然而，即使如此也仍然无法有效缓解新加坡的人口老龄化难题。

---

[1] 资料来源于新加坡国家人口和人才司网站。

[2] 杨静林. 新加坡 [M]. 大连：大连海事大学出版社，2020：68-70.

[3] 杨静林. 新加坡 [M]. 大连：大连海事大学出版社，2020：70.

（二）民族情况及特点

新加坡是名副其实的多元民族国家。在先后一百多年的时间里，来自世界不同地方的民族汇聚到新加坡，使其民族构成呈现多元化的特点。据2021年6月发布的最新人口普查数据显示，截至2020年6月，"新加坡公民和永久居民共有404.4万，其中华人占74.4%，马来人占13.4%，印度人占9.0%，其他民族占3.2%。"[1]华人、马来人和印度人从人口数量上看是新加坡三大族群。这三大族群因来自不同的地方，且每个族群内部也是由不同的民族组成，呈现了较大的多元性和差异性。"华族，由于祖辈们来自中国的不同地区，分成福建帮、潮州帮、广州帮、海南帮、三江帮、客家帮等六大帮，包括十多个方言群。华族在人口上占多数，在经济上也长期占有优势，但因属于移民群体，故而在政治上一直受排挤。在马来族群中，有马来人、爪哇人、武吉斯人、邦加人、米南加保人等。马来人作为土著居民，虽然具有政治地位，但是因为其不重视教育，多从事农业，所以在经济上一直处于劣势，即使政治上享有特权也不能改变这种局面。在印度族群中，包括泰米尔人、旁遮普人、锡兰人、锡克人、古吉拉特人、孟加拉人、泰卢固人、帕坦人和僧伽罗人等。其中，来自印度南部的泰米尔人最多，所以泰米尔语就成了新加坡印度人的代表语。在新加坡既有泰米尔语小学，还有泰米尔语报纸。"[2]此外，新加坡还有欧洲人、欧亚混种人、阿拉伯人、尼泊尔人、日本人、菲律宾人、缅甸人、泰国人以及犹太人等，大概占据了3%的比重。

如何妥善处理多元文化背景下的民族关系是新加坡政府面临的重要考验之一。独立以后的几十年间，如此多民族共生的新加坡并未发生因族群

---

[1] Department of Statistics Singapore. Census of population 2020, statistical release 1: demographic characteristics, education, language and religion[R]. Singapore: DOS, 2021: 39.

[2] 杨静林. 新加坡 [M]. 大连：大连海事大学出版社，2020：71-74.

矛盾而引发的社会动荡，而是形成了以和谐与稳定而著称的新加坡社会。这得益于新加坡政府推行的多元一体的族群政策，该政策强调要建设一个多元族群、多元文化、多元宗教的和谐社会，并将此作为社会公平正义的基础。"强调平等、包容差异、尊重特点、强化凝聚"是这一政策的重要特点，具体包括以下几点。

第一，强调各民族平等，保护少数民族、少数宗教集团的合法权益。新加坡宪法第八十九条规定："始终不渝地保护新加坡少数民族、少数宗教集团的利益，应是政府的职责。"人民行动党政府始终坚持政党组织的多民族化，照顾少数民族利益，注意吸收马来人和印度人进入政治的高层，保证在国家政权里有各民族的代表人物和与各族人口相应的公务员比例，以防因民众心理上的不平衡而出现社会矛盾。

第二，均衡各民族间存在的差距，向能力发展水平低的民族倾斜。由于历史遗留原因，马来人发展相对缓慢，政府针对这一问题，采取了一系列的措施。"例如，在教育上，相较于本国的其他民族，政府对马来人免除学费且拨出专项教育资金，引导马来人奋发向上，努力缩小民族之间的差距；在经济上，政府出资对马来人进行专业技能的培训，使马来人适应工业作业，马来人被培训为熟练的技术人员，这样，他们的就业机会大幅度增加，贫困问题就会得到相应的解决。"[1]

第三，兼容并包各民族特性和文化。新加坡政府主张保持和发扬各民族的传统文化，以创造更加丰富多彩的新加坡文化体系。独立伊始，政府就规定英语、华语、马来语和泰米尔语为四种官方语言，具有同等地位。在国民教育方面，新加坡推行"双语教学"政策，即在教育过程中实行英语加各自民族母语的教育方法。英语本身是国际通用语言，并不专属于某一民族。就新加坡国内的各民族而言，相互间没有一定的特权，彼此之间

---

[1] 杨静林. 新加坡 [M]. 大连：大连海事大学出版社，2020：71-74.

地位平等，从根本上避免了因语言问题所产生的一系列矛盾，从而维护了新加坡多语言文化环境的和谐与发展。

第四，强化国家意识，增强民族凝聚力。新加坡在全国范围内推行民族政策，强化国家认同与统一的国民意识教育。在新加坡独立初期，李光耀曾提出过，新加坡作为一个民族成分复杂的移民国家，并不单单是某一民族的国家，而是一个多元民族的国家，也是一个拥有独立主权的民主国家。之后，在人民行动党的执政过程中，李光耀强调要大力培养"国家意识"，使国民成为真正意义上的"新加坡人"，以国家意识为主导，努力淡化各民族间的差异，增强国家凝聚力和向心力，为新加坡国内各民族和睦相处打下了坚实的基础。

三、多姿多彩的风土人情

（一）饮食习惯与服饰特色

因种族的多元化，新加坡的饮食习惯与服饰装扮亦呈现出丰富多样的特点。

1. 饮食文化

新加坡被誉为"美食者的乐园"。各国风味皆可在此品尝到，尤其是具有东南亚特色的美食。中国菜是新加坡最受欢迎、种类最丰富的菜系。新加坡的华人多来自中国华南沿海地区，所以新加坡中国菜呈闽粤琼地区特色，深受华人及其后裔喜爱。除了粤菜，其他比较有名的中国菜还有北京烤鸭、上海鳝鱼、海南鸡饭等。新加坡华人的主食以米饭和包子为主，不爱吃馒头，下午习惯吃点心，新加坡华人喜爱吃油炸鱼、炒虾仁、鱼香茄子及其他一些海鲜食品。此外，新加坡华人大都喜欢饮茶。新加坡华人还有饮用按一定配方加入中药的补酒的习惯，如鹿茸酒、人参酒等都是他们平时常饮的杯中之物。马来人基本上都是穆斯林，饮食习惯遵从伊斯兰教教规。新加坡马来人以大米为主食，喜欢辣食，尤其爱吃咖喱牛肉。沙嗲是最受当地马来人及西方游客喜爱的美食，一串串腌好的牛肉、羊肉或鸡肉在炭火上烤熟后，再蘸上用花生及椰浆调制而成的沙嗲酱，非常美味。此外，新加坡最常见的另一道马来特色美食是椰浆饭，即配以椰浆和班兰叶蒸煮而成的白米饭，必要时也可加入其他的香料，如黄姜与香茅，以增加香味。新加坡的印度菜主要分为北印度菜与南印度菜两大菜系。北印度菜系偏温和，辣味适中，以宫廷菜为主要代表；南印度菜味道浓烈、辛辣。印度人爱吃大米饭和印度罗提面饼，饮红茶、咖啡、冷开水，禁食牛肉。主要特色菜肴有咖喱鱼头和印度式清真美食。此外，印度式素食是世界上最受欢迎的美食之一。印度人大多是素食者，所以在素菜的菜色研究上也最花心思，面包、米食、豆类、混合蔬菜、沙拉、点心和甜食，无不匠心独具，风味奇佳。狮城新加坡也有它自己独特的菜系，即众所周知的"娘惹菜"。独特的土生文化，演变出具有中华与马来西亚双重风味的独特美食。"娘惹菜"实际上就是中国菜和马来菜融合而发展出来的颇具当地土生文化特色的狮城传统菜系。

2．服饰特色

新加坡是地处热带的国际化都市，因而新加坡人的穿着既强调清爽舒适又注重仪表仪容。随着现代化进程的加速与民族融合的加深，新加坡各族群日常衣着在日趋同化的同时，又保留着各民族服饰的传统。新加坡政府职员和教授上班时，一般是着西装。传统民族服装大多出现在传统节日和婚嫁丧礼时。

娘惹装、纱笼和纱丽分别是新加坡不同种族最具代表性的传统服饰。"娘惹装"是在马来传统服装的基础上进行改良，再加上中国传统的花边修饰的一种服饰。随着新加坡社会经济飞速发展，海峡移民后裔又多为富商或权贵，偏好精美服饰和珠宝，其服饰文化在保留华人和马来人传统特色的同时，融合西式元素，就形成了"娘惹装"。全套娘惹传统服饰包括卡芭雅上衣、马来风格印染纱笼、洛可可风格绣花镶珠拖鞋及中国传统吉祥图案金银胸针等饰物，充分展现其融合多种服饰文化的特点。娘惹装多为轻纱制作，具有典型的热带风格。马来族群多信奉伊斯兰教，遵循穆斯林的服饰禁忌，服装特点为宽、松、大。最著名的是男女都可穿着的"纱笼"，分为便服和传统礼服。其中礼服做工讲究，尤其是传统女装都是用专门的丝绸或布料制成的，图案优美、工艺精巧。穿上传统女装，头披一条单色薄纱巾，是适用于任何场合的马来女装搭配。在节日庆典、婚礼仪式等重要隆重场合，马来男子会穿上最正式的全套传统礼服。新加坡的印度女性传统服饰以"纱丽"为主，其一般长 5.5 米，宽 1.25 米。穿着纱丽时，常常上身穿能露出腰部的短袖衫。纱丽的穿法有上千种。新加坡的印度男性着装以白色为主，传统的男子服饰叫"托蒂"，实际上就是一块缠在腰间的布，上身穿一件肥大过膝的长衫。

（二）社会习俗

新加坡的社会习俗一直延续着儒家文化礼仪精髓，交往中十分注意尊长爱幼、礼仪礼貌，营造较为和谐的社会氛围。与此同时，也注意避讳禁忌言语与行为，保持相互尊重、相互包容的社会交往模式。

1. 注重礼仪礼貌

首先，受儒家文化中对年长的人和辈分较高的人的尊重与重视传统的影响，新加坡社会对年龄和资历极为重视，而且世代相传。公众场合，年长的人总是最先被介绍、坐上位、吃最精美的食物。源于中华传统文化尊敬老人的观念，新加坡人对父母、长者的呼唤随叫随到，在父母、长者讲话时不可插嘴。与此同时，身居高位的人往往也很受尊重，在职场，雇员通常对上级非常恭顺，即使他们的年龄并不大。但近年来这种趋势稍有变化，由于互联网的影响和文化的交流，年轻一代在思想上变得更加独立和个性张扬。

其次，新加坡践行"礼貌之道重于行"的准则。新加坡政府大倡文明礼貌之风，文化部印发了《礼貌手册》，对公民在家庭、学校、工作场所怎样讲礼貌提供指导，公共场所张贴讲礼貌的宣传口号。在人际交往中讲究礼貌、以礼待人，不但是每个人都应该具备的基本修养，而且已成为国家和社会对每个人所提出的一项必须遵守的基本行为准则。

2. 尊重习俗禁忌

在新加坡，相互尊重、包容是这个多元民族社会和谐共生的秘诀。多种族文化使得新加坡的习俗禁忌五花八门，新加坡社会也十分尊重各民族的习俗禁忌。如约会最好事先预约，并准时赴约，勿失时、失约；不喜欢听"恭喜发财"的祝词，他们所理解的发财是发不义之财；用食指指人，用紧握的拳头打在另一只张开手的掌心上，或紧握拳头把拇指插入食指和中指之间，均被认为是极端无礼的动作；双手叉腰在新加坡人眼里表示生气；用餐时勿把筷子放在碗或盘子上，也勿交叉摆放，应放在托架上；视头部为心灵所在，头被人触摸即被视为受到侮辱，尤其是小孩子的头，这在新加坡不是亲热和善意的表现。此外，"新加坡人对数字也有禁忌，认为 4、6、7、13、37、69 是消极的数字，最讨厌 7，平时尽量避免使用该数字。同时新加坡人视黑色为象征倒霉、厄运之色，紫色也不受欢迎，他们偏爱红色，视红色为庄严、热烈、刺激、兴奋和宽宏的象征，也喜欢蓝色和绿色。"[1]

（三）传统节日

新加坡政府推行多元融合的民族和宗教政策，在节假日的安排上也体现这种文化的多元性和包容性。新加坡日历上印有公历、中国农历、马来历和印历四种历法，各民族按照自己的历法庆祝不同的节日。政府将各民族的节日重新整理，制定出了新加坡的法定节假日。新加坡每年法定的 11 个全国节假日中有 6 个与宗教有关，例如，与佛教有关的卫塞节（浴佛节），与基督教有关的耶稣受难日、圣诞节等。

新加坡全民共同节日有 3 个，法定假日各 1 天，包括新年、国际劳动节和国庆节。新年，是新的一年的开端，为公历 1 月 1 日，属于世界性节日。新年前后，人们会向亲朋好友寄送新年贺卡，表达新年的祝福。五一国际劳动节是全世界劳动人民共同拥有的节日。5 月 1 日当天，新加坡举国欢庆，向新加坡各领域劳动者表达敬意。国庆日是每年的 8 月 9 日，以纪念新加坡于 1965 年 8 月 9 日脱离马来西亚联邦独立建国。

新加坡华人的主要节日为春节、清明节、端午节和中元节等，此外还有带有宗教性质的卫塞节。新加坡马来人的主要节日为开斋节与哈芝节。新加坡印度人的主要节日为屠妖节、大宝森节和丰收节等。

此外，新加坡还有艺术节、花园节和文化遗产节等社交性的游乐节。

---

[1] 杨静林. 新加坡 [M]. 大连：大连海事大学出版社，2020：82-86.

第二章 文化传统

新加坡是一个多民族、多种族聚居的国家，儒家文化、印度文化、马来文化等东方的三大文明与西方文明相互交融、各展风采，形成东西合璧的、独特的新加坡文化。

第一节 历史沿革

作为一个年轻的移民国家，新加坡既不像中国那样拥有源远流长的传统文化，也不像美国那样经历过文化"熔炉"两百余年的淬炼。[1] 然而，新加坡既继承了中华文明的血脉，又汲取了西方文化的养分，融合了现代法治精神和民主理念，营造出不同种族、不同阶层和谐共生共存的文化环境，形成了一套民众对国家认同、多元社会凝聚、"新加坡人的新加坡"的基本价值观体系。

---

[1] 匡导球. 星岛崛起：新加坡的立国智慧 [M]. 北京：人民出版社，2013：205.

一、文化沙漠中的绿洲（独立初期至 20 世纪 70 年代末）

自 1819 年殖民者登陆以后，新加坡逐渐成为一个真正意义上的政治、经济和文化实体。此后百余年时间里，以开放的姿态迎接各方移民。"肤色不同、语言不同的移民虽然被置于相同的政治管制下，活动在相同的经济网络中，在文化上却是割裂的、独立的，即便是华族内部，因为祖籍的不同，也分化成了不同的群落。在复杂的社会环境中，各移民群体小心地守护着各自的生活方式和价值体系，自我保存的意识压倒了任何交流融合的念头。"[1] 这也奠定了新加坡多元文化的基础格局。

独立后，当内、外形势逐渐安定，新加坡政府便毅然带领全体人民投入到了经济建设中。李光耀认为，在物质生活还十分贫乏的条件下，谈论文化、艺术、审美等精神需求不仅脱离实际，更会分散人们的注意力，使人们堕入空想、精神懈怠。他更是直言不讳地表示"诗歌是我们无法负担的东西"。作为马斯洛需求层次理论的忠实追随者，李光耀笃信人只有在满足了一定层次的需求后，才能去寻求满足更高层次的需求，"所以，你必须拥有像马斯洛般的需求层次，在能够让自己满足前，你必须先达到基本的需求。作家和艺术家也是这样……你看那些能产生艺术、文学、舞蹈的国家，他们全都是已经达到一定层次的物质水平的国家。"[2] 因此，"追求成功""创造财富"成为压倒其他一切价值的价值。当全社会都醉心于物质进步时，文化艺术自然成为一个边缘议题。虽然新加坡各种族移民文化多元，但却尚未"生根"，没有深厚的历史积淀，没有灿烂的文明成果，造成文化上的"先天缺陷"。

尽管独立初期在新加坡政府的倡导下，全国上下陷入一片追逐物质的热潮中，缺乏对文化发展的热情与支持，但文化的"绿洲"却在民间觅到了茁壮成长的空间。这得益于新加坡政府在维持多元种族、宗教和谐上的

---

[1] 匡导球. 星岛崛起：新加坡的立国智慧 [M]. 北京：人民出版社，2013：205-209.

[2] 普雷特. 李光耀对话录：新加坡建国之路 [M]. 张立德，译. 北京：现代出版社，2011：184-185.

不遗余力。相对包容的环境，让各族群更加尊重彼此的文化，甚至相互融合，久而久之便形成了新加坡式的"混搭"风格。不同肤色、不同种族、不同穿衣风格的人群走在一起；粤菜、川菜、京菜在内的中国菜，印度菜，西餐以及清真菜等在新加坡随处可见。正因为有了这份尊重、包容和理解，新加坡的多元文化得以自由成长，和谐共存。

多种文明和文化传统的交融汇聚，使新加坡逐渐蜕变为一个具有独特魅力、多姿多彩的文化社会。新加坡《联合早报》前总编辑林任君曾这样总结新加坡的文化优势："新加坡是世界的一个缩影。移民是我们的历史，世界各个民族与各种文化是我们的共同财产。由于新加坡是个多元种族社会，又处于不同文化潮流的要冲，我们有幸继承了世界四大文明——中国文明、马来伊斯兰教文明、印度文明和西方文明。然而，这些文明在新加坡小岛范围内的相互影响并没有导致冲突，也没有破坏我们国家的团结，相反却产生了美好的成果。我们因而可以汲取这些文明的丰富文化资源的力量，获得极大的好处。"[1]

二、儒家文化独领风骚（20 世纪 70 年代末至 80 年代末）

20 世纪 70 年代末，新加坡政府为应对内、外部环境的变化，实现经济转型，启动"第二次工业化"计划。该计划旨在加速将经济重心从劳动密集型产业转向资本密集型和高附加值产业。经济发展的新阶段，打造强有力的人力资源是关键，而人力资源的打造离不开良好的社会环境。随着新加坡独立后经济的高速发展，人民拥有了稳定的收入，住房有了保障，大多数人能够享受较为优越的物质生活，对于工作岗位的选择空间也越来越大，由此衍生出一种"不愿吃苦和奋斗"的不良社会风气。"更令政府担忧

---

[1] 李衍柱. 多元的新加坡文化 [J]. 走向世界，1997（5）：43-44.

的是，年轻人中传统价值观念遭受侵蚀的现象逐渐加重。对于在富裕环境中成长起来的一代人来说，政府曾用来团结其父辈的'奋斗'价值观已经渐渐失去了号召力。他们没有经历过父辈们所遭受的艰难困苦，更不会懂得政府凝聚社会共识以支持经济转型的良苦用心。相反，他们认为现代化就是西方化，就是追求西方的生活方式。个人主义、对物质享受的狂热追求等风气开始在年轻人中蔓延，不仅侵蚀了'奋斗'价值观得以存续的思想土壤，更直接冲击着各族群的传统价值观。"[1] 这样的文化氛围严重威胁着新加坡经济的长远发展和社会的和谐稳定，新加坡政府决定积极采取措施，在年轻人中树立更多的传统价值观以抵御西方的文化侵蚀。为快速实现文化再生这一目标，通过李光耀政府对当时新加坡实际形式的研判，一场轰轰烈烈、前后持续近10年的"儒家运动"登上了历史舞台。

新加坡政府之所以在众多文化中选择主推儒家文化主要基于两点因素。其一，深谙儒家文化的华人占据了新加坡人口的大多数，在新加坡的经济、社会发展历程中居于支配地位。因此，新加坡政府希望通过优先发展大多数人的传统文化来带动整个社会，成为社会的主流文化，从而相对容易地实现文化价值的再造。更重要的是，在新加坡的领导人眼里中华传统文化价值观中的儒家价值观，在新加坡的经济成功中发挥了显著的作用。其二，"当时正值全球范围内有关'儒家价值观和经济发展之间关系'的大讨论兴起，日本的巨大成功和'四小龙'的迅速崛起，构成了现代历史上少见的经济奇景。这五个经济体都面临土地稀缺、资源匮乏等问题，又都是通过发展人力资源、促进技能升级、倡导勤劳节俭和量入为出等观念克服了先天的制约条件，取得了巨大成功。它们同处儒家文化圈内，一时间，有关儒家文化传统与经济增长之间关系的讨论迅速升温，并随着西方媒体、学者和政治家的不断加入而成为世界性议题。"[2]

[1] 匡导球. 星岛崛起：新加坡的立国智慧 [M]. 北京：人民出版社，2013：215-219.

[2] 王晓丹. 试析中国传统文化对新加坡文化的塑造与再生 [J]. 曲靖师专学报，1995（3）：61-63.

李光耀多次在媒体上公开发言，强调维护儒家传统价值观的重要性。在 1978 年的国庆献辞中，他说："也许我英语比华语好，因为我早年先学会英语；但即使再过一千个世代，我也不会变成英国人。我心中信守的不是西方的价值体系，而是东方的价值体系。"[1] 他还强调："新加坡成功的一个最强有力的因素，就是 20 世纪 50 至 70 年代那一代人的文化价值观。由于他们的成长背景，他们肯为家庭和社会牺牲。他们也有勤劳俭朴和履行义务的美德。这些文化价值观帮助我们成功。我本身有了这种经验，所以我很重视维护华族新加坡人的文化价值观。"[2]

1979 年 1 月，时任副总理吴庆瑞负责掌管教育部。3 个月后，他发表了著名的"吴氏报告"，建议在学校中用"道德教育"取代当时的"生活与公民教育"。"1982 年，新加坡政府宣布在中学三、四年级开设'儒家伦理'课程教育，成为世界上第一个把儒家伦理编撰成课本在学校里当成道德科目教材的国家。"[3] "儒家运动"就此拉开序幕。新加坡教育当局邀请了数位当代"新儒家"代表，从理论、逻辑和方法等各方面帮助设计和拟定教学大纲，将儒家经典编成浅显生动、便于学生接受的教材。"教材采用儒家伦理中符合现代社会需要的精华，并用现代的观点进行解释。如对'五伦'所涉及的人际关系，把'父子'改称'父母与子女'；'君臣'改称'国家和人民'；'兄弟'改称'兄弟姐妹'；对'夫妇'之间的伦理，则强调了男女平等，剔除了'夫为妻纲'的糟粕。对儒家伦理中一些十分抽象的概念，教材进行了通俗、易懂、易实践的阐述，如有关'仁'这一课，面对古今中外对'仁'的诸多解释，教材着重从三个方面向中学生传授：从人的本性去了解'仁'；从自我修养去了解'仁'；从人与人的关系去了解'仁'。1987 年，为了帮助学生学习儒家伦理，更加形象生动地把握中华民族的

[1] 王殿卿. 新加坡的文化再生运动与国家的共同价值观 [J]. 思想教育研究，1994（4）：42-43.

[2] 王晓丹. 试析中国传统文化对新加坡文化的塑造与再生 [J]. 曲靖师专学报，1995（3）：61-63.

[3] 张华，严春宝. 现代化浪潮中的儒学德育实践——新加坡"儒家伦理"教育研究述评 [J]. 孔子研究，2020（4）：83.

文化传统，新加坡课程发展署编写了《他们走过的路——儒家伦理辅助读本》，其中包括了孔子、孟子、王阳明等 40 多个儒家经典人物的故事。"[1]

在学校之外，新加坡政府为了强化整个社会的儒家文化氛围，发起了一系列推动传统价值观复兴的活动。如 1979 年推进"全国礼貌月运动""全国推广华语月活动"，以及"敬老周运动"。其中，"推广华语月活动"在李光耀的倡导和推动下，经久不衰、成果显著。在此基础上，1982 年新春之际，李光耀号召新加坡人发扬儒家的传统道德，把"忠孝仁爱礼义廉耻"这八种美德作为政府必须坚持贯彻执行的"治国之纲"。

值得一提的是，新加坡于 1983 年 6 月专门成立了东亚哲学研究所，有计划地招聘世界各国儒学专家到新加坡从事研究工作，以进一步挖掘中华传统文化的现代价值。研究所由前任副总理吴庆瑞和王鼎昌分别担任董事会主席和副主席，表明了当局长期推广儒学研究的意愿与决心。儒家文化运动得到的新加坡各重要领导人的推崇与重视前所未有，20 世纪 70 年代末到 80 年代末，在近 10 年的时间里，新加坡政府为振兴儒家价值观投入了巨大的力量。在政府大力的宣传和推动下，"儒家运动"在全社会范围内掀起了一阵传统文化的热潮，也发挥了一定的作用。但新加坡多元民族的社会基础决定了儒家文化无法在此地完全移植和生根发芽。更令新加坡政府想不到的是，被寄予厚望的华族学生对"儒家伦理"课并没有什么热情，如此这一政策就很难继续前行了。1989 年 10 月，时任教育部部长陈庆炎宣布，政府将逐步结束宗教知识课为必修课，标志着"儒家运动"走向了终点。

三、共同价值应运而生（20 世纪 80 年代末至今）

在"儒家运动"逐渐淡出后，新加坡政府决定寻求一个新的核心价值

---

[1] 王殿卿. 新加坡的文化再生运动与国家的共同价值观 [J]. 思想教育研究，1994（4）：42-43.

观。"在李光耀的认知里，传承的文化就像是一个国家的基因，要改变需要经过大手术。文化能够随着环境和挑战而转变，就会继续兴旺；那些无法做到的就会落后。李光耀在 1994 年接受札卡里亚为美国外交政策机构的半官方期刊《外交事务》做的著名的具影响力的专访中，以他的汤恩比式观点指出，文化即命运。"[1] "共同价值"被视作新加坡未来的命运。

持续近十年的"儒家运动"以失败告终，新加坡政府将其归咎于缺乏"种族兼容性"，认为一个多元民族，以其中一个民族的传统文化作为核心观念，必然是难以服众的，并且缺乏国家特色。因此，新加坡政府在推行新价值观运动时把"种族兼容性"摆到了更加突出的位置。1988 年 10 月，时任第一副总理的吴作栋提出了"国家意识形态"的概念。他指出，新加坡作为一个开放社会，无时无刻不在接触西方的思想和价值观念，所以必须形成一套核心价值观以便给新加坡人民方向，从而使新加坡在决定自己的前途时具备文化上的稳定因素。于是，政府提出"社区高于自我""家庭是社会的基础""通过达成共识而不是斗争来解决问题""强调种族与宗教的容忍与和谐"的核心价值观。由此，"国家意识形态"这一概念初步构建起了一个框架，既能够用儒家学说来解释，也能够用伊斯兰教和印度教的传统来解释，从而实现了对种族、宗教等界限的跨越，为新加坡构建共同的本土价值观提供了可能。

1989 年 1 月 9 日，新加坡总统在第 7 届国会上的讲话支持了"国家意识形态"的观点。此后，伴随整个新加坡围绕这一观点展开辩论的同时，核心价值观念的思想逐渐发展成为"共同价值"。1991 年 1 月 2 日由新加坡总统正式提交国会进行辩论。随后，政府发表《共同价值白皮书》，提出了各种族都能接受的五大价值观：①国家至上、社会为先；②家庭为根、社会为本；③关怀扶持、尊重个人；④协商共识、避免冲突；⑤种族和谐、宗教宽容。"为了进一步厘清'共同价值'和'儒家价值'之间的关系，给

---

[1] 普雷特. 李光耀对话录：新加坡建国之路 [M]. 张立德，译. 北京：现代出版社，2011：108.

各少数种族吃下'定心丸'，白皮书还特别做了下列阐述：起初，非华裔的新加坡人担心政府提倡'共同价值观念'会变成将儒家的价值观念强加于他们的托词。政府从未这样考虑过。政府绝不会允许占人口大多数的族群将自己的意愿强加给少数族群。不可以将儒家学说强加给非华裔族群，或是让'共同价值观念'导致华族沙文主义，使华裔的新加坡人变得心胸狭窄，不能忍受其他的族群。'共同价值观'必须是为所有的族群所认同的价值观念。儒家的道德观念不可能为所有的族群所认同。但是，华族社区可以从构成他们文化遗产的儒家思想中将抽象的'共同价值观念'发展成为具体的例子和生动的故事。儒家的许多思想对于新加坡是很有用的。例如，人与人之间关系的重要性，以及社会高于个人的重要性……"[1]

自此，国家意识形态——"共同价值"应运而生。1992年9月，时任新加坡新闻及艺术部部长兼外交部第二部长的杨荣文，发表了一篇题为《现代化与西方化》的论文，指出了五项共同价值在新加坡发展的新时期所承担的角色。他认为实现现代化是新加坡走向成功的必经之路。他提出，现代化不能是西方化，因为新加坡是亚洲国家，是个多元种族、多元文化的社会，永远变不成欧洲人或美国人。他强调，各种族必须承扬各自的优良价值观，了解存在的差异，彼此互相敬重协调，取得平衡。奉行五项共同价值观，避免迷失自己。在此后的20年时间里，作为东西方交汇之地的新加坡，开放程度与日俱增。"由于政府大力提倡植根于新加坡的'共同价值'，加之民众的本土意识随经济和社会发展不断增强，新加坡并没有在西方文化的冲击下失去其作为一个亚洲国家的特质。相反，随着'共同价值'作为新加坡的核心价值观被民众普遍接受，新加坡人的文化认同和国家认同显著增强，在面对外来文化时更多了一份从容与淡定，在应对经济和社会发展中的各种挑战时也更多了一份'精气神'。"[2]

[1] 匡导球. 星岛崛起：新加坡的立国智慧 [M]. 北京：人民出版社，2013：218.
[2] 匡导球. 星岛崛起：新加坡的立国智慧 [M]. 北京：人民出版社，2013：215-219.

第二节 文化流派

文化流派的形成，有赖于一代代具备人文素养的居民生活其间，并经过长时期的、不间断的文化传承、积淀与创新。新加坡开埠至今仅二百余年，经历殖民地时期、日治时期、自治时期、马来西亚联邦时期和独立时期，不断受到政治、经济的重创，殖民地时期居民文化素养普遍较低，无法为文化流派的衍生提供沃土；独立之后，新加坡高举经济发展大旗，忽视了文化建设，使得本就积淀不深的文化历史雪上加霜，此外，高速现代化过程中传统东方文化与西方现代文化不断撞击、交融，令文化发展更加动荡，因此新加坡并未形成人们通常理解的文化派系的格局。

尽管如此，纵观独立以来的新加坡，仍不乏自上而下灌输的国家意志、东方传统文化和社会价值观，以及现代化过程中由东西方文化撞击、交融而自然形成的社会思潮，它们滋养人民、维持社会发展，渗透在国家政治、社会生活、个人成长等方方面面，被传承、积累与沉淀，并形成各自的规模与范式。在国家发展满足了经济与物质需求后，新生代年轻人逐渐形成了一种"个人主义现象"，并产生了广泛的社会影响。为扭转西方极端个人主义的影响，新加坡政府从传统的儒家文化中汲取营养，为其所用，即所谓"新儒学"，以及为更加凝聚人心，打造新加坡国家形象和凝聚力，形成与推行"共同价值观念"等，这些都可以从一定层面上理解为新加坡独有的"文化流派"。本节试图从这些"主流文化"中，分析它们对于形成新加坡特有的文化思想、"形塑"新加坡国家形象等方面的作用和意义。

一、新加坡的儒家文化

新儒学首先是对李光耀、吴庆瑞等新加坡政治先驱产生了重要的影响。

1982 年，儒家文化运动如火如荼地在新加坡传播，政府请来余英时、杜维明、唐德刚等八位国际知名学者，帮助新加坡在中小学开设儒家伦理课程和制定大纲。

（一）儒家文化思想

在华人占绝大多数的新加坡，十分强调继承和创新儒家传统道德，将儒家道德归结为最重要的"八德"。"李光耀说：中国和东亚的文明基础是大不相同的。正确的行为是以有条理、有理性的价值观念作根据。人民行为正确，是因为他们知道：如果没有正确的行为，社会就会大乱。因此，儒家思想和五伦观念：君臣关系、父子关系、夫妻关系、兄弟姐妹关系和朋友关系，都有永久的价值。这种哲学和这套价值观念，使一个民族能够在过去三千来年，经历无数次天灾人祸，仍不断地把自己的文明保存下来。我们必须非常小心，不要乱改我们对人际关系的传统价值观念。这是我们人生哲学的基础。我们应该尽快学习掌握新的知识、科学和工艺。但是，在人际关系方面——家人之间的关系、朋友之间的关系以及人民与政府之间的关系这些方面，我们最好不要乱做试验。我们为什么要采纳已经在西方出了毛病的东西呢？我们为什么要放掉几千年来已在中国和东亚实行成功的哲学呢？"[1]在李光耀当政时期对"忠孝仁爱礼义廉耻"的儒家思想进行了宣扬和改造，把它灌输到政治生活和社会生活之中，作为其统治的意识形态和社会道德规范体系的重要组成部分。

忠，就是要忠于国家，要有国民意识。儒家文化中有强烈的忠诚意识，用它来强化民众的国民意识，是一种有力的文化机制，包含三层含义。一是要对新加坡有归属感。每个新加坡人都要意识到自己是新加坡共和国国

---

[1] 李路曲. 新加坡道路 [M]. 北京：中国社会科学出版社，2018：111-113.

民，是新加坡人，而不是中国人、马来西亚人或印度人等。要把新加坡看成是自己的故乡，自己是归属于这片土地的人。二是要以国家利益为第一需要，强调国民要忠于国家、热爱国家。当个人利益与国家利益发生冲突时，必须把国家利益放在第一位，牺牲个人利益。三是要有群体意识，使每个人认识到经济和社会的发展是集体协作劳动的结果，个人与集体密不可分。每个人的生活和工作都与集体息息相关，工厂生产的好坏，社会关系是否和谐，都要依赖全体员工或全体社会成员的相互协作。

孝，在儒家伦理中就是孝顺长辈，尊老敬贤。在传统的东方社会中，孝是伦理的起点，其他社会伦理都是由孝道而生，而孝道的实践，又以孝顺父母为本。孝道是与家庭紧密相连的。

仁爱，就是要富有同情心和博爱精神，要关心体贴他人，"理想的新加坡人"就是被赋予了一定的新含义的"儒者"，一个富有同情心的人。仁爱精神应体现在社会的方方面面和各个层次之中。在现代化急速发展和社会变革时期，有两个问题需要解决。一是由于不同文化的碰撞，每个人的观点都可能有所不同，处理不好就会使矛盾激化，引发冲突。二是城市化使邻里之间的交往越来越少，人与人之间情感联系的纽带非常薄弱，出现了"老死不相往来"的情况，削弱了社会的凝聚力。但如果大家都富有同情心和"仁爱"之心，就可以互相容忍和帮助。

礼义，就是礼貌和信义。礼貌就是对人要尊敬、客气、热情。礼貌成为人与人之间的相处之道，形成风气，社会自然就会文明得多，进步得快。信义就是待人接物要坦诚守信，不搞欺骗。

廉，是指廉政。要求官员除了自己应得的薪俸之外，不取分外之财。新加坡政府认为，国家兴旺与否的关键是能否保持一个廉洁有效的政府。对于新加坡这样的政治上权力比较集中的体制来说，尤其要依赖高级官员的廉洁和效率。贪污腐化曾在 20 世纪 50—60 年代困扰过新加坡，因此人民行动党在成立之初就喊出了"打倒贪污"的口号，并把党旗基本色调定为白色以示清廉。政府官员都深深懂得，只有自己为政清廉，人民才会信服；只有人民信服，政府的办事效率才能提高，达到事半功倍。如果政府官员不廉洁，贪污成风，虽然可以一时得利，但社会也会因此受到极大损伤。人民行动党十分清楚地认识到，自己之所以能够长期执政，最重要的原因之一就是它的政府能够保持廉洁，坚决把贪污腐败分子毫不留情地从政府公务员中清除出去，从而始终得到人民的信任。

耻，即羞耻之心。在现代化进程中，随着文化的急剧变迁和道德的断裂，容易出现丧失羞耻心的现象。因此，必须进行广泛的道德教育，培养明是非、知羞耻的观念，要使全体人民，尤其是青少年分清羞耻和荣辱，去除邪气，弘扬正气。

（二）儒家文化实施

新加坡独立以来的儒家文化运动，主要表现为人民行动党政府的推动。对于"新八德"儒家思想，人民行动党政府进行了大规模的宣传。新加坡政府把这些思想和精神向社会宣扬和灌输，并采取了相应的政策使其成为新加坡人的行为准则。

第一，培养忠诚的国民精神。例如，忠诚教育从小学入学开始，中小学每天都要举行升国旗仪式。"目的是在这些幼小的心灵深处逐渐培养起一种根深蒂固的国旗是神圣的认知和对国家的自豪感，并逐渐演绎出为了国家的荣誉和尊严甘愿献身的精神。"[1] 再如，青年男子要服从国民服役制度，这项制度规定，凡年满 18 岁的男青年都要服兵役 1 至 2 年，日常训练中军人要接受军事训练和爱国思想的教育，培养誓死保卫祖国的精神以及遵守纪律和吃苦耐劳的品质。退役以后即进入预备期，每年仍需回到军营两周，

---

[1] 李路曲. 新加坡道路 [M]. 北京：中国社会科学出版社，2018：113-121.

接受军事训练，经过训练的青年人自然就多了一份忠诚和服从的意识。军事训练和国家意识教育，不仅使青年人得到了锻炼，同时也培育了他们的忠诚意识。此外，政府还大力提倡唱爱国歌曲，利用歌曲这种容易普及的传播手段向人民宣传爱国主义思想。

第二，大力提倡孝道，维护家庭结构稳定，减少社会问题。在工业化的过程中，家庭由三世同堂或四世同堂的传统的大家庭向核心小家庭转化以及单亲家庭增多是一个普遍的现象。如果这种现象发展得过快，而政治、法律制度以及社会保障体系没有相应的调整，并且由此引发的思想观念上的代沟反差增大，必然会引起社会的不稳定。自20世纪70年代末开始，新加坡政府就逐步认识到传统的家庭是维护新加坡政治体制的基础，应该对其加以保护。人民行动党认为在早期的移民社会中，人们本来具有浓厚的孝悌意识，但自20世纪70年代以来，在西方自由主义思潮的冲击下，新加坡社会的家庭结构已经发生根本性变化，即使是受到传统儒家文化影响、家庭观念浓厚的华人，传承下来的孝道也已经大为淡薄。甚至存在儿女视父母为累赘，将其虐待和遗弃的现象。20世纪80年代后期以来，政府为了确保传统家庭结构不被分裂，在政策法规、社会引导等多方面采取了系列措施，如限制社会养老院的发展，不再对单身生活进行补贴，而是把钱用于补贴尊老携幼、生活和谐的家庭。政府还明确提出要求必须至少有一个子女与已经丧偶的父亲或母亲同住，以便侍奉老人、化解老人的寂寞和痛苦。同时，每年都在旧历新年开展敬老运动，届时政府要员和国会议员都要去自己的选区慰问老人，营造一种尊重老人、关怀老人的社会风尚。

第三，倡导发扬仁爱精神，构建和谐社会氛围。仁爱精神主要对社会稳定做出以下四个方面的贡献。首先，作为促进多元种族和睦的极好的精神工具，仁爱精神教育使人们富有同情心，可极大地缓解种族矛盾，让不同种族的人和睦相处。其次，调解劳资关系。新加坡是一个市场发育完全，已建立了自由企业制度的工业化国家，现代企业是国家经济象征，因此，劳资关系的好坏对于能否促进生产力的发展和社会稳定是至关重要的。儒家学说告诫人们都要有同情心，不要对别人施加自己所不愿意接受的待遇（己所不欲，勿施于人）。再次，作为代与代之间的沟通桥梁。新加坡正处于社会转型时期，代沟差距不断扩大是其面临的又一个重要社会问题。如果有了仁爱精神，将有助于新老两代人的相互了解和尊重，有助于年轻人充分评价老一辈在新加坡创业中的功绩，在工作中虚心向他们请教，在生活上关心照顾他们。老一代人则会关心爱护青年人，善于发现青年精英，尽力培养提携，并在适当的时候主动让贤。仁爱精神在稳固家庭环境方面也同样重要，具有仁爱精神就是对妻子、丈夫、子女和父母富有同情心和责任感，对家人体贴入微。

第四，注重礼义文化，构建文明、和谐、稳定的社会。一个社会只有文明向上，才会具有持久的发展潜力，这是对礼义社会最为功利的解释。新加坡建立礼义社会最富有特色的举措就是开展举世闻名的礼貌运动，不仅启动各种传媒宣传礼义，而且采取各种措施约束规范人们的行为。新加坡政府所提倡的礼义已经没有了传统社会中的繁文缛节，与西方的文明礼貌相比，它更多了一些谦恭的色彩。

第五，主张清廉执政，获取民众支持与信任。人民行动党执政后十分强调政府要在政治和行政方面保持廉洁，公务员必须做到两手干净。新加坡治理腐败的方式有其独到之处，一方面依靠行政体制内部自上而下的监督，另一方面通过独立的司法体系和社会舆论的监督。它的反贪机构只受总理的制约，并且得到法律的授权可以自行决定对任何级别的官员进行立案侦查和搜查，这是司法相对独立的表现。社会舆论可以通过传媒议论官员的腐败现象，尤其是反对党竞选时可以公开指责政府官员的腐败行为，因而也构成了一定的监督，但显然这些都是不完全的。

第六，进行广泛的道德教育，树立明是非、知羞耻的观念，要使全体人民，尤其是青少年分清羞耻和荣辱，去除邪气，弘扬正气。"在政府看来，知羞耻是进行廉政建设，建立一个文明健康、有教养的社会的前提。就耻的形式来说，李光耀所提倡的耻与儒家传统的耻并没有什么不同，然而，新加坡已是一个法治社会，因而在很大程度上判断耻的标准是法律和道德并重，而传统社会判断耻的标准主要是道德。"[1]

二、个人主义文化

20 世纪 80 年代以来，随着新加坡经济的发展，以及伴随经济社会改革而带来的西方文化的持续渗透和影响，逐渐在民众特别是年轻人一代中形成了一种个人主义文化。

新加坡个人主义文化的形成，无疑深受西方个人主义影响，但并不纯粹是西方个人主义。彼时，新加坡社会充斥着一种"只求享受，不求进步""只问价钱，不问价值""非常缺乏文化素养"的氛围。年轻一代默契地达成共识，"梦想是在做了几年工作后，能够买到一辆汽车，也能买到私人住房。他们梦想的五个 C，就是金钱、汽车、房产、信用卡和事业。……这些似乎代表了他们的整个人生目标。……新加坡梦只是照顾到自己、家人和子女，并没有把梦想扩大到帮助他人、爱护他人。"[2] 这种文化对于关心民族国家的前途、志愿，愿为国家贡献力量的老一辈人来说，显得十分功利与自私，也显然是与西方个人主义文化有所不同的。

在新加坡社会个人主义文化蔓延与传播的过程中，受到了极端的、偏激的个人主义文化的影响与渗透。这种偏激的个人主义文化是无政府主义和个人野心的极度膨胀，是任何社会都不能接受的。然而，这种现象也并

---

[1] 李路曲　新加坡道路 [M]　北京：中国社会科学出版社，2018：113-121.

[2] 李路曲. 新加坡道路 [M]. 北京：中国社会科学出版社，2018：107-109.

非新加坡所独有。工业化带来了社会变迁，变化了的社会不能再沿用旧的道德体系来规范人们的行为，但是新的道德观念又不可能像社会变迁那样迅速地内化为人民的价值体系，由此导致在一定时期形成了"道德真空"。于是，"暴发户们"虽然在物质方面丰富起来，却很少有道德修养，甚而腐化了整个社会。20世纪80年代进行的一项社会调查显示：新加坡人自愿参加义务慈善工作的人在总人口中的比例远远低于美国和西欧，只有美国的六分之一，西欧的四分之一。

伴随工业化的进程而递增的个人主义文化是一把"双刃剑"。个人主义文化为新加坡带来了诸如激发社会活力与创新、推动经济的发展等方面的优势。作为一个由移民建立起的国家，新加坡人民的勤劳和开发精神是举世公认的。这些移民离开、走出自己土生土长的圈子，他们比传统的农民多了一些什么呢？多了一些冲破传统、改变自己命运的抗争，多了一些创新精神，多了一些个人主义。

总体而言，个人主义文化的蔓延，是诸多国家走向现代化的必经之路，这一点在新加坡体现得尤为典型。一方面，近几十年来，个人主义文化在新加坡不断传扬，给社会带来了活力，给经济发展带来了动力，这是现代化的必然结果。另一方面，个人主义文化的过度膨胀也造成了一些腐化现象的滋生和蔓延，这要靠政府和社会建立并强化新的道德规范体系和法律体系加以消除。

三、共同价值观

自上而下的国家意志，能够使社会迅速形成一种文化氛围。新加坡社会在向工业化、现代化快速进军之时，人民普遍接受英文教育，受到西方文化的影响，社会有完全西化的危险。为了应付西化的挑战，弥补儒家文化在新加坡的局限，在社会和价值体系都在发生急剧变迁的现代化进程中寻求一种有别于传统价值观的价值体系，有必要提出一种新的价值观，才能确立起新加坡自己的、新的价值体系。此外，为了避免种族不满，引发种族间矛盾和摩擦，也需要建立一种各种族都能接受的共同价值观。1991年1月，新加坡国会发表《共同价值白皮书》，将"国家至上、社会为先，家庭为根、社会为本，关怀扶持、尊重个人，协商共识、避免冲突，种族和谐、宗教宽容"作为新加坡的主流价值观。"共同价值"成为"新加坡人"的价值体系。"共同价值观"是根据新加坡各种族传统文化的基本精神，以当代新儒家的社会思想为核心，兼容其他东方文化，并吸收了某些现代西方文化的内容而制定的，体现了主导性与多样性的统一，以及东方文化与西方文化的融合与互补。例如，把国家、社会和种族的利益置于个人利益之上的原则是亚洲文化普遍的基本原则之一；提倡和谐的人际关系，突出家庭的核心地位，把政府与人民的关系看成是家长制的关系，即人民应该充分信赖政府，政府应该真诚地为人民办事等，是儒家文化的内容。"为贯彻实施共同价值观，新加坡开展了卓有成效的价值观教育。如今，共同价值观不仅在新加坡逐渐深入人心，而且得到了新加坡所有宗教和种族社群的广泛认同，乃至成为促进新加坡经济发展和实现社会和谐的强大精神和文化力量。"[1]

（一）国家至上、社会为先

国家至上、社会为先就是在处理国家、社会、社区、社团和个人之间的利益关系时，其他利益应服从于国家和社会的利益。国家利益先于个人利益是新加坡过去取得成功、克服以往的艰难险阻的重要因素。例如，20

---

[1] 卢艳兰 以文化人：构筑和谐社会的价值基石——论新加坡共同价值观教育及对当代中国的启示 [J]. 学术论坛，2013，36（8）：37-40.

世纪 70 年代英军从新加坡撤军，1985 年出现全国性的经济衰退，前者使政府的财政收入减少 2/3，后者使新加坡在经济高速增长近 20 年后突然出现了负增长，政府不得不宣布两年内全国雇员不得增长工资。在这两次危机中，新加坡人以国家利益为重，上下同舟共济，尤其是工人表现出了很强的自制力，才使国家安然度过这两次危机。在各国发展史上，除了极端贫困和反对外国统治者以外，很少会出现激烈的与政府对抗的行动。相对来说，新加坡人没有十分贫困的时期，因此，他们也没有与政府对抗的传统。政治传统中没有激烈的斗争因素，使群众在政治觉悟有所提高时，通常也表现出比其他民族更强的自制力，表现出对国家的服从。

国家至上、社会为先是新加坡政府基于亚洲文化背景的价值选择。无论是华人还是马来人，其文化背景中都强调国家和社会的中心地位。面对工业化进程中社会价值观的急速转变和对政府的传统权威的挑战，政府认为有必要利用传统的价值观来进行应战。社会的价值体系已经长期根植于社会大众的心灵深处，政府提出的新的价值观不能完全脱离传统的价值观，否则就是无源之水、无本之木，无法扎下根去。

此外，正处于社会转型之中的新加坡，国家必须要树立一个权威形象，以调节错综复杂的矛盾关系。面对历史悠久、能量很大、相当独立，甚至具有国际背景的社团组织，在处理各个社团之间以及它们与政府之间错综复杂的利益关系时，国家必须具有权威性，成为调节各种社会集团利益冲突和矛盾的权威机构。正因为如此，人民行动党政府尤其强调国家的权威和个人的献身精神。

（二）家庭为根、社会为本

家庭为根、社会为本是指通过维持一个传统而健全的家庭来促进社会的发展和稳定。新加坡政府看到近几十年来西方国家家庭日趋解体、家庭传统功能衰微、离婚率上升、两性关系放纵、单亲家庭增多、子女独居盛行、老人处境悲惨等诸多负面社会现象，预判到正受到这股"西风"侵蚀的新加坡，未来亦将要面临诸如此类的家庭问题，这势必要影响到社会的和谐与安定。因此，有必要建立、维护健全稳定的家庭。

只有把家庭看作是社会的基本构建单位，并使其稳定下来，才能建立一个强大而稳定的社会结构。在一个稳定的家庭之中，夫妻之间，亲子之间最能自然地表达相互之间的爱和感情，他们彼此间可以达到一种其他社会交往所不能替代的美满与交融。此外，父母还可以向孩子提供一个安全而温暖的环境，使孩子在适宜的环境中接受最初的知识和社会经验的传播。强调家庭教育对孩子的重要性，家庭是最有利于孩子成长的第一个课堂。作为后代，孩子只有生活在一个健全的家庭中才能更好地理解老人，照顾老人和满足老人的需要。因此，美满的家庭中，代与代之间的良性影响是双向的，并且对每一个人来说都是必不可少的。只有家庭稳定了，社会和国家的稳定才有保证。否则，夫妻感情破裂、孩子出走、老人无人照料等会激化各种社会矛盾，破坏社会的和谐有序。家庭为根、社会为本的提出是基于当时新加坡的社会现实。

（三）关怀扶持、尊重个人

关怀扶持、尊重个人是指保护个人的生存权利。个人与国家或个人与社会永远是一个矛盾统一体，个人的权利和利益经常与国家和社会的权利和利益发生冲突。在这种情况下，如何处理它们之间的关系，各自应享有多大的权利和利益，每个国家和社会有很大的不同。在现代社会中，个人的权利和利益应该受到尊重。新加坡所保护的个人权利主要是指人的生存权与发展权。

李光耀认为，当今世界大多数国家仍挣扎在创业、救贫、治安、教育和免于饥饿的基本任务上。对于这些国家的百姓而言，如何获取生存权、劳动权，比言论自由权、政治参与权还重要。因此硬把西方的人权和自由价值观套在东方人的脖子上，是两三百年来西方政治宰割、经济剥削和文化渗透的帝国主义和殖民主义政策的延长。[1] 由此可见，新加坡所提倡的尊重个人，是聚焦更加具体且实际的社会现象。

新加坡政府提倡关心个人，主要是指各个社区对那些"时运不济"的人给予同情和帮助。这是由于在市场经济的商业社会里，不论一种社会制度设计得如何完善，在激烈的竞争中，总会有失败者。在这种情况下，如果社会冷落、遗弃他们，显然是不公正的。那么，以何种方式对他们进行帮助呢？新加坡政府认为，首先是要建立一套完整的社会保障机制，以保障每个人在任何情况下都享有基本的生存权利；但更重要的是帮助他们解决发展的需要，例如就业培训，用现代技术装备他们，使他们能够自立，重新投入到竞争中去，这样才能从根本上解决他们的生存问题。其原则就是社会要向每一个人提供平等竞争的机会，保证比较公平的分配。

（四）协商共识、避免冲突

协商共识、避免冲突是指在遇到各种问题和矛盾时，应该通过协商对话的方式来解决，而不是各执一词、各行其是，尤其是不能采取对抗的形式，激化矛盾。

新加坡政府制定和发展了一套能够得到社会认可的解决问题的方式，即多年来，他们在处理种族矛盾、劳资冲突和其他社会问题时，通常都采取协商对话的方法。这种解决问题的方法能够与大多数人的根本利益相一致，在实践中逐步获得了社会多数人的认同，取得了很好的效果，因此将

---

[1] 洪镰德. 新加坡学 [M]. 台北：扬智文化事业股份有限公司，1994：164.

其提升至国家价值观层面加以推广。例如，在处理劳资纠纷方面，先是由劳资双方举行谈判，只要双方不大动干戈，尽可以讨价还价。等到双方都充分阐明了自己的利益所在和困难之处，也了解了对方的利益所在和困难之处以后，双方即使不能达成协议，也能相互理解，这时政府出面仲裁就容易多了。而且，由于政府一般能够比较公正地平衡双方利益，久而久之，大多数人就认可了这样一种解决争端的方式，取得了比较一致的文化认同。当然，协商是有一定限度的，在涉及政治和社会稳定等一些根本性问题上，就不能再用协商来解决了。

（五）种族和谐、宗教宽容

种族和宗教关系和谐与否对新加坡这样一个多元民族社会来说尤为重要，它是新加坡得以稳定和发展的最重要基础之一。

宗教问题是与种族问题紧密相关的一个问题。在新加坡，宗教问题主要是尊重少数种族的宗教信仰问题，尤其是尊重马来族的伊斯兰教信仰问题。政府曾经出巨资修建富丽堂皇的清真寺。自 20 世纪 80 年代后期以来，基督教会和佛教会在新加坡也发展了起来。

长期以来，新加坡政府在处理种族和宗教关系方面积累了丰富的经验，形成了一套易于操作的方法和原则。首先，平衡各种族间的公平性。比如教育政策向马来人倾斜，致力于提高马来人的文化水平，以使他们与华人享有平等的竞争机会；在选拔官员时保证马来人和印度人都占有一定的比例。其次，融合各种族间的生活。比如实行多种族杂居政策，鼓励人们交异族朋友等，这些措施都促进了种族关系的和谐。最后，避免各种族间的矛盾。比如不允许不同种族之间公开批评，甚至不允许个人公开发表有关种族关系的言论，避免激化种族矛盾等，从而稳定种族关系。

第三章 教育历史

重视教育和人才是新加坡能够迅速实现现代化，跻身世界发达国家之列的重要因素之一。"一个资源极度缺乏的国家，经济却能够持续繁荣昌盛；一个国土面积十分有限的国家，却能在国际舞台上产生重大影响，以上成就背后的原因之一，可能就是其正确的教育体系设计与战略选择。"[1]

第一节 历史沿革

新加坡自治后，人民行动党政府确立了"教育立国"的方针，大力普及基础教育，为实现教育现代化的快速发展奠定基础。20 世纪 70 年代末至 90 年代末，新加坡政府提出"英才强国"，在这期间教育逐步实现从重"速度"向重"质量"的转变。到了 20 世纪 90 年代末期，新加坡基本实现了教育现代化，并进一步向教育现代化的纵深发展，这一阶段倡导以学生为中心，注重培养学生的核心能力。

---

[1] 沈茂德. 英才强国：新加坡教育的国家战略选择 [J]. 中小学管理，2020（6）：21-23.

一、大力普及基础教育（自治初期至 20 世纪 70 年代末）

自治后的新加坡面临诸多挑战，尤其是多种族共生共存的现实难题。领导者们深刻地认识到，亟须探索一条行之有效的途径，以迅速将国家、社会团结整合起来。"建国君民，教学为先。"新加坡政府选择了教育，通过建立统一的教育制度，让各民族接受同样的教育，促进教育公平，从而将人们团结在国家意识和国家目标之下。

新加坡第一次教育改革是从基础教育入手，主要措施是大力发展和推进"扫盲"运动。首先，"扫盲"具有双重含义，"既是文化、知识、技能层面上的提升，又是政治、社会意义上的熏陶和国民意识的塑造。为此，在自治后不久的 1959 年 7 月 1 日，新加坡元首即在施政方针中宣布了政府教育计划的三项主要原则，包括：接受议会 1955 年《各党派华文教育报告书》，平等对待各源流学校；接受马来语为国语，鼓励非马来人学习马来语；修正现有课程，注重实用科目，如数学和科学，以适应工业化社会和学习当地语言的需要。"[1] 不久后，新加坡政府又进一步明确了新加坡的教育计划，主要包括：培养国家意识，消除种族偏见；加速造就发展经济所需要的人才；教育机会均等；实施英才教育和双语教育。1960 年，新加坡首任教育部部长杨玉麟在人民行动党成立六周年纪念特刊里发表《教育为了什么》一文，重申了政府的教育政策："我们的教育是为了一个明确的目标，即在我们的多民族社会中建立一个强盛和统一的国家，使离校的学生都具有生产技能，以便促使我邦的普遍繁荣，并使失望与失业不再存在。"[2]

"扫盲"旨在扩大基础教育建设规模、推进教育公平，实现普及初等教育。据统计，"在政府实施普及基础教育政策后的 10 年间，新加坡的在校小学生人数即由 284 702 人增加到了 353 316 人。同时，为提高整个劳动人

---

[1] 沈茂德. 英才强国：新加坡教育的国家战略选择 [J]. 中小学管理，2020（6）：21-23.

[2] 吴元华. 务实的决策——新加坡政府华语文政策研究 [M]. 北京：当代世界出版社，2008.

口的识字水平，政府还面向 30 万小学未毕业的在职职工开发了相当于小学
课程的'培智课程'。据统计，到 20 世纪 80 年代初，已有 15 万人完成'培
智课程'，其中有 3 万人继续报名修读了相当于中学水平的'汇智课程'。"[1]
小学阶段侧重于学生文化基础的培养，特别是在语言、数学和科学等方面，
中学阶段则增加各种科学和技术实践。

　　这一时期，政府还通过双语教育政策大力推行教育的普及。"新加坡政府
宣布尊重 1955 年议会《各党派华文教育报告书》中平等对待各语言源流、鼓
励实行多种语言教育的基本建议。但关于统一教学用语，人民行动党政府在执
政初期却显得不够明确甚至相互矛盾：出于与马来西亚合并的目的，希望以马
来语作为沟通各民族的共同语言；为了开展国际贸易与交往，又试图把英语作
为各民族学校的共同语言。这一时期，为增进各语言源流学生间的了解，提高
学生的双语水平，政府允许英语学校和母语学校并存，英语学校开设母语课，
母语学校也开设英语课；同时，推行'混合学校制度'，即同一个学校办各种
语言班。到 1963 年时，混合学校已达 19 所，有学生近 3 万人。"[2] 双语教育政
策下的中小学学生必须一直学习母语，其中，道德和国民教育课必须用学生的
母语授课，这一政策逐步取代了英殖时期"独尊英语"的教育政策，将新加坡
多种族文化交融保留下来。曾任教育部部长的陈庆炎将双语教育政策的初衷
阐述为："每一名儿童都应学会英语和自己的母语……儿童学会英语就能直接
吸收当代社会的科学和技术知识。另外，他们也必须把母语学好，这样他们
才知道他们文化的根在哪里。"[3] 双语教育以及英语作为统一语言制度的确立，
为新加坡打破长久以来的隔离和分裂状态、建立国家和民族认同创造了条件。

　　李光耀曾表示教育界的任务和政界的任务是一致的。教育界是在培养
一个统一的民族，政界也是在培养一个统一的民族。为此，新加坡政府依

---

[1] 匡导球. 星岛崛起：新加坡的立国智慧 [M]. 北京：人民出版社，2013：244-250.

[2] 匡导球. 星岛崛起：新加坡的立国智慧 [M]. 北京：人民出版社，2013：244-250.

[3] 陈文. 新加坡教育的迅速发展及其原因 [J]. 东南亚纵横，1995（1）：43-47.

托语言教育、德育以及国民教育课程普及爱国主义教育，统一公民国家意识。从小学一年级开始，学校即开设德育及国民教育课程，每周不少于一个半小时，大多数学校使用新加坡教学发展总署编写的《好公民》系列课本作为教材。通过这一课程，在学生中普及新加坡的历史、现状和文化传统，更重要的是，培养学生的国家意识，增强其社会责任感，鼓励其做一个合格的新加坡公民。1966 年，李光耀在向数千名教师发表演讲时指出：新加坡从一个殖民统治下的移民社会成为独立的新国，缺乏一般国家所有的共同文化传统及国家意识；要生存于时局多变的时代，上层要有坚强的领导，下层要有团结的精神；必须好好教育好下一代，使他们不仅有学术的修养、坚强奋斗的毅力，更要有对国家的效忠精神，即爱国精神。[1]

20 世纪 60 至 70 年代的"扫盲"运动使新加坡薄弱的基础教育得以加固，为其后来的教育现代化打开了良好的开局。政府的大力支持使新加坡的基础教育在这一时期实现了飞跃，不仅实现了全面覆盖中小学的免费教育，还建立起一套与之相对应的扶助体系并不断得以完善。在该体系下，政府通过设立各种各样的援助项目，帮助低收入家庭的孩子获得不低于平均水平的教育和生活质量，确保其有能力应对升学或就业的挑战，让孩子"比他们的家长更有作为，从而协助他们的父母摆脱贫困"[2]，这是以教育公平促社会公平的战略举措之一。

二、积极推进英才教育强国战略（20 世纪 70 年代末至 20 世纪 90 年代末）

新加坡独立后的一段时间内处于民族矛盾激烈、国际威胁深重的内忧

---

[1] 王学风. 多元文化社会的学校德育研究——以新加坡为个案 [M]. 广州：广东人民出版社，2005.

[2] 曹惠荣. 新加坡教育援助计划初探 [J]. 成人教育，2009（3）：83-84.

外患的困局之中。为尽快解决国家生存需求和经济发展需要，急需大量人才。因此，新加坡自独立之初就将教育优先发展列为基本国策，充分重视和发挥教育在国家发展中的重要作用。其中，尤为重视精英人才的教育，将英才（精英）教育作为国家发展的重要战略。英才被认为是国家独立的必要条件，"新加坡《南洋商报》在1968年的一篇社论中说：殖民地在独立后，如果没有足够的高等人才来管理国家，而依赖他国的人才来统治，则这个国家的独立是谈不上的。"[1]

"1981年时任教育部部长的郑永顺博士率团到美国、俄罗斯、以色列等国考察和学习英才教育课程。代表团认为，在新加坡开展英才教育迫在眉睫。"[2] 这一次考察，为新加坡此后一段时间内的教育政策奠定了基础，由此开展了系列英才教育举措。首先，新加坡教育部设立了针对英才班课程研发的课程规划与发展司高才教育处，专门负责统筹全国的英才教育工作，如英才学校的认定、英才教师的培养、英才教育课程与教学的监督。其次，在制度设计上保障英才发现与培养的连续性，如通过"英才教育计划""直通车学校计划""自主学校（课程设计自主、教师招聘自主、财务自主）奖学金计划"等从制度上保障英才培养的可持续性。再次，认定英才教育学校，鼓励英才教育课程开发。例如：直通车学校的快捷课程、华侨中学的"领袖训练计划"、新加坡国立大学附属数理中学的"达·芬奇计划""伽利略计划""爱因斯坦计划"等。

1984年，新加坡教育部在充分论证的基础上，开始推进"英才教育计划"。通过对学生进行数学、英文、能力测试等，在全国范围内挑选智力与能力名列前茅的孩子进行特殊培养，充分发掘其潜能，培养高精尖人才，为国家和社会服务。该计划具有两个十分鲜明的特点：一是选拔甄选严格，二是进行着重培养。

---

[1] 黄松赞. 新加坡的英才政策和英才教育 [J]. 暨南学报（哲学社会科学版），1987（3）：32.

[2] 王佳，褚宏启. 新加坡英才教育的举措与启示 [J]. 比较教育研究，2013，35（5）：43-47.

首先，对各阶段学生的甄选与选拔是"英才教育计划"的基础条件。得益于国家对该政策的大力扶持，越来越多的学校参与到"英才教育计划"中来，发展十分迅速。到 2008 年，9 所被教育部认定为"英才教育计划学校"的小学联合研制能力试题，实施全国性统一考试。小学三年级可以说是新加坡孩子成长中的第一次分流。甄选考试选择排名前 1% 的学生作为入选对象，进入这 9 所"英才教育计划学校"学习，学校以每班约 25 人（其他学校普通班每班 40 人左右）的规模进行小班化教学。在小学六年级时，新加坡学生会迎来第二次全国分流考试，俗称"小六会考"。小六会考直接决定了孩子未来进中学的层次。根据小六会考的成绩以及学校的面试情况，总体成绩最优秀的孩子会进入"中学直通车计划"。18 所"直通车学校"是最好的学校，学生跳过"新加坡–剑桥 O 水准考试"（类似国内中考），直接参加初级学院的"新加坡–剑桥 A 水准考试"（类似国内高考）。[1]

其次，对选拔上来的"英才学生"进行着重培养。这主要体现在两方面。第一，在课程与教学设置上，重视培养学生以下几个方面的素养和能力：①高水平的思维能力和创造能力；②终身学习和自主学习的态度；③对自我卓越成就的抱负；④良好的公民意识和致力于为国家与社会服务的责任感；⑤正确的道德观和价值观，目的是使英才学生拥有成为负责任的领导人的素质和能力。[2] 第二，在师资方面，英才班享有最优质的教师资源。英才班的教师选拔与培养同样严格，过关斩将的英才班教师还需经过教育部为期三年的在职培训才能上岗。这些教师需要不断更新教学讲义，以及组织大量的课外活动，为学生提供最优质的教育。之后，在执教过程中也需不断接受继续教育、考核与考验。"教师执教后必须定期参加各种英才教师培训班、经验交流会、教学研讨会等活动，不断学习英才教育的理念和相关课程，了解国外的英才教育课程以及最新的研究动向。在之后整个一年的时

[1] 沈茂德. 英才强国：新加坡教育的国家战略选择 [J]. 中小学管理，2020（6）：21-23.

[2] 资料来源于新加坡教育部网站。

间里，新加坡政府会委派专家对教师课堂进行观摩与考察，教师和专家一起工作，共同探讨教学中的问题，磋商有关的课程计划和教学策略，以提高教学质量。"[1]

英才教育政策的实施为新加坡的工业化和经济发展培养了急需的人才和大批优秀的干部，对新加坡的繁荣发展做出了重要的贡献。直到今天，英才教育在新加坡仍然占据重要位置。

三、以学生为本，强调能力培养，注重价值导向（20 世纪 90 年代末至今）

20 世纪 90 年代末，新加坡教育现代化进入一个新阶段，逐步从效益取向转向能力为重，强调以学生为本，着手为 21 世纪做准备。21 世纪以来，世界发展愈发呈现出不稳定、不确定、复杂和模糊等特点。为培养适应未来社会发展需要的人，新加坡政府进一步提出"以学生为本，由能力导向过渡为价值导向"。

早在 1997 年，新加坡政府即提出"基础教育从效益取向向能力取向转变，强调以学生为中心，注重培养学生的创造力、思考力，创建重思考的学校，好学习的社会"[2]。主张以学生为中心，更加强调价值观和品格发展。2011 年，新加坡政府进一步明确提出，教育将由能力导向转为价值导向。其中，价值观包括"自我价值""道义价值"和"公民职责价值"。"自我价值"的核心是给予学生自信心和自我意识，培养他们坚忍不拔的意志力；"道义价值"是培养学生在多种族、多元文化的社会能够尊重、关怀和赏识

---

[1] LOW E L, LEE S K. Bringing Singapore's teacher education beyond its shores[J]. Educational research for policy and practice, 2012(2): 43-51.

[2] 宋若云. 新加坡教育研究 [M]. 北京：经济科学出版社，2013：3.

他人；"公民职责价值"则培养学生成为坚强、有毅力、有知识、有见闻，国家有难能奋起捍卫祖国的好公民。

近年来，新加坡提出"21世纪能力框架"清单，这份能力清单列举了新加坡政府认为21世纪的孩子们在应对未来世界的社会机遇与挑战时应具备的能力。

（一）核心价值观

价值观是一个人性格的核心。其塑造了一个人的信念、态度和行为，因此构成了"21世纪能力框架"的核心。新加坡政府提出包括尊重、责任、韧性、正直、关爱与和谐的6大核心价值观，这些价值观被公认是社会和国家价值观的基础。

新加坡也对这6大核心价值观做出了详细的阐释。尊重是指学生相信自己的自我价值和人们的内在价值时，他们就会表现出尊重。责任是指当学生认识到他们对自己、家庭、社区、国家和世界负有责任，并需要以爱和承诺履行他们的责任时，他们就有了责任感。韧性是指学生表现出情感上的力量并在挑战面前坚持不懈，表现出勇气、乐观、适应能力和足智多谋。正直是指学生坚持道德原则并具有为正义挺身而出的勇气。关爱是指学生以善意和同情心行事，并为社区和世界的改善做出贡献。和谐是指学生在促进社会凝聚力和欣赏多元文化社会的统一性和多样性时维护和谐。

（二）社交情感能力

学生可以从自我意识、自我管理、社会意识、人际关系管理、负责任的决策这5个相互关联的关键能力中学习技能，而这些技能是儿童发展健康人格、认识和管理自我情绪、培养责任感、关心关爱他人、与他人建立发展积极关系、应对挑战、做出负责任的决策，以及为个人、他人和社会谋福利所必需的。

（三）面向全球化 21 世纪的能力

公民素养、全球意识和跨文化交流技能，批判性、创造性思维，交流、合作和信息技能将是面向未来全球化的世界所需要的能力。

新加坡政府清晰地阐释"21 世纪能力框架"，希望教育遵循这一框架，以培养学生这些核心价值观和能力为教育目标，从而使学生能够具备面对瞬息变化的信息化、数字化时代的能力。

基于这样的理论框架，新加坡形成了较为系统、层层递进的教育目标，体现出对学生发展的期望。他们应该具备：良好的自我意识；合理的道德指南针；应对未来挑战的必要技能和知识。他们应该成为：对生活充满热情，有强烈的是非意识，适应力强，了解自己，判断力敏锐，能够独立思考和批判性思考的自信的人；对自己的学习和其他问题负责，坚持毕生追求学习的自我导向学习的人；能够在团队中有效工作、发挥主动性、承担可计算的风险，具有创新精神并追求卓越的积极贡献者；植根于新加坡，有强烈的公民意识，对家庭、社会和国家负责，并积极改善别人生活的公民。

其中，每一学段、每个教育级别的教育目标都建立在前一阶段的基础上，并为后续阶段奠定基础。例如，儿童在小学阶段主要是了解自己的长处和成长领域，从而获得相信自己的能力；到了中学需要学会适应变化；到了高等教育阶段，他们将在逆境中变得更有弹性。

在小学教育结束时，学生应：能够分辨是非；了解自己的优势和长处；能够合作、分享和关心他人；对周围环境充满好奇心；能够思考并自信地表达自己；为他们的作为感到自豪；有健康的习惯和对艺术的认识；认识并热爱新加坡。

在中学教育结束时，学生应：有品德；相信自己的能力并能够适应变化；能够在团队中工作并对他人表示同情；有创造力和好奇心；能够欣赏各种观点并进行有效沟通；对自己的学习负责；享受体育活动并欣赏艺术；相信新加坡，了解对国家重要的事情。

在中学后教育结束时，学生应：要有道德勇气来捍卫正确的事物；面对逆境要有韧性；能够跨文化合作并承担社会责任；勇于创新和进取；能够进行批判性思考并具有说服力；有目的地追求卓越；追求健康的生活方式，并欣赏美学；为自己是新加坡人感到自豪，了解新加坡与世界的关系。[1]

从新加坡教育发展的历程来看，新加坡教育既博采众长，又充分基于国情、结合国情和社情，目标明确、措施全面、执行到位，形成了鲜明的特点。一是强调教育公平，在语言、文化、宗教等方面兼容并包，让不同民族、不同语言和不同信仰的国民享有同样的受教育权利，使各种族学会相互尊重、和谐共处。二是坚持因材施教，不拘一格育人才，让学生有多种、多次选择机会，都能找到合适的发展空间。三是明确教育的服务使命，始终坚持服务社会、满足政府需求的宗旨，从而得到社会的广泛承认和政府的大力支持。[2]

第二节 教育思想

新加坡独立以来，以李光耀为代表的政治领袖们始终十分重视教育对国家进步和繁荣所起到的重要作用，不遗余力地投资和发展教育，形成了独具"新加坡特色"的教育主张和思想。

---

[1] 资料来源于新加坡教育部网站。

[2] 霍利婷，黄河清. 学校、家庭、社会共同营造和谐教育——新加坡"教育合作伙伴"概念引介 [J]. 外国教育研究，2008（12）：73-76.

一、李光耀的教育思想

李光耀的教育思想和其执政理念高度一致，是一种结合了英国实证主义、中华传统文化和新加坡国家主义的"综合体"。美国著名记者、专栏作家汤姆·普雷特评价李光耀"操的是浓厚的英国腔，语气中笼罩着千年的中国文化遗产……不管李光耀在剑桥大学念书时变得多么西化，他的血液里装载着根深蒂固的华人思想"[1]。

（一）继承和发扬儒家教育思想

李光耀十分重视教育，经常强调"人是最主要的""但人不论天赋多高，不经过教养也不能成材"，认为如果新加坡人能通过教育成为既有知识和文化又有道德的人，国家就有希望。首先，李光耀强调教育要贯彻"有教无类"。他曾说"不论是三轮车夫的儿子或是百万富翁的儿子都有受教育的机会"。为此，新加坡大力推进教育公平，兴办免费的小学和中学。其次，李光耀主张要"因材施教"。强调学校和教师要能够认识到人的智力、天赋各有差异，主张根据学生的潜能、发展趋向尽早实施分班教学。要求经过几次（而不是一次）考试，研究判断学生文理工分科的适配性，结合学生发展前途，实行"分流教育"。该读文科的上文科班，该读理工科的上理工科班。他认为，上大学的人总是少数，许多学生不能进入大学深造，对这部分人要进行专业技术训练，让他们进入相当于中专或大专等的职业学校，经过约三年培训，就可以参加工作。这样既能解决学生的上学和就业问题，又适应经济发展对人才的需求。由于这部分人数相当多，所以专业技术学校应成为教育工作的一个重点，政府在教育经费和师资方面都要予以照顾。

---

[1] 普雷特. 李光耀对话录：新加坡建国之路 [M]. 张立德，译. 北京：现代出版社，2011: 33-45.

（二）双语教育理念

1969 年 2 月，李光耀曾在一次讲话中指出：“英语是一种语言，我们学习它，使用它。但是我们不能忘本，这个本引导我们想到我们原来地方的历史、文化和文明。”[1] 李光耀始终坚持华文的学习，不仅如此，他还将自己的 3 个孩子送到华文学校接受教育，出版《学语致用：李光耀华语学习心得》，让读者了解他坚持学习华语的心得与经验。李光耀在执政期间多次强调英语与母语兼顾的重要性，在应对国内外变化发展过程中逐渐形成双语教育思想，并在国家战略规划及政策制定执行过程中建立完善双语教育制度。双语教育制度的落实，提高了新加坡人的文化素质，培养出了具有语言优势和跨文化交际能力的公民，进一步促进了新加坡与东西方的交流。

1. 双语教育的目的

双语教育指的是所有学生都要学两种语文，英文及本族母语。李光耀主张语言教育要实行双语制。一方面确定英语作为全国通用语言，消除种族间的沟通壁垒，维护和谐社会，加强新加坡人民的国家认同感；另一方面强化母语学习，了解本民族历史、传统、道德和文化，增强自信心，并从中吸取营养，保持东方人的价值观。坚守母语是照顾到新加坡老一代的习惯和各族的宗亲感情，也是能够继承各族优良传统的一个必备条件。此外，“以李光耀为首的执政党把语言问题政治化，把语言政策与民族团结、政治运行、国家意识等问题关联起来……将语言作为加强各族之间的沟通、培养新加坡国家公民意识及营造面向世界的国际化的重要媒介。”[2]

首先，缓解教育对立矛盾。英国殖民时期，新加坡教育处于十分混乱

---

[1] 杨静林. 新加坡 [M]. 大连：大连海事大学出版社，2020：55.

[2] 杨静林. 新加坡 [M]. 大连：大连海事大学出版社，2020：55.

的状态。种族间各自为政、独立建校，课程大纲、教育内容、毕业文凭等毫无关联，这种混乱加剧了各族间的隔阂。1920 年，面对日益强大的华人势力，英国殖民当局恐怕华人势力对其产生更大的威胁，试图通过颁布法令将华校彻底控制在自己手中，于是颁布了《1920 年学校注册法令》对华校进行限制。这一法令的不公平，使得华人非常反感，彻底对英方失望，加剧了双方矛盾。1948 年，英国殖民政府颁布《十年教育发展计划》，试图通过普及小学教育来发展本地语文，但规划提出的一些建议没有考虑到历史上教育分裂所造成的各种后果，进一步加大了"不受英文教育的人"与"受英文教育的人"之间的对立矛盾。直到李光耀执政后，强调双语教育，肯定各民族的语言与英语的地位同等重要，同时制定了法令，开办统一的学校，打破了文化、社会和语言的隔阂。虽然当时华校仍不受政府控制，但已经逐步开始扭转混乱的局面。

其次，提高人口素质，促进新加坡经济发展，实现与国际接轨。英语为共同语是综合了新加坡政治、经济发展的任务和目标而确定的。李光耀强调英语是"谋生的工具""商业语言""科技语言"，需要许多通晓英语的人才。英语是新加坡的"共同语言""工作语言"，每个学生都要学，年轻人都懂英文，对互相沟通和同外国人打交道都有好处，这也成了外商愿意来投资的一个因素。

最后，提升民众国家认同。早在 1961 年，李光耀在教师节大会上发表讲话就指出："当前我们的任务是推行共同的语言，培养共同的感情。"[1] 这里所说的共同的感情，事实上就是培养国家认同感。双语教育就是以促进文化交融、增加政治认同、保留传统价值、立足经济发展、体现时代认同来实现国家认同。

---

[1] 李光耀. 李光耀 40 年政论选 [M]. 北京：现代出版社，1994: 375.

2．双语教育的落实

最初李光耀提出双语教育主要基于国家生存、政治实现和经济发展的现实考量，随着制度的不断落实与推行，也进行了多轮次的调整，陆续注入了因材施教、量体裁衣的教育理念，为来自不同家庭语言背景、不同能力、不同兴趣以及不同智力水平的学生，量身定制课程、教学法和评估方式等，真正从个体出发，以学习者为本位。

李光耀快速强制推行双语教育制度，也带来了诸如教师数量不足、素质不高等问题。因此，1979年李光耀任命一个研究小组对新加坡原有的教育制度进行评估。这个小组主要由系统工程学家组成，由当时的教育部部长吴庆瑞牵头。最终调查评估报告被称为《吴庆瑞报告书》（下文简称《报告书》）。

《报告书》检查了双语教育制度的效果，认为硬性规定学生把两种语言都学好是不恰当的，因为学生的智力不同，结果学生退学率很高。同别的国家和地区相比，更为明显。例如，当时在新加坡，只有71%的小学生能上中学，而彼时的日本已达到100%。《报告书》得出的结论是："当前教育制度太刻板。根据现在的双语政策所制定的课程太难。在追求12%—15%高材生的教育制度里，能力差的学生非常受歧视。双语制固有的各种问题集中起来，主要是缺乏特定的目标，教学效率低，教育部指挥不力，各种倡议都来自最高领导，基层和中层很少参与制定。"[1]

《报告书》建议规定一个最低的成绩标准，培养起码具有一种语言读写能力的中学毕业生。还提出三种辅助学生的办法：首先，为在小学毕业考试中不及格的学生开设特别小学班，以掌握一种语言的读写能力为培养目标；其次，减轻学习负担，把第二语言教学放在次要地位，开设五年制中学；最后，原来为智力一般和拔尖学生开设的课程不变。

李光耀对这份《报告书》表示大体满意，例如，同意照顾一般智力的

---

[1] 陈岳，陈翠华. 李光耀：新加坡的奠基人 [M]. 北京：时事出版社，1990：111-117.

学生，充分发挥他们的潜能；减轻学生的学习负担；提高小学毕业生的升学率等。但他认为《报告书》美中不足的是未涉及两个重大问题。一是对学生道德品格的培养，二是如何获得"足以当公民典范"的教师。他强调教育中德育是最重要的，应居首位。培养学生必须首先培养他们尊重家庭、搞好人际关系的东方道德观念和伦理观念。还要培养一批可作为学生楷模的优秀教师。他强调教师是"道德精神和社会精神的支撑者""教师必须是得到社会尊敬的人""必须能够既是道德品质方面的导师，又善于向学生传授知识"。他同意双语教育不能要求每个学生都达到"双优"，事实上也不可能，最多只能是精通一门、粗通一门。对于智力差的学生，只能要求他懂得一门语文，能够适应工作需要就可以。

双语教育制是新加坡教育成功的基石。双语制度贯穿了新加坡教育发展的始终，并对新加坡保持多元文化、种族和谐、社会稳定等诸多方面产生了积极影响。

（三）德育观

关于道德教育，李光耀多次强调："东方和西方的精华，必须很好地融会在新加坡人身上。儒家的伦理观念、马来人的传统、印度人的精神气质，必须同西方追根问底的科学调查方法和客观寻求真理的推理方法结合在一起。"[1] 依照李光耀的观念，新加坡的中小学教材包含许多有关道德修养的内容。中学专门开设宗教科目，介绍各种宗教和世界主要哲学理论的要义，特别是儒家学说。李光耀把德育放在第一位，认为这种"有关人的素质的塑造和培养"要从小学抓起。不但是学校的老师要向学生进行道德教育，家长们更要负起这个责任。孩子们在家的时间要比在学校的时间多，父母及家庭其他成员的一言一行都会对小孩子产生印象和影响，所以家庭教育

---

[1] 李光耀. 李光耀40年政论选 [M]. 北京：现代出版社，1994：395.

非常重要。其中尤以父母、祖父母的言行示范最起作用。李光耀主张学校和家庭互相配合，使孩子们从小就能接触好的思想、培养出好的品格。

二、精英教育思想

世界上很多国家的教育体制中都含有精英教育的理念，如英国、加拿大、美国、澳大利亚等。一般来讲，精英教育强调受教育者的智力和基础，通过一定的选拔方式，使能够接受精英教育的人在同龄人中所占的比例较小，约15%左右。[1] 为了应对土地稀缺、资源匮乏、人口密度高等难题，更为了迅速发展经济，巩固国家实力，新加坡试图通过精英教育挖掘人力资源，打造人力资源强国。因此，精英教育理念贯穿新加坡初等教育、中等教育、高等教育的始终，旨在为新加坡选拔优秀人才、培养治国精英，最终实现人才救国和人才强国。

（一）精英教育的原则

因材施教是新加坡精英教育的原则。因材施教是指在教学中，教师应该根据不同学生的认知水平，学习能力以及自身素质，开展有针对性的教学。新加坡精英教育理念与此不谋而合，主张遵循因材施教原则，"按照智力水平、兴趣爱好、语言能力对学生进行分类，分类指导培养，既出专才、通才，也出天才。"[2] 例如，大一学生入学后，要对学生的英语水平进行测验，根据学生的水平将学生重新分班，打破原来的班级，实行分层教学。这样，教师在教学内容、教学进度、教学难度、教学方法上会根据不同层的学生的

---

[1] 张海彦. 精英教育在大学英语教学中的可行性和实施策略 [J]. 现代企业教育，2010（2）：219-220.

[2] 杨静林. 新加坡 [M]. 大连：大连海事大学出版社，2020：75.

英语水平进行相应的调整，旨在提高课堂教学的有效性，保证教学质量。

（二）精英教育的内容

分流教育是新加坡精英教育的主要内容。新加坡教育分流机制从小学四年级贯穿到大学，分流系统较为复杂，且存在许多变化，但总体来说共有四次主要分流。学校依据学生的学习能力、学习态度、学习兴趣开设了多种多样的教学课程。

水平来看，新加坡的教育体系实行的是双轨制度，普通学校和职业学校均具有从初级到高级的完整的教育体系，又是可以相互对接、相互沟通的。垂直来看，新加坡的学生在小学、中学、中学后和大学四个阶段会经历四次可选择的分流。通过差异化的学习和层层分流的方式，实现兼顾精英教育和平民教育（大众教育）的目的，并且也能够尽量让每一位学生找到更加适合自己的发展路径。例如，第一次分流时的学生也许不能清晰地明确自己的学习能力及兴趣情况，为了避免错误，学校会举办智力考试来评估学生的潜力。与此同时，各个班级之间也会产生一些横向的交流过渡，学校倘若发现有优秀学生发生错误分流的情况，可以对其进行灵活的调整，以此纠正分流产生的误差。

分流教育制为"英才"提供了快速成才之路，但也存在严重缺点。如"英才"知识面狭窄、骄娇之气滋长，"英才"与"普通才"间造成一条深沟等，并由此导致有逐渐分化为水火不容的两个阶层的趋势等。

（三）精英教育的目标

精英教育理念的核心目的即从孩童时期开始，通过分流制度进行甄别与选拔，并因材施教重点培养，受过良好教育、具有某些专门知识或专业特长、个人素质较好较强的人，担任政府行政官员或其他专业领域能够发挥重要作用的技术专家，最终达到国家有效治理的目的。

（四）精英教育实施的保障

1984 年"英才教育计划"的发布与实施标志着新加坡正式全面开启了精英主义教育。不可否认的是，精英教育的理念经受住了实践的检验，很大程度上帮助新加坡实现了教育培养高精尖人才、走出新加坡自己的道路、立足于国际的目标。精英教育理念得以落实除通过分流、选拔等措施外，还得益于周全完善的保障策略。

1. 奖学金制，保证精英教育彻底施行

新加坡是资本主义国家，贫富差距大。为了防止损失出自贫寒之家的英才，奖学金制度的设置目标是向家贫而学优的学生倾斜，从而保障精英教育的彻底施行。

奖学金分政府奖学金和民间奖学金两种。除小学因免费教育没设政府奖学金外，中学以上的各级各类正规学校都有政府奖学金。大学奖学金专称为总统奖学金，金额优厚，是政府专为少数成绩特优的学生而设的。获得总统奖学金既是物质所得，又是一种荣誉，不但可到名牌大学深造，而且倍受政府和社会器重，预示着前途无量。除此，还有国防部奖学金、警察部队奖学金和其他特别奖学金，是为培养特定的高等专才而设的。申请奖学金的条件要求品学兼优，德智体全面发展和家境不富裕。政府精中选精，择最优批准。除奖学金外，还有助学金、贷学金等，条件相对宽松。

民间奖学金是由个人或社会团体、企业提供，由小学到博士学位都有。政府鼓励民间设奖学金为国家教育事业做出贡献，民间也以设奖学金培育英

才为荣，而企业则以此培育自己所需的人才，因此民间设奖学金，成为新加坡近二十年来的一个社会风尚。众多的公私奖学金和社会对人才的重视，使得新加坡英才无遗漏。这也是新加坡发挥民间办学积极性的一个成功的经验。

2．学用挂钩制，保证精英学以致用

学用挂钩制就是允许用人单位在学生就学期间与学生挂钩、签约，单位为学生提供学习经费和其他条件，而学生要按单位的需要定向学习，并在学成后为单位履行必要的义务。这样，学生无毕业后再找工作之忧，也使学生学习的时候更有方向性，能够注意学以致用。这一制度体现了新加坡人力资源整合策略的高明之处，盘活资源、做好衔接、物尽其用，充分挖掘人力资源价值。

3．以高才高薪制作为学习的动力

高才高薪制是实施英才政策与英才教育最有影响力的政策，也是强有力的驱动力。高才高薪制是指学阶越高、资质越高，其工资待遇越好，因此不同等级间的差距也越大。悬殊的待遇，是推动学生刻苦学习、努力拼搏的直接动因。这一政策的落地，也取得了可观的效果。

三、华文教育思想

华文教育是新加坡落实双语教育和分流教育的重要举措，在新加坡教育发展史上具有重要意义，几乎伴随着新加坡教育发展变革的整个过程，对新加坡教育产生了极其深远的影响。从国家发展上来看，华文教育为新

加坡社会发展、经济腾飞、文化传承、人才储备等多方面奠定了坚实的基础；从国际关系上来看，华文教育在新加坡的发展是反映中新两国关系的一抹缩影，影响了两国政治、经济、文化等的往来。

（一）华文教育的目的

"新加坡政府建国（独立）以来，一向采取积极干预和调整引导语文流向的手段，以配合建国（独立）策略的预期效果。"[1] 华文教育在新加坡的发展充分体现了这一特点。

1. 对内维持民族稳定

独立后的新加坡政府面临着经济亟待振兴、社会亟待整合的巨大挑战。当时，对其中任何一个挑战，教育发展水平低下都是一大障碍，同时也是成功路上必须攻克的一道难关。就经济振兴而言，由于殖民地政府长期专注于培养为其治理体系服务的英语人才，忽视教育的普及和劳动力素质的提高，新加坡的受教育人口远不能满足工业化对人力资源的需求。教育底子薄、基础差的弊病甚至到 20 世纪 80 年代还困扰着新加坡。当时，只有半数的新加坡劳动力教育水平在小学之上，远低于其他"亚洲四小龙"。与基础教育薄弱同样棘手的是教育的长期分隔及由此导致的社会分裂。殖民地政府重视英文教育，对其他语言源流先是采取放任自流的态度，后又进行排挤和打压。这一政策造成的结果是，各语言源流追随各自的来源国。如华校追随中国，泰米尔学校追随印度，英校追随英国，马来学校则倾向于伊斯兰教传统。四大语言源流之内，各族学生又分为两大部分，一部分上英校，另一部分上本族语言学校。尤以占新加坡人口绝对多数的华人最为

---

[1] 宋若云. 新加坡教育研究 [M]. 北京：经济科学出版社，2013：147.

突出。教育把华裔学生分成华校生和英校生，英校学生多数不懂华文，华校学生虽然读过几年英文，但多数书写和表达能力有限。甚至华人本民族内方言也有十几种，华人之间尚不能沟通。就这样，不同民族、不同语言源流的学生间很少接触、互不了解，产生出不同的民族观念和国家意识，最终造就了一个分裂的社会。与教育落后对经济发展形成的掣肘相比，教育分裂对政治和社会稳定构成的威胁，更加令人担忧。显而易见，不同源流的学生间政治认同的差异化已经表露无遗。教育非但没有缩小反而扩大和固化了分歧，这对于新生国家构建统一的政治和民族认同，是极为不利的。因此，从占新加坡人口大多数的华人开始，加强本民族语言教育、稳定民族内部结构、维护社会和谐稳定成为华文教育的一个主要目的。

2．对外维持中新关系

华文教育在新加坡几经兴衰、起起落落。其成因是多样复杂的，但一定程度上反映了新加坡政府华文教育的外交政治目的。新加坡独立前，迫于英国殖民政府的压力，新加坡对华文教育逐渐钳制、压制，这时民间虽然有华人自发组织的华文教育，但受政府打压，逐渐式微。1965—1990年，新加坡处于独立后经济腾飞的阶段，后期，中国也进入改革开放，面对中国经济的快速发展，新加坡政府敏锐地察觉到，新加坡未来的经济发展有赖于能否培养出大批精通华文的人以打开中国市场，因此逐渐鼓励支持华文教育，实现对华经济贸易往来的目的。中新两国建交至今，尤其是近年"丝绸之路经济带"和"21世纪海上丝绸之路"（"一带一路"）合作倡议提出以来，双方政府签署了制度化的教育交流合作框架，多主体搭建了丰富的教育交流合作平台，师生互访已形成规模，两国合作办学日益深化，双方在教育领域的交流合作打开了一个机遇与挑战并存的新局面，这一切都足以证明新加坡华文教育目的的达成。

（二）华文教育的实施

"新加坡华文教学发展的历史和新加坡开埠的历史一样久远。"[1] 华文教育在新加坡的发展大致可分为三个阶段。

1. 从自由放任到钳制压制阶段

在 20 世纪之前，新加坡的华文教育处于"自由放任"阶段，政府对华文教育的干预与资助几近于无，各源流教育完全仰赖个人、侨民团体或传教机构，但华文教育还是在华人社会的支持下蓬勃地发展起来。从 20 世纪开始，因华人社会的政治活动频繁，新加坡殖民政府为进一步限制华人，对华文教育"逐步限制"，政府所给予的资金支持也十分有限。尽管这一时期华文教育经受诸多排挤，殖民政府所予经费亦十分有限，但这并未浇灭华人对华文教育事业的热忱与支持。学校数量与学生人数的增加便是华人对华文教育认同最好的佐证："在 1941 年日本入侵前，当地华文中小学多达 351 所，学生人数达 37 000 多名。"[2] 在 1942—1945 年的日治沦陷期间，绝大多数的华校休学停办，不少华校的校舍甚至遭受很大的破坏。日本投降后，部分华校纷纷复校，新的华校也在城乡地区接二连三地成立。"战后初期的 1948 年，华文中小学仍有 349 所，学生人数增加到 68 000 多名。"[3] 从 1948 年至 1950 年，政府先后推行《十年教育发展计划》及《五年补充计划》，对华校逐步严加管制，华校的发展趋势受到阻遏。全新加坡华校学生人数从 1951 年占新加坡学生总数的 50.97%，下降至 1956 年的 44.20%。[4] 虽然华校

[1] 宋若云. 新加坡教育研究 [M]. 北京：经济科学出版社，2013：143.

[2] 宋若云. 新加坡教育研究 [M]. 北京：经济科学出版社，2013：143.

[3] Advisory Council. Education policy in the colony of Singapore: ten years' programme adopted in advisory council on 7th August, 1947[M]. Singapore: Govt. Print Office, 1948: 2.

[4] GWEE Y H. 150 years of education in Singapore[M]. Singapore: TTC Publications Board, 1969: 147.

生人数有一定数量的减少，但从当时的报刊中可一窥华人对华文教育认同之态度。华人希望"华文教育之优良传统得以获得注重及保存"，并指出对英校"（政府）去年（1954年）支用公币，占全部教育费的78%"，而对华校"支用公币，仅占全部教育费的14%"，华人质疑"只此一端，则过往待遇是否公平，是否合理"[1]。华人通过报章呼吁当时的新加坡政府给华校和英校以公平待遇。

2．提倡、扶持华文教育阶段

1955年新加坡大选，劳工阵线获得多数席位，受命组阁。为彻底解决华文教育遗留事宜，政府即成立"议会各党派华文教育委员会"，调查新加坡的华文教育。经过10个月的调查、研讨后，1956年《各党派华文教育报告书》出炉。"报告建议：①政府应尊重各民族文化，平等对待四种语言的教育（英文、马来文、华文、泰米尔文）；②对政府学校及享受政府津贴学校的拨款、对教职工供职所需门槛和教职工薪资应一视同仁；③各语言源流学校，小学时应引入双语教育，至中学时再引入三语教育。"[2] 同年，新加坡立法院发表《教育政策白皮书》（以下称《白皮书》），将《各党派华文教育报告书》的部分建议法律化，宣布一律平等对待英文、马来文、华文、泰米尔文等四种语言教育。该政策的颁布意味着政府解除了之前对华文教育的限制政策，也包括对各源流学校提供资助和统一学制、教材、课程、考试以及师资等一系列举措。同时，鼓励实行多种语言教育，从小学开始实施双语教育，中学阶段则学习三种语言，各种语言间采用共同的课程标准。《白皮书》标志着新加坡语言与教育政策重大变化的开始，也是人民行动党1959

---

[1] 与华校联合会在"新教育政策"未公布前，再贡献其刍见 [N]. 南洋商报，1955-11-07（5）.

[2] Party Committee of the Singapore. Report of the All-Party Committee of the Singapore legislative assembly on Chinese education[M]. Singapore: Govt. Print Office, 1956: 11.

年执政后制定教育政策的基石。报告书中平等对待各源流教育的理念，奠定了新加坡国家教育政策的基础。随着该方案的付诸实施，过去重视英校、轻视其他源流学校的情况开始得到改观。其间，最为轰动的是以华文为教学用语的南洋大学于1956年正式开学，成为中国之外唯一以华语为主要教学语言的高等学府，被广大海外华人视为反对殖民教育政策的巨大胜利。

从1979年起，新加坡政府大张旗鼓地推行华语运动。由于从上到下层层重视，民间社团密切配合，20年来华语运动成效显著。新加坡大力推行华语是为了有效发挥母语的作用。双语教育理想的目标无疑是要培养出一批精通中英语的双语人才。可是，由于华人中各操各的方言，不但不利于彼此沟通，不利于凝聚起华人的力量，也影响到华语在双语教育中发挥其应有的作用。"为孩子的学习着想"是华语运动初期一个响亮的口号，更重要的是要通过华语的普及沟通不同方言集团之间的思想，促进华人的团结合作，加强华人在治理国家、发展现代化社会中的凝聚力。从第一届推广华语运动月开始，新加坡政府每年都举行一个推广华语运动月。

20年的推广华语运动中，前10年的主要目标偏重于推行华语代替各种方言作为华族的共同语。这10年的成就是十分显著的。据教育部门的统计，1980—1989年，华人学生家中使用方言与华语的情况变化很大。李光耀在总结前10年推广华语的成果时说，"我国华人现在都接受华语为家庭和社交用语"。值得注意的是，前10年的成果也让政府注意到要进一步全面掌握华语，就必须以认识文化为主轴来使华语的推广提升到一个新的水平。后10年新加坡的推广华语运动目标已经上升到"认识文化"层面上来，着力协助受英语教育的华人有效地学习华语。在1998年推广华语运动月的开幕典礼上，时任新闻及艺术部部长的杨荣文致辞表示，讲华语运动的宗旨不再只是推广华语、少说方言，更重要的是使华语成为华人社群的高阶语言，与英语并驾齐驱。

自从1984年教育改革之后，华文的普及面的确变广了，但对华文教育的重视程度却明显降低。甚至在新加坡学校教育中出现这么一种现象：把母语当作外语来学。那么它导致的必然结果是：把母语当作外语来用。无论在家里、学校里，还是在社会上，只要教育政策和环境不改变，华文都将遭受如此境地。新加坡的双语政策最终把英语造就成为一门强势语言，使其成为一种经济化、政治化、商业化的语言工具，而民族母语却逐渐沦落为弱势语言，甚至面临着丧失容身之地的危险，华语也不例外地处于此尴尬局面。

3. 积极开展交流、加强华文教育互动阶段

由于新加坡教育史上华文教育的断层，华文教育问题已经积重难返。自上而下的教育政策一时间无法改变社会氛围与现实，因此，需要依托中新两国的外交关系，通过经济文化及教育的往来，加强华文在新加坡的影响与作用。

1990年，中新两国正式建交，吴作栋出任新加坡第二任总理后，在延续李光耀政府体制和政策的基础上，推动中国与东盟建立合作关系，而且中新双边关系始终走在中国同东盟国家合作前列，给双方教育交流合作提供了良好的政治基础。到了20世纪末，新加坡教育部部长访华，两国政府开始在教育交流合作方面开展顶层设计。从此，两国之间一系列教育交流合作协议、项目，如雨后春笋般层出不穷。进入21世纪以后，以李显龙为首的新加坡第三代领导人开始登上政治舞台，借助东盟和21世纪海上丝绸之路的平台，中新两国在教育等多方面取得新进展。中新建立副总理级双边合作机制，同时新方与中国多个省市建立地方合作机制，为两国的教育交流合作搭建了高端平台。正如学者指出："在许多情况下，这些倡议和合作之所以成为可能，是因为新加坡和中国各级政府之间建立了密切的政治和经济联系，而这些联系已经构成并加强了它们之间业已存在的牢固关

系。"[1] 2015 年，中新 6 所大学签署谅解备忘录时，时任新加坡教育部代部长的王乙康在致辞中指出："两国高校加强合作是中国国家主席习近平 11 月访问新加坡的重要成果。"[2] 如今，"一带一路"倡议的提出，为两国教育交流合作的进一步深化提供了更为广阔的空间。

基于两国的最新外交政策，真正能够起到教育交流作用的还是师生留学交流群体。来华留学的新加坡学生能够更容易地学习华文、使用华文，赴新留学的中国学生也能够对新加坡的华文教育起到一定影响。新加坡从中新建交次年起便设立了专门招收中国学生到新加坡公费留学的新加坡教育部奖学金计划（SM）。据统计，1999 年有 26 名新加坡籍学生获得中国政府奖学金来华学习，此后数量稳步增长，从 2012 年开始破百。中国部分地方政府和学校也设有外国留学生奖学金，加上规模庞大的自费留学生，1999 年来华留学的新加坡学生还仅为 466 人，但从 2005 年开始人数破千，此后迅猛增长，到 2013 年达到 5 290 人，近年稳定在年均 5 000 人上下。相比之下，中国前往新加坡留学的规模更为庞大。2002 年的一份统计数据显示，当时在新加坡留学的中国学生就有 1.3 万至 1.5 万名，占到新加坡留学生总数的 1/3。[3] 近年，在新加坡留学的国际学生中已超过半数来自中国，达到 5 万人。新加坡国立大学与苏州工业园的合作办学，以及新加坡南洋理工大学与中新天津生态城合作办学，都是典型的教育交流合作案例。

（三）华文教育兴起的成因

新加坡语言混乱复杂多样，为解决各民族间及民族内部最基本的交流

---

[1] ZHAO L. Growing educational exchanges between Singapore and China[A]// ZHENG Y N, LYE L F. Singapore-China relations: 50 years[C]. Singapore: World Scientific Publishing Company, 2015: 86, 179, 185, 191, 197-199.

[2] 新华网驻新加坡代表处. 中新 6 所大学签署谅解备忘录加强合作 [J]. 海外华文教育动态，2016（1）：136-137.

[3] 资料来源于中国网。

沟通问题，维护社会和谐稳定，独立初期，李光耀即提倡推行双语制度，鼓励各民族将母语作为第二语言进行学习。尤其对于华语教育十分重视，兴起数次华文运动。毋庸置疑，这与华人占新加坡人口绝大多数有关，此外，也与新加坡上下对中华文化的认同及中国的迅速崛起是分不开的。

第一，源于对中华文化的认同。一方面早期华人与中国的感情羁绊很深，尚且保留着对母国文化的认同与热爱，因此社会方面十分重视华文教育。另一方面，在经历了过分西化，尤其是经历了冷战时期后，新加坡人民行动党政府重新审视了国际形势，对西方世界不信任，坚定了寻求东方文化解救新加坡的道路，急迫需要寻求东方文化价值观的人民行动党政府认为，新加坡的文化认同从根源上要取儒家之精华，以儒家文化为基础发展国家价值观，从而重视华文教育推广。

第二，源于中国的迅速崛起。语言的学习除了与继承文化传统密切相关外，还与其实用价值密不可分。当语言成为一种社会生存工具时，它将迎来巨大的发展空间。自中新两国正式建立外交关系起，新加坡已经重新认识了中国。随着中国加入 WTO 和中国国际地位的日益提升，华文不但超越了保存文化遗产的局面，甚至成为国际贸易与拓展商机的重要利器。华文的国际使用价值不断提高，有华文能力者在事业上更容易把握成功的机会。尤其是在中国提出"一带一路"合作倡议后，中国的国际地位有了质的飞跃，新加坡再次敏锐地捕捉到世界格局的转变，在增加经济贸易往来的同时，逐渐重视文化与教育方面的交流。与此同时，新加坡公民也逐渐意识到与中国对话的必然趋势，华文的海外传播与经济目的密切相关，无论是华人或是原住民一旦学习华文的主要动机转变为经济利益，或为投资或为求职，必将大大提高华文的使用价值，并为华文的推广和发展创造良好机遇。新加坡自上而下都不约而同地开始重视华文教育、加强华文学习，再次将华文教育放到语言教育的关键地位。

第四章 学前教育

学前教育对人的终身学习与发展具有重要意义。从短期来看，学前教育可以促进儿童认知、社交、情感、自我调节能力等方面的发展 [1]；从长期来看，学前教育还影响着儿童成年后的身心健康、教育程度和收入水平等多个方面 [2]。当前，包括新加坡在内的世界各国都特别关注和重视学前教育的发展。

第一节 学前教育的发展和现状

经过多年的努力，新加坡学前教育事业取得了较为显著的成效，也积累了较为丰富的经验。

---

[1] OECD. Early learning and child well-being: a study of five-year-olds in England, Estonia, and the United States[M]. Paris: OECD Publishing, 2020: 11.

[2] GARCÍA J L, HECKMAN J J, LEAF D E, et al. Quantifying the life cycle benefits of an influential early childhood program[J]. Journal of political economy, 2020, 128(7): 2502-2541.

一、发展背景：历史与现实相统一

新加坡学前教育的发展有其历史渊源，也受到其现实国情的制约。

（一）历史背景：教育理念和管理体制的双重转变

1．对人力资源的重视影响教育理念的转变

新加坡非常重视教育在人力资源开发方面的价值。国家的生存、强大和繁荣必须依靠受过教育、有技能的"人"来推动。[1] 作为一个自然资源贫乏的国家，人力资源自然而然地成为新加坡赖以生存的、最重要的资源。人力资源指数统计结果显示，当前新加坡的人力资源指数处于全球最高水平，达到 0.88[2]，这有力地证明了新加坡教育体系所取得的巨大成就。

学前教育的发展受到新加坡开发人力资源理念的影响。为了最大限度地开发"人"的潜力，更好地适应时代的发展变化，新加坡的教育体系逐渐从"生存驱动型教育"转变为"效率驱动型教育"[3]。20 世纪 60 年代，在以生存为目标的价值观导向下，新加坡政府努力提供教育基础设施，以满足公民最基本的学习需求；20 世纪 80 年代，新加坡政府先后发起了"追求卓越的学校"和"思考的学校，学习的国家"倡议 [4]，努力提高新加坡的教育质量；21 世纪以来，受到建构主义和儿童中心思想的影响，新加坡学前教

---

[1] Ting C T. Policy developments in pre-school education in Singapore: a focus on the key reforms of kindergarten education[J]. International journal of child care and education policy, 2007, 1(1): 35-43.

[2] World Bank. The human capital index 2020 update: human capital in the time of COVID-19[R]. Washington, D.C.: World Bank, 2021: 41.

[3] Tzuo P W. The ECE landscape in Singapore: analysis of current trends, issues, and prospect for a cosmopolitan outlook[J]. Asia-Pacific journal of research in early childhood education, 2010, 4(2): 77-98.

[4] JING M. The ECE landscape being shaped by cosmopolitanism: an examination and evaluation of policies in Singapore[M]//Early childhood education policies in Asia Pacific. Singapore: Springer, 2016: 221-224.

育的重点转为满足儿童的需求，发现儿童的潜力，促进儿童在兴趣、才能和创造力等方面的发展 [1]（学前教育理念的转变，可参考下文的课程框架中的相关内容）。

2．从分裂的治理体系到幼儿培育署的统一管理

以 2013 年为时间节点，新加坡学前教育的管理体制经历了从分裂走向统一的过程。在 2013 年之前，新加坡政府对学前教育的监管还处于分裂状态。其中，托育中心是由社会和家庭发展部（以前也被称为社会发展、青年及体育部）根据 1988 年颁布的《幼儿中心法》进行管理的。幼儿园是由教育部根据 1958 年实施的《教育法》进行管理。[2]

分裂的治理体系使得学前教育管理与学前教育实践不一致，导致新加坡学前教育服务的碎片化和低效性，并阻碍了新加坡学前教育目标的实现。例如，社会和家庭发展部对托育中心的优先考虑是通过提高托儿服务的可负担性和普及性来满足社会和家庭需求；而教育部对幼儿园的管理侧重于考察幼儿园是否满足孩子们的教育需要，并将提高幼儿园的课堂教学质量作为首要任务。[3] 为此，新加坡政府采取系列措施，使得社会和家庭发展部及教育部对新加坡学前教育的管理从分裂逐渐走向统一。首先，1999 年在教育部的领导下，新加坡成立了学前教育指导委员会，并邀请社会和家庭发展部、教育部的部委成员共同研究改善学前教育的方法。其次，从 2001 年开始，幼儿园与托育中心的负责人及相应教师，在学历、专业资格及专

[1] JING M. The ECE landscape being shaped by cosmopolitanism: an examination and evaluation of policies in Singapore[M]//Early childhood education policies in Asia Pacific. Singapore: Springer, 2016: 221-224.

[2] TAN T C. Enhancing the quality of kindergarten education in Singapore: policies and strategies in the 21st century[J]. International journal of child care & education policy, 2017, 11(1): 7.

[3] TAN T C. Enhancing the quality of kindergarten education in Singapore: policies and strategies in the 21st century[J]. International journal of child care & education policy, 2017, 11(1): 7.

业提升的培训途径上，均有相同的要求。后来，在学前教育指导委员会的建议下，幼儿园和托育中心均以教育部在 2003 年制定的幼儿园课程框架为指导方针。再次，2011 年教育部研制实施了一个共同的质量保证框架，以评估和认证托育中心和幼儿园的学前项目质量。[1] 最后，为了实现更好的治理，2013 年时，新加坡成立了管理学前教育的法定机构——幼儿培育署，改变了新加坡学前教育长期分属社会和家庭发展部、教育部两个部门管理的状况，[2] 使新加坡的学前教育从分裂走向了统一 [3]。

幼儿培育署的成立不仅整合了社会和家庭发展部、教育部的资源，也规范了新加坡的学前教育早期服务。此后，为了更好地统一管理新加坡的托儿所和幼儿园，幼儿培育署颁布了《幼儿发展中心法案》，并于 2018 年正式生效。幼儿培育署的主要职责有：通过提供资源、制定规范和实施质量评估等措施，提升学前教育质量；推动学前教育工作者培训和职业技能发展；统筹规划学前教育的基础设施和人力需求；提供补助和津贴，确保民众，特别是中低收入家庭，能够获得优质且负担得起的学前教育；加强公众教育，提高家长对幼儿发展的认知。[4]

（二）现实国情：人口小国，经济大国

新加坡的现实国情包括政治、经济、文化、人口等多个方面的内容。但总体而言，对学前教育发展影响最大的是人口情况和经济实力。

[1] TAN T C. Enhancing the quality of kindergarten education in Singapore: policies and strategies in the 21st century[J]. International journal of child care & education policy, 2017, 11(1): 7.

[2] 新加坡学前教育现状及发展趋势 [J]．基础教育参考，2016（21）：67-70+74.

[3] Choo K K. The shaping of childcare and preschool education in Singapore: from separatism to collaboration[J]. International journal of child care & education policy, 2010, 4(1): 23-34.

[4] 新加坡学前教育现状及发展趋势 [J]．基础教育参考，2016（21）：67-70+74.

1．人口情况：人口小国

新加坡学前教育政策的制定与其特殊的人口背景有关。首先，新加坡是一个以华人为主导的多种族国家。华人占 74% 左右，其余为马来人、印度人和其他种族。其次，新加坡公民的整体受教育水平较高。如图 4.1 所示，自 1980 年开始，新加坡 25 岁及以上公民的平均受教育年限稳步提高。2018 年新加坡 25 岁及以上公民的平均受教育水平达到 11.1 年。其中，男性为 11.6 年，女性为 10.6 年。

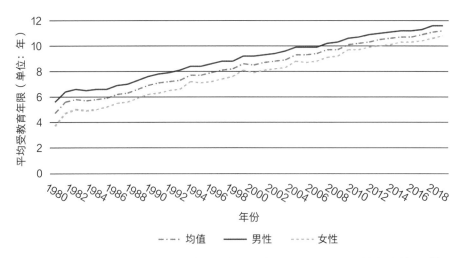

图 4.1 1980—2018 年新加坡 25 岁及以上公民受教育水平的变化情况 [1]

再次，新加坡 7 岁以下儿童数量的总量较少。数据显示，到 2019 年时，新加坡 7 岁以下儿童只有约 4 万人（如图 4.2 所示）。

---

[1] 资料来源于新加坡统计局网站。

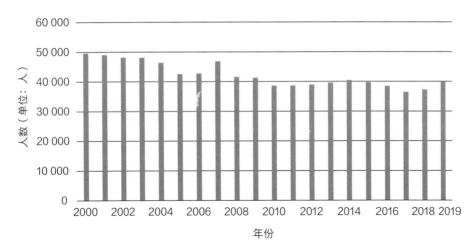

图 4.2 2000—2019 年新加坡 7 岁以下儿童数量的变化情况 [1]

最后，新加坡的常住人口及 5 岁以下儿童的分布区域不均。数据显示，截至 2021 年 8 月，新加坡 404.4 万居民中有 52.4% 集中在前 9 个规划地区，有 4 个规划区人口超过 25 万，分别是勿洛、裕廊西、淡滨尼士和伍德兰兹。其中，勿洛拥有的居民最多，为 276 990 名。然而，5 岁以下儿童占比最高的区域却为榜鹅，占比 9.3%。

2．经济实力：经济大国

新加坡学前教育政策的制定离不开其强大的经济背景。新加坡是一个发达国家，是世界第四大国际金融中心，是东南亚国家联盟的成员国之一，也是世界贸易组织、亚洲太平洋经济合作组织等经济体的成员。在 2011 年以后，新加坡的人均 GDP 均超过了 50 000 美元。世界银行最新的数据显示，即使受新冠疫情的影响，在 2020 年时，新加坡的人均 GDP 仍高达 59 797.75 美元。可见，新加坡的经济实力不容小觑。

---

[1] 资料来源于新加坡统计局网站。

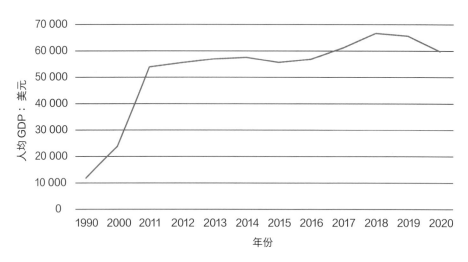

图 4.3 1990—2020 年新加坡人均 GDP 变化情况 [1]

二、托幼机构：种类丰富，满足多元需要

（一）托幼机构种类丰富

为提供高质量的学前教育，新加坡拥有种类丰富的托幼机构，分别是婴儿托育中心、儿童托育中心、游戏小组和幼儿园。

（二）托幼机构满足多元需要

在新加坡四种主要的托幼机构中，婴儿托育中心主要服务于 2 个月至 18 个月的婴儿，以缓解父母的压力；儿童托育中心主要服务于 18 个月至 6 岁的儿童，并提供完整的膳食和洗澡服务；游戏小组主要为幼儿提供游戏

---

[1] 资料来源于世界银行网站。

机会，发展幼儿适应新环境的能力，从而使幼儿更好地适应未来的集体生活；幼儿园主要服务于4—6岁的儿童（服务主体），关注儿童的学习，并提供较短的、结构化的课程，以便为儿童小学入学做好准备。总体来说，托育中心、幼儿园是新加坡学前教育的两种主要形式，表4.1详细比较了托育中心和幼儿园的相同与不同之处。

表 4.1　新加坡托育中心和幼儿园的异同 [1]

	托育中心	幼儿园
津贴援助	符合要求，即可申请	符合要求，即可申请
课程设置	《培育幼儿：学前母语课程框架》	《培育幼儿：学前母语课程框架》
执照申请注册机构	幼儿培育署管辖 执照更新期限月份有别： （1）36个月 （2）24个月 （3）12个月 （4）6个月 （5）3个月	幼儿培育署管辖 有执照的更新过程，但无期限的评定标准。
招生对象班级	2个月—6岁的幼儿： （1）婴儿班（Infant，2个月—18个月） （2）学步班（Toddler，18个月—2岁） （3）托儿班（N1，2岁—3岁） （4）小班（N2，3岁—4岁） （5）中班（K1，4岁—5岁） （6）大班（K2，5岁—6岁） 一些中心设有学前、学后托管	2岁—6岁的幼儿： （1）托儿班（N1，2岁—3岁） （2）小班（N2，3岁—4岁） （3）中班（K1，4岁—5岁） （4）大班（K2，5岁—6岁）

[1] 陈巧芳. 新加坡私立托儿所华文教师专业发展途径调查研究 [D]. 泉州：华侨大学，2019：13.

续表

	托育中心	幼儿园
师幼比例	（1）2个月—18个月（1:5） （2）18个月—24个月（1:8） （3）24个月—3岁（1:12） （4）3岁—4岁（1:15） （5）4岁—6岁（1:25）	（1）24个月—3岁（1:12） （2）3岁—4岁（1:15） （3）4岁—6岁（1:25）
开放时间	（1）全日制 周一至周五（7am—7pm） 周六（7am—2pm） （2）半日制 早上或下午入托部分时间 （3）部分时间制 一周至少12小时	周一至周五： （1）三小时课程 8am—11am 11am—2pm （2）四小时课程 8am—12am 1pm—5pm
作息项目	（1）入园 （2）集体、分组、个人游戏活动 （3）餐点：早餐、午餐、茶点 （4）冲凉 （5）睡眠 （6）离园	（1）入园 （2）集体、分组、个人游戏活动 （3）餐点：茶点 （4）离园
学校假期	没有学校假期	与小学一样的学校假期

　　托育中心和幼儿园的建立是为了满足不同的政策目标。[1] 托育中心开始于 20 世纪 40 年代，主要为需要妇女参加工作的家庭提供托管服务。随着更多的妇女参加工作，满足 20 世纪 60 年代、70 年代劳动密集型产业增长的需求，托育中心的数量也随之增加。[2] 幼儿园是在 20 世纪 40 年代和 50 年代由教会、非营利组织和私人机构为实现教育目的而建立的。相比而言，

---

[1] TAN T C. Enhancing the quality of kindergarten education in Singapore: policies and strategies in the 21st century[J]. International journal of child care & education policy, 2017, 11(1): 7.

[2] Choo K K. The shaping of childcare and preschool education in Singapore: from separatism to collaboration[J]. International journal of child care & education policy, 2010, 4(1): 23-34.

新加坡幼儿园规模较小，多以社区为单位开办。因场地有限，有的幼儿园室外活动场地只有 20—30 平方米，一般没有大型玩具，多以中小型玩具为主。非公立幼儿园招收 30—60 名幼儿，设教师 5—6 名。规模最大的公立幼儿园招收幼儿不能超过 100 名，教师 10 名左右。

三、课程框架：幼儿是好奇、积极、有能力的学习者

自 1965 年新加坡独立以来，任人唯贤一直是其治理的核心原则。在这一原则的指导下，每个新加坡人都有机会根据个人能力和成就获得认可和奖励。在这一背景下，家长们都对孩子抱有极高的教育期望。多年来，家长们的紧张和焦虑导致了激烈的教育竞争，学前教育也不例外。新加坡学前教育机构为了迎合和满足家长的需要，通过训练等方法培养孩子读写算的技能。为扭转新加坡学前教育"小学化"倾向，引导社会树立起正确的儿童观、教育观，新加坡教育部以学前教育课程改革为抓手，做出了持续努力。例如，在 2000 年时，新加坡教育部重新定位了学前教育，认为学前教育的重点是要培养幼儿的学习主动性、好奇心等品质，"强调学前教育应该为孩子的终身学习做准备，而不仅仅是为小学一年级做准备。"[1]2003 年时，新加坡教育部出台《培养早期学习者：新加坡幼儿园课程框架》，用于平衡核心知识学习与创造力培养之间的关系。2012 年时，新加坡教育部对 2003 年颁布的课程框架进行了修订，出台《培养早期学习者：新加坡幼儿园课程框架（2012 年修订版）》。

双语政策是新加坡教育的基石。新加坡总理李显龙曾说："双语政策对我国的发展大有裨益。掌握母语能让我们具有亚洲社会的特质，保有亚洲

---

[1] TAN T C. Enhancing the quality of kindergarten education in Singapore: policies and strategies in the 21st century[J]. International journal of child care & education policy, 2017, 11(1): 7.

传统与核心价值观，并且在全球经济竞争中保持领先地位……我们必须尽一切努力保留我们的语言传统，同时保持我们的优势。"新加坡教育部前部长王瑞杰曾说："沟通技能是 21 世纪技能中最重要的一项。双语政策一直以来都是我国教育的基石。英语作为国际语言将继续处于主导地位。母语则能让我们的孩子保有亚洲文化传统与价值观，并在日趋全球化的社会中占有优势。"在双语政策下，学生必须修读英语和母语。因为英语主要用于不同民族之间的沟通交流，而母语则可以培养新加坡人对母族文化的认同和价值观的传承。为此，新加坡教育部在参考了 2010 年母语检讨委员会报告以及有关认知科学、母语研究成果的基础上，制定了《培育幼儿：学前母语课程框架》。

为了更好、更新地介绍新加坡学前教育课程，本书将《培养早期学习者：新加坡幼儿园课程框架（2012 年修订版）》称为一般课程框架，将《培育幼儿：学前母语课程框架》称为母语课程框架，并据此进行介绍。

（一）一般课程框架

1. 核心理念

为了促进幼儿的发展，设计和开展有意义的教学活动，幼儿教师必须了解幼儿的特质、学习能力和学习方法。《培养早期学习者：新加坡幼儿园课程框架（2012 年修订版）》《培育幼儿：学前母语课程框架》指出，开展学前母语教育的核心理念为"幼儿是好奇、积极、有能力的母语学习者"。具体来说，可以从以下三个方面来理解。

首先，幼儿是好奇的学习者。幼儿会积极探索周围的环境，他们在观察周围的环境时不会忽略环境带来的挑战、困惑和不确定性。相反，他们积极地思考、提问、探索，并努力用自己的方式（尝一尝、摸一摸、举一举、摔一摔……）建立与周围环境的联系。

其次，幼儿是积极的学习者。一方面，幼儿在"做中学"。当幼儿积极地参加到活动（参与、探索、实验等）中时，他们更容易理解和记忆概念、掌握相关技能，并最终形成理解和解释周围环境的认知结构；另一方面，当幼儿与周围环境积极互动时，教师更容易知道幼儿是如何思考和推理的，从而能更好地引导幼儿和促进幼儿的全面发展。

最后，幼儿是有能力的学习者。若给幼儿提供合适的环境并给予恰到好处的支持与帮助，他们将能有效地学习任何事物。虽然幼儿成长的环境和自身具有的特征和能力结构都有所差异，但是幼儿可以通过不断学习吸收新知识，补充和完善其知识结构，从而不断增强其自身的学习和理解能力。

2．教学原则

新加坡主要使用 iTeach 原则来指导新加坡幼儿教师设计和开展各种教学活动，以帮助和促进幼儿的学习和发展。具体来说，iTeach 原则包括综合性学习、教师为幼儿学习的引导者、让幼儿在有意义的游戏中学习、通过有效互动在真实情境中学习、幼儿为知识的建构者、全面发展六个方面，见图4.4。

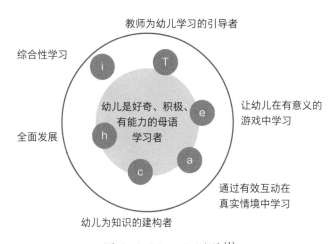

图 4.4 iTeach 原则 [1]

---

[1] 资料来源于新加坡教育部网站。

第一，综合性学习原则是指幼儿通过综合使用多种方式与途径来进行有意义的学习。幼儿可以在学习中创建有意义的连接，如新旧知识的连接，不同学习领域中的概念、技能、主题等连接，从而提高对知识的理解和掌握。

第二，教师为幼儿学习的引导者原则是指教师在促进儿童学习与思考方面扮演"引导者"的角色。教师可以通过家园合作的方式，充分调动其知识、能力和资源来促进儿童的学习与发展。为此，教师需了解儿童是如何发展和学习的、儿童的兴趣与能力、儿童的需要和成长环境等方面的内容。

第三，让幼儿在有意义的游戏中学习原则是指儿童通过参与好玩的、精心设计的、有目的的游戏来学习。一般来说，有目的的游戏具有以下几个特点。首先，对儿童来说，它是好玩的。其次，在探索、发展和应用知识与技能时，它需要儿童积极地参与。再次，它是精心设计过的，不仅包含了儿童的学习目标，还考虑了儿童的兴趣和能力。最后，它需要教师在儿童游戏时进行观察，以了解和拓展幼儿的经验。

第四，通过有效互动在真实情境中学习原则是指儿童通过高质量的互动来建构其关于真实世界的知识，并在日常生活中应用这些知识。其中，高质量的互动需要具备以下条件：一方面，儿童有充足的时间来讨论他们的经验，提问题，表达他们自己的思考与感受，解释他们是如何解决问题的；另一方面，当儿童和教师一起调查和解决一个问题、澄清一个概念，或讲述一个故事时，他们能够一起分享和不断进行讨论。

第五，幼儿为知识的建构者原则是指儿童根据他们的前期经验获得的对自己、世界的新理解来建构知识。一般来说，如图4.5所示，

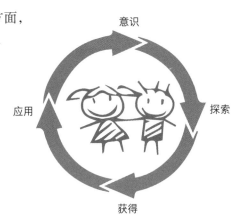

图 4.5 学习环 [1]

学习环反映了儿童建构知识、获得概念和技能的过程。每当儿童遇到新的经验，他们开始意识到新的概念和技能。然后，他们可能会去探索、获得和应用这些新的概念和技能。

第六，全面发展原则是指儿童的学习与发展的不同领域之间是相互联系的，可以从以下几个方面理解。首先，不同的学习与发展领域之间是有关联的。其次，一个领域的发展可以影响和促进其他领域的发展。最后，在真实的世界中，不同领域之间也很难完全分开。

3．课程框架

《培养早期学习者：新加坡幼儿园课程框架》在"儿童是好奇、主动和有能力的学习者"理念以及 iTeach 原则的基础上，提出了审美和创造表达、发现世界、语言和文化、运动技能、算数、社会情感发展六大领域的发展目标，见表 4.2。

表 4.2 新加坡早期课程框架的主要培养目标 [1]

审美和创造表达	发现世界
• 享受艺术 [2]、音乐等活动 • 通过艺术、音乐和身体运动表达自己的感受和观点 • 通过自身实践和想象来创造艺术、音乐等活动 • 能与他人分享关于艺术、音乐等活动的观点和感受	• 对生活的世界感兴趣 • 通过简单的观察和实验了解事物的发生和运作 • 对周围世界保持积极乐观的态度

---

[1] 资料来源于新加坡教育部网站。

[2] 新加坡课程中的艺术包含绘图、绘画、印刷、模型建构等内容。

续表

语言和文化	运动技能
• 听取有用信息并乐于倾听 • 说出自己想要表达的意思并能和他人交流 • 理解阅读并享受阅读 • 懂得使用绘画、符号、标志和写作，无论是传统还是创新的方式，来表达自己的观点	• 享受不同的身体运动 • 参加能够锻炼到核心肌肉群的运动以此来加强对身体控制、协调和平衡的能力 • 训练自身协调能力以及精细动作 • 在家里、学校和公共场所都能养成健康的生活习惯以及安全意识
算数	社会情感发展
• 认识和运用简单基本的算法 • 在日常生活中运用数字 • 在日常生活中运用基本的图形和空间概念	• 具备身份认同意识 • 管理自己的情绪和行为 • 尊重差异，接受多元性 • 与他人交流、互动以及建立关系

4．课程实施

为实现预期的课程效果，要应用 iTeach 原则来组织实施教学活动。具体来说，新加坡学前教育课程实施包括计划、促进、观察和评估、反思、合作五方面的内容。第一，计划指为了促进幼儿的全面发展，教师应当采取整合的教学方法。例如，教师可以为幼儿提供适宜其年龄发展的学习内容，精心布置和设计教学环境等。第二，促进指为了激发幼儿的学习与思考，教师应当促进幼儿的学习过程。例如，教师可以通过让幼儿参与有目的的游戏来进行学习，也可以通过高质量的互动为幼儿提供真实学习的机会。第三，观察和评估是指教师通过收集、整理和解释幼儿的信息来判断和评估幼儿的学习与发展情况。第四，反思是指通过反思性实践和专业学习来提高教师的专业实践能力（具体如图 4.6 所示）。第五，合作是指为了促进幼儿的全面发展，教师可以与家庭、社区之间展开合作。一般来说，不论教师是与幼儿的家庭合作，还是与学前教育机构所在的社区合作，都能帮助教师更好地理解儿童、识别儿童的发展需要，从而更好地促进儿童的学习与发展。

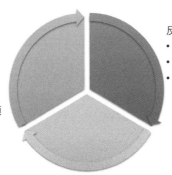

反思的行动指向阶段
• 怎么办？
• 采用交替的形式回应
• 评估行动带来的变化或结果
• 记录进步、过程或干预的反应

反思的描述阶段
• 是什么？
• 问关于实践的问题
• 问关于幼儿对教学反应的问题

反思的知识建构阶段
• 为什么？
• 从多个来源收集信息（自己、其他专业人士、家庭）
• 找出问题的根源或者行动的根本

图 4.6 反思性实践环 [1]

（二）母语课程框架

1. 培养愿景

新加坡学前母语课程框架的培养愿景是"幼儿是积极的学习者，能感受学习和使用母语的乐趣，有信心地用母语交流，并能欣赏本地文化"（见表4.3）。该愿景阐释了新加坡对幼儿的母语教育的培养期望：一是希望幼儿能对母语学习感兴趣，并在日常生活中使用母语；二是希望幼儿能通过学习母语来了解自己的母族文化，增强文化认同感，并提升他们与家人、朋友及社区成员相处的能力。

---

[1] 资料来源于新加坡教育部网站。

表 4.3 培育幼儿：学前母语课程框架 [1]

幼儿是好奇、积极、有能力的母语学习者			
愿景	学习目标	宗旨	指导原则
• 幼儿是积极的学习者，能感受学习和使用母语的乐趣，能有信心地用母语与他人进行交流，并能欣赏本地文化	1. 幼儿对母语学习感兴趣 2. 幼儿能掌握基础语言能力 3. 幼儿对本地文化有初步认识	1. 沟通 2. 文化 3. 联系	1. 母语是幼儿的生活用语 2. 母语教学应照顾不同学习者的需求 3. 母语学习应是积极的、具有互动性的，并需在真实的情境中进行

2．教学宗旨

新加坡学前母语教学的三大宗旨，即沟通、文化和联系，具体详见表 4.4。

表 4.4 新加坡学前母语教学的三大宗旨 [2]

1．沟通	发展幼儿的基础语言能力： • 聆听 • 口语表达 • 识字和辅助性阅读 • 涂画记号、符号和写字
2．文化	培养幼儿对本地文化的初步认识和欣赏能力。内容包括： • 节日、风俗和传统 • 民间传说和故事
3．联系	通过以下方式加强幼儿与家人、朋友和社群成员之间的交流： • 积极参加节庆、风俗和传统文化活动 • 在日常生活中运用母语，并分享母语学习的经历

---

[1] 资料来源于新加坡教育部网站。

[2] 资料来源于新加坡教育部网站。

3．学习目标

为了给新加坡幼儿的母语学习奠定坚实的基础，培养他们终身学习母语的习惯，教师必须为幼儿提供学习机会，以让幼儿在幼儿园大班（K2）时达到表 4.5 所示的三大学习目标。

表 4.5 新加坡学前儿童母语学习目标 [1]

一级目标	二级目标
幼儿对母语学习感兴趣	积极参与母语活动
	乐于参与母语活动
幼儿能掌握基础语言能力	聆听 1．听懂简单的信息和指示语 2．听懂对话中的主要意思
	口语表达 1．表达个人的需要和要求 2．提出和回答简单的问题 3．和别人分享个人经历 4．参与简短的会话
	识字和辅助性阅读 1．认识常用、常见的字词 2．认识印刷品 3．理解故事和儿歌
	用记号、符号或文字表达想法 1．能控制和运用粗铅笔或记号笔 2．以正确的握笔姿势握粗铅笔或记号笔 3．知道记号或符号可以传达信息

[1] 资料来源于新加坡教育部网站。

续表

一级目标	二级目标
幼儿对本地文化有初步的认知	初步认识传统和习俗
	与朋友、家人和社区成员进行交流

4．指导原则

为了实现培养愿景，达成学前母语学习的总目标，教师在设计和实施学前母语课程时，应遵循以下三个指导原则。

第一，使母语成为幼儿的生活用语。幼儿在各种情境中聆听和使用母语，体会到母语在日常生活中的实用性，母语就会成为他们的生活用语。因此，为了让母语成为幼儿的生活用语，教师应用母语进行常规活动与课堂活动。例如，教师应使用母语介绍、解释概念，或者用母语强调本地文化等。

第二，照顾不同学习者的需求。幼儿的母语能力、学习起点不同，例如，在同一个课堂里，有的幼儿只对母语有初步的认识，而另一些幼儿则可以使用母语进行流利交流。因此，教师应根据幼儿的家庭语言背景及其语言能力调整教学策略，设计适合幼儿的教学活动。

第三，母语学习应是积极的，具有互动性的，并需在真实的情境中进行。一方面，幼儿的母语学习应以积极互动的方式进行。当幼儿积极主动使用母语表达自己的需求和要求时，他们也能得到及时的反馈。通过在不同情境中与他人沟通，幼儿不但能够巩固所学的知识，还能学习新的词语。教师也可以通过言传身教，为幼儿树立母语学习的好榜样，并为幼儿提供各种练习的机会，以促进他们的母语学习。另一方面，幼儿的母语学习应在真实的情境中进行。为此，教师需为幼儿创设目标明确的学习机会，进行显性教学。这样的机会对词汇积累尤为重要，词汇的积累有助于幼儿发展口语互动能力和前阅读技能，如认读常见词语的能力。

5．学习社群

构建一个充满活力的学习社群，将能促进母语教学的长远发展。根据《培育幼儿：学前母语课程框架》中的提示，教师可以组织一个专业学习社群，并加强与家长和社区组织的合作。通过组织专业学习社群，幼儿母语教师可以挖掘更多热衷于开发学前母语教学资源的人士，开发制作更多、更适用于幼儿的母语教学资源，并提高个人的母语教学能力和促进自身的专业发展。

四、师资培养：逐渐形成完备的教师教育制度

新加坡极为重视教师教育及其专业发展，采用"先入职，后培育"的模式，投入大量的人力物力，推进"教育专业发展和职业生涯服务计划""提升绩效管理评估计划"等，逐渐形成了具有新加坡特色的教师教育制度。[1]

（一）幼儿教师培训的发展

尽管新加坡的学前教育早在 20 世纪 60 年代就已经建立，但对于幼儿教师而言，他们直到 1969 年才开始获得由公共部门提供的专业系统的培训。[2]1977 年，新加坡幼儿教师培训由国家层面的教师培训机构负责，并在 20 世纪 90 年代由其他私人培训机构补充。1998 年时，新加坡全国认可的幼

---

[1] 王亚军. 新加坡如何培养 21 世纪教师——新加坡教师教育制度研究 [J]. 中小学教师培训，2019（1）：73-78.

[2] TAN T C. Enhancing the quality of kindergarten education in Singapore: policies and strategies in the 21st century[J]. International journal of child care & education policy, 2017, 11(1): 7.

儿教师培训课程共有三个级别，分别是 120-h 学前教育基础课程、210-h 学前教学中级课程和 120-h 学前管理高级课程。然而，由于培训机构每年招收的学员数量有限，许多幼儿教师仍然没有机会接受专业培训。为了解决学前教育部门缺乏专业人员的问题，义安理工学院于 1999 年开办了三年制的全日制学前教育学位课程，成为新加坡第一所开设学前教育专业学位课程的公立教育机构。

在认识到教师素质是提供高质量学前教育的关键杠杆之后，新加坡政府引入了一个新的学前教师培训框架，并于 2001 年制定了托育中心与幼儿园园长、教师的共同培养路径。这是新加坡政府第一次规定了学前教育领导与教学的最低要求。新的教师培训框架要求所有在职的学前机构负责人必须在 2006 年 1 月之前获得教学和领导能力文凭，而教师则需接受证书培训。到 2008 年 1 月，学前教育机构中每 4 名教师中就有 1 名接受过证书培训。为支持非营利幼儿园提高其教学管理人员的素质要求，新加坡政府每年为符合资格的幼儿园提供政府津贴，以便其提供更好的薪酬计划和其他辅助资源，从而吸引和留住合格的专业人员。随着新教师培训及资格规定的推行，私营培训机构的数目由 1994 年的 4 家增至 2000 年的 8 家、2004 年的 23 家，以应对突然激增的培训需求。从 2000 年到 2007 年，接受过证书和文凭培训的教师人数占比由 31% 增加到 82%，而接受过文凭培训的校长则由 14% 增加到 70%。[1]

在推行培训框架后，新加坡在加强幼儿园教师培训和资历方面取得重大进展，并于 2008 年进一步提高幼儿园教师的最低入职标准，以提高教师的素质和准备工作。新入职者的最低资格要求已从中学毕业后全国考试及格三次提高到五次，并从证书级别提高到教学文凭级别。为了教授 K1 和 K2 班或 5—6 岁的儿童，经过证书培训的在职教师必须在 2013 年 1 月前升

---

[1] TAN T C. Enhancing the quality of kindergarten education in Singapore: policies and strategies in the 21st century[J]. International journal of child care & education policy, 2017, 11(1): 7.

级至文凭级别。同时，每个学前教育机构应至少有 75% 的教师达到新的学术和专业资格要求。由于提高了教师素质的准入门槛，在 2006 年至 2010年，受过文凭培训的幼儿园教师或正在接受文凭培训的幼儿园教师的比例从 58% 上升到 85.5%，幼儿保育教师的比例从 46% 上升到 70%。截至 2012年 3 月，接受过文凭培训的学前教师和学员的比例进一步上升至约 90%。从学前教育机构层面来说，截至 2010 年，77.4% 的幼儿园和 69.6% 的托儿所已达到规定的教师学历和职业资格要求。[1]

（二）幼儿教师培训的监管

与中小学教师培训不同，新加坡幼儿教师的培训主要由民办培训机构和少数理工学院或政府举办的高等教育机构进行。为监督各培训机构所提供的培训课程的质量，2001 年教育部和社会发展、青年及体育部联合成立了学前教育资格评审委员会，以评估和批准文凭及教师培训课程的课程内容、评估模式、培训师资格、培训设施、资源等内容。学前教育资格评审委员会通过审查和提高认证标准，在 2001 年至 2013 年担任教师培训项目的把关人，以确保培训计划的落实，并跟上学前教育领域的新发展。直到2013 年幼儿培育署成立，学前教育资格评审委员会才随之解散。目前，新加坡所有的学前教师培训项目都由幼儿培育署批准，并由 8 家民办培训机构和 4 家政府举办的高等教育机构（包括 3 所理工学院）承担组织实施工作。自 2014 年 10 月起，所有由民办培训机构举办的学前教师培训课程必须通过新加坡劳动力发展局（WDA）的劳动力技能资格（WSQ）的认证。

为进一步提高幼儿教师队伍的专业水平，教育部于 2009 年推出了一项加速转换文凭课程，以吸引和培养富有能力和技能的准幼儿园教师和大学

---

[1] TAN T C. Enhancing the quality of kindergarten education in Singapore: policies and strategies in the 21st century[J]. International journal of child care & education policy, 2017, 11(1): 7.

应届毕业生来教幼儿园儿童。此外，新加坡也鼓励教师及幼儿园园长通过政府提供的奖学金、教学奖及助学金等奖励来获得学前教育专业的文凭及学位，以进一步提升幼儿园教师及园长在课程、教学、领导及管理方面的水平。在 2013 年至 2015 年，为进一步提升幼儿教师素养，更好地帮助其成长，幼儿培育署宣布系列举措，包括：①为幼儿教师描绘专业发展路线图；②增加幼儿教师核心课程；③向幼儿教师提供现金奖励；④对幼儿教师的主要培训给予认定；⑤支持和加强实习教师的教育实习；等等。为此，新加坡选出了 14 位具有深厚专业功底和领导力的教师代表，作为提高幼儿教师专业素养和领导力的榜样和模范。[1]

五、质量保障：构建和完善学前教育质量评估体系

进入 21 世纪以后，为确保和提高新加坡学前教育质量，激励学前教育机构提升素质和改进教育服务，使新的教育理念转化为质量的具体要求，促使新加坡学前教育的理想教育成果得以实现，新加坡不断构建和完善其学前教育质量评估体系。[2]2003 年，教育部开发并引进了一种自我评估工具，即《追求卓越的幼儿园》，成为《质量评估量表》的前身。2010 年，为提高质量，新加坡推出新加坡学前教育认证框架（SPARK）。2011 年，新加坡托幼机构可以正式申请 SPARK 认证。SPARK 让学前教育机构接受外部评估，评估它们的优势领域以及需要改进的领域，以为其机构质量背书[3]。[4] 如图4.7 所示，截至 2020 年，新加坡已经有 985 个托幼机构参与了 SPARK 认证。

---

[1] TAN T C. Enhancing the quality of kindergarten education in Singapore: policies and strategies in the 21st century[J]. International journal of child care & education policy, 2017, 11(1): 7.

[2] 曾明鸣. 提升质量：近十年来新加坡学前教育改革研究 [D]. 昆明：云南师范大学，2011：55.

[3] 此处的"背书"，引申为"担保、保证"的意思。意为为学前教育机构的质量做担保。

[4] 曾明鸣. 提升质量：近十年来新加坡学前教育改革研究 [D]. 昆明：云南师范大学，2011：64-67.

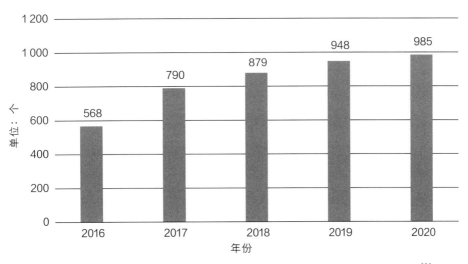

图 4.7 2016—2020 年新加坡参与 SPARK 认证机构数量变化情况 [1]

（一）SPARK 认证框架 [2]

新加坡 SPARK 认证框架如图 4.8 所示。

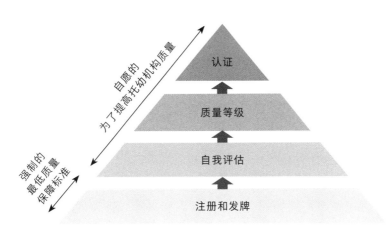

图 4.8 新加坡 SPARK 认证框架 [3]

---

[1] 资料来源于 skoolopedia.com 网站。

[2] 资料来源于幼儿培育署网站。

[3] 资料来源于幼儿培育署网站。

从图 4.8 可知，新加坡的 SPARK 认证框架一共包括 4 层。其中：第一层注册和发牌是强制执行的，是新加坡托幼机构质量的最低标准；第二层到第四层是自愿参与的，旨在提高新加坡托幼机构质量。更详细的内容，可参考表 4.6。

表 4.6 新加坡 SPARK 认证框架的主要内容 [1]

	主要内容
第一层：注册和监管 / 发牌	实施注册和监管 / 发牌措施，是确保托幼机构质量的最低标准
第二层：自我评估	鼓励托幼机构每年进行一次自我评估
第三层：质量等级	当托幼机构对它们自身的办学质量有了更好的理解，并准备好使它们的自我评估更有效以后，它们就可以进行外部评估了
第四层：认证	评估结果将最终决定托幼机构的质量标准；达到高质量标准的托幼机构可以申请认证

（二）SPARK 评估理念 [2]

如图 4.9 所示，SPARK 的评估理念一共包括五大方面。第一，新加坡 SPARK 评估将儿童发展置于中心位置。一方面，儿童在一个安全的、有教养的环境中发展得最好，因为这种环境有利于儿童获得直接经验。另一方面，每个儿童都有不同的能力、学习需求和兴趣，教师可以依靠自身的专业水平来激发儿童的发展潜能。第二，具有发展愿景的领导力。园长作为幼儿园的最高领导，可以提出适宜幼儿园发展的方向，也可以为幼儿园的

---

[1] 资料来源于幼儿培育署网站。

[2] 资料来源于幼儿培育署网站。

发展奠定基础。为了应对幼儿园行业带来的挑战，优秀的幼儿园领导者需要保持行业相关性，紧跟行业发展前沿，并超越当前幼儿园的发展关注和问题。作为幼儿园领导，他们要在激励和领导幼儿园员工时实现幼儿园发展的愿景。第三，具有影响力的专业水平。教师可以塑造儿童的性格，影响儿童的生活，发现儿童的潜力，促进儿童的成长。为此，幼儿园需要具有献身精神的教师，他们具有强烈的使命感和突出的教学能力，从而能更好地让儿童参与有目的的学习；他们不断参与反思实践，并积极寻求专业成长的机会。第四，目标导向的创新性。首先，培养早期学习者需要幼儿园不断创新和接受改变。其次，创新和改变应与幼儿园的愿景保持一致。最后，保持与幼儿园愿景的相关性和采用创新的教学方法进行教学有助于儿童获得他们适应未来需要的知识、技能和气质。第五，能促进幼儿发展的伙伴关系。儿童的学习与发展极大地受到了家庭和社区的影响，幼儿园应该与儿童父母、社区保持紧密的伙伴关系以促进幼儿的全面发展。

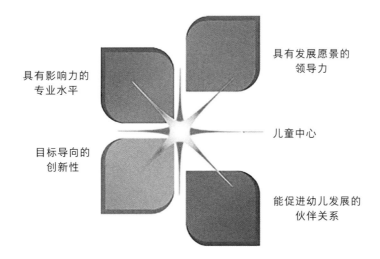

图 4.9 新加坡 SPARK 评估理念 [1]

---

[1] 资料来源于幼儿培育署网站。

（三）SPARK 评估模型 [1]

质量评估模型（如图 4.10 所示）表明，将领导能力作为驱动力，可以有效影响幼儿园的计划与实施、员工管理和资源管理，进而构建一个健康、卫生、安全的幼儿园环境，提高课程与教学质量，并最终实现幼儿的全面发展，促进幼儿主动学习，并提升幼儿的幸福感水平。

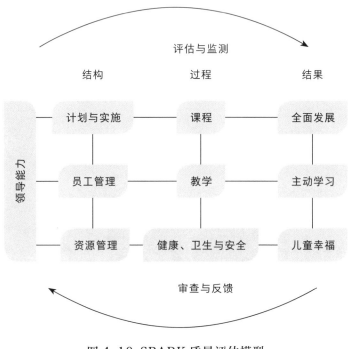

图 4.10 SPARK 质量评估模型

其中，全面发展是指幼儿园课程要促进儿童每个方面（认知、情感、社交、身体、艺术和创造）的发展，以最大限度地发挥每个孩子的潜能。为此，要在幼儿园教学中开展有意义的综合主题活动。主动学习是指儿童

[1] 资料来源于幼儿培育署网站。

通过积极地与环境互动来学习和理解周围的世界。当儿童自身开始主动学习时，他们就开始朝着更高水平发展。为了促进儿童的主动学习，有经验的教师会通过引导儿童的学习兴趣、培育儿童的好奇心、增强儿童参与的乐趣等方式来帮助儿童获得知识经验。儿童幸福是指儿童的幸福感，是儿童学习与发展的基础。为了确保儿童幸福，学前教育机构应保持良好的卫生标准，为儿童提供一个安全和充满关怀的环境，从而培养儿童健康的卫生习惯，发展其社交及情感技能。

（四）SPARK 评估量表

质量评估量表（QRS）主要用于评估新加坡的早期教育项目，是新加坡学前教育认证框架（SPARK）第二版和第三版的关键组成部分。QRS 主要包括 8 项标准：领导能力、计划与实施、员工管理、早期学习环境、早期学习和发展、资源、课程和教学。[1]

QRS 是新加坡教育部的专家开发的一个适宜的工具，它综合参考了新加坡的幼儿园课程框架和教育教学指南，且已经得到三个工具的验证。这三个工具分别是学前儿童环境评估量表修订版（ECERS-R）、学前儿童环境评估量表扩展版（ECERS-E）和项目管理量表（PAS）。[2]

为确保这些工具的有效性，提高新加坡学前教育的质量，一方面，新加坡幼儿培育署会定期对这些工具进行审查，以完善其评估指标。例如，在 2015—2017 年，幼儿培育署联合学前教育专家和一线教育工作者对 QRS 进行了全面的回顾和梳理，并于 2017 年发布了 QRS 修订版本。QRS 的2017 年修订版本除了更加注重教学以外，其评估项目和评估指标也得到了

---

[1] 资料来源于幼儿培育署网站。

[2] TAN T C. Enhancing the quality of kindergarten education in Singapore: policies and strategies in the 21st century[J]. International journal of child care & education policy, 2017, 11(1): 7.

优化。另一方面，新加坡幼儿培育署也适应国家进一步提高学前教育质量的需要，将 QRS 项目扩大到覆盖 2 个月至 3 岁儿童的幼儿项目。为此，在 2018 年时，幼儿培育署回顾了相关文献，参考了其他国家建立的早期教育质量评估量表，与国内外专家进行合作与交流，并在托幼机构中试行，以收集托幼机构管理者和一线教师的意见。[1]

在 2019 年时，新加坡正式发布专门针对 0—6 岁儿童的教育质量评估量表（0—6），这是新加坡学前教育质量保障进程中的一个重要里程碑。该量表将 0—3 岁部分的评估监测与先前的 QRS 量表整合在一起，可以为新加坡的托幼机构提供更全面的监测结果。为此，幼儿培育署咨询了国内外专家学者，并在托幼机构中进行了广泛的施测，以确保新量表的有效性和可靠性。新的质量评估量表（0—6）由 3 个主要部分组成，涵盖 8 个指标和 28 个具体观测点，与 QRS 具有相同的格式和评分系统。[2]

第二节 学前教育的特点和经验

多年来，新加坡政府出台了一系列政策促进学前教育事业的改革与发展，取得了显著成效。李辉等人在分析评估香港学前教育券（PEVS）的实施成效时提出了"3A"框架，[3] 后经过其他学者的补充和完善，最终形成了完整的学前教育"3A2S"分析框架，主要包括普及性、可负担性、可问责性、可持续性和公平性五个方面的内容。这一分析框架的合理性和有效性

---

[1] 资料来源于幼儿培育署网站。

[2] 资料来源于幼儿培育署网站。

[3] HUI L, WONG J, WANG X C. Affordability, accessibility, and accountability: perceived impacts of the pre-primary education vouchers in Hong Kong[J]. Early childhood research quarterly, 2010, 25(1): 125-138.

也日益得到了大家的认可。本节沿用"3A2S"分析框架来具体分析新加坡学前教育所取得的成效。

一、普及性：解决"有园上"问题

普及性是判断一国学前教育事业发展好坏的根本性指标，它可以用于判断儿童是否"有园上"。截至 2020 年 6 月，新加坡共有 648 个婴儿托育中心、1 538 个儿童托育中心以及 435 个幼儿园 [1]。同时，99% 的新加坡儿童在进入小学前至少参加了一年的学前教育 [2]。下文将结合新加坡在人口数据、机构数据、入园率等方面的发展情况，综合评估新加坡学前教育在普及性方面的发展成效。

（一）新生儿数量及出生率

学前教育机构数量的多少与新生儿数量及出生率有着极为密切的关系。一般来说，如果新生儿数量增多，会加大托幼机构的压力。从 2014 年开始，新加坡的新生儿数量和出生率均呈现逐年下降态势，见图 4.11。

---

[1] 资料来源于 skoolopedia.com 网站。

[2] 资料来源于 skoolopedia.com 网站。

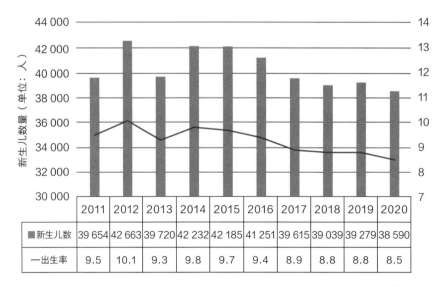

图 4.11 2011—2020 年新加坡新生儿数量及出生率变化情况 [1]

（二）托幼机构的数量、学位数和儿童入学数量

新加坡托幼机构类型丰富，主要以托育中心和幼儿园为主。其中，托育中心又占据极为重要的位置。下文以托育中心为例，分析新加坡托育中心数量、学位数量、儿童入学数量等的变化趋势，以判断新加坡是否能够做到让每位幼儿都"有园上"。由图 4.12 可知，自 2012 年开始，新加坡的托育中心数量呈现逐年上升的态势。

由图 4.13 可知，从 2012 年开始，新加坡托育中心可提供的学位数和上托育中心的儿童总数也基本呈逐年上升的态势。截至 2020 年，新加坡的托育中心可满足 169 785 名幼儿上学。可在 2020 年时，只有 124 559 名幼儿上了托育中心。可见，在 2020 年时，托育中心的学位数要多于上托育中心的儿童数量。除此以外，从 2012 年到 2020 年的每一年，新加坡托育中心的学位数均有所富余。

---

[1] 资料来源于新加坡移民和检查点管理局网站。

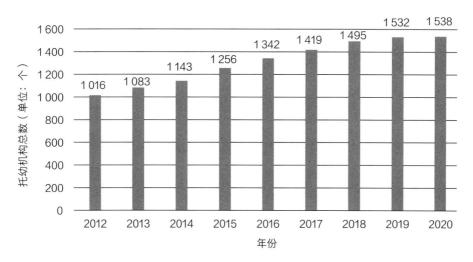

图 4.12 2012—2020 年新加坡托育中心数量的变化情况 [1]

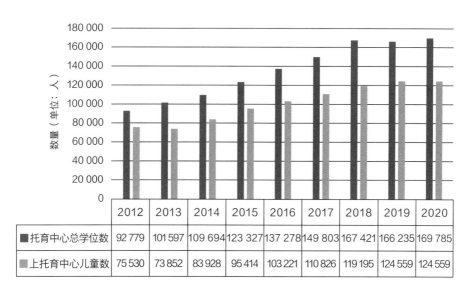

	2012	2013	2014	2015	2016	2017	2018	2019	2020
■托育中心总学位数	92 779	101 597	109 694	123 327	137 278	149 803	167 421	166 235	169 785
▨上托育中心儿童数	75 530	73 852	83 928	95 414	103 221	110 826	119 195	124 559	124 559

图 4.13 2012—2020 年新加坡托育中心总学位数、
上托育中心儿童数的变化情况 [2]

[1] 资料来源于 skoolopedia.com 网站。

[2] 资料来源于 skoolopedia.com 网站。

虽然托育中心的数据不足以完全展现新加坡学前教育普及性的全貌，但我们仍然可以通过以小见大的方式窥见新加坡学前教育普及性的一角。如果新加坡托幼机构的学位紧缺的话，那么托育中心的学位数则不可能出现富余的状况。因而，新加坡在学前教育普及性这一方面做得较好。

二、可负担性：聚焦"上得起"问题

新加坡政府一直在努力使幼儿家庭，特别是低收入家庭，能够负担得起学前教育。新加坡幼儿培育署的主要职责之一就是提供补助和津贴，以确保民众——特别是中低收入家庭，能够获得优质且负担得起的学前教育。如图 4.14 所示，自 2012 年开始，新加坡托幼机构的收费情况逐年升高，公众的教育负担似乎在不断加重，那新加坡政府到底是如何应对的呢？

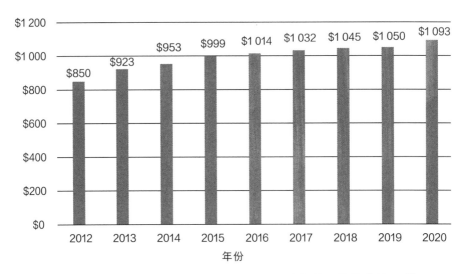

图 4.14　2012—2020 年新加坡全日制托幼机构平均收费情况 [1]

[1] 资料来源于 skoolopedia.com 网站。图中 $ 代表新加坡元。

（一）托幼中心补助形式

只要参加托幼中心的学前教育项目，新加坡政府会为所有有孩子的家庭（前提是新加坡公民）提供补助。目前，政府针对上托幼中心的儿童家庭的补助类型主要分为基本补助和额外补助两种。首先，基本补助适用于所有在幼儿培育署管辖的托幼中心注册的新加坡儿童，家庭获得的补贴金额取决于儿童母亲的工作状况和儿童参加的计划类型（具体如表 4.7 所示）。[1] 其次，额外补贴适用于儿童母亲每月至少工作 56 小时或家庭每月总收入不超过 12 000 元 [2] 或家庭人均月收入不超过 3 000 元的家庭 [3]。额外补助需要对申请人的家庭进行调查。一般来说，低收入家庭会得到更多的补贴（人均月收入低于 1 875 元的家庭，可以领取额外补贴）。最后，相关补助会直接拨付到托幼中心，家长只需要支付剩余的费用即可。

表 4.7 托幼中心的补贴方式及额度 [4]

	有工作的申请人 [5]		没有工作的申请人	
	基本补助	额外补助	基本补助	额外补助
婴儿托育中心（2—18 个月）	600 元	最高 710 元	150 元	无
儿童托育中心（18 个月—6 岁）	300 元	最高 467 元	150 元	无

注：表格中的补贴方式，只针对全日制的托幼项目。

---

[1] 资料来源于新加坡教育部网站。

[2] 此处为新加坡的货币计量单位，元。下同。

[3] 主要指大家庭（5 人及以上的家庭），至少有 3 个人没有收入。

[4] 资料来源于新加坡教育部网站。

[5] 有工作的申请人指该申请人一个月至少需要工作 56 个小时。这些工作类型包括全职、兼职和自由职业等类型。

（二）幼儿园资助计划

教育部直属幼儿园在 2021—2022 年每月的收费情况如下：对于新加坡公民来说，每月需要缴纳 160 元；对于新加坡永久居民来说，每月需要缴纳 320 元。[1] 为确保中低收入的新加坡儿童能够上得起幼儿园，新加坡于 2006 年出台《幼儿园资助计划》（KiFAS）。根据 KiFAS 规定，获得该资助需要满足以下两个条件：第一，儿童是新加坡公民，并在主要业者项目（AOP）或教育部运营的幼儿园注册；第二，儿童家庭每月家庭总收入低于 12 000 元，或家庭人均月收入低于 3 000 元。[2] 每个家庭具体能够获得多少资助，可在教育部官网上自主查询。例如，同为三口之家，满足母亲需要参加工作，且母亲每月工作时长达到 56 小时的基本要求后：当家庭每月收入为 12 000 元时，该家庭每月最多需要支付 205 元；当家庭每月收入为 3 000 元时，该家庭每月最多需要支付 10 元。

（三）其他措施

除了有针对性的补助以外，新加坡还有儿童保育运营商项目，主要包括两个具体的项目——主要业者项目和伙伴业者项目（POP）。其中，主要业者项目要求参与这一项目的托幼机构为儿童提供学费折扣，且全日制托育项目的学费上限为 720 元，幼儿园的学费上限为 160 元。参加伙伴业者项目的有 23 个幼教集团，包含 169 个托育中心，可容纳 16 500 名幼儿。根据 POP 的要求，托幼机构必须要削减费用——全日制的托育服务收费最高不能超过 800 元（税前）。[3]

---

[1] 资料来源于新加坡教育部网站。

[2] 资料来源于新加坡教育部网站。

[3] 资料来源于 skoolopedia.com 网站。

三、可问责性：关注"上好园"问题

问责制可以确保个人、团体、组织和机构履行各自的义务。[1] 为了提高学前教育的可问责性，新加坡政府从多个方面来共同提高其学前教育质量。2000 年时，任职于教育部的王爱玲博士对政府在学前教育领域的定位做出了明确的解释："简单地把钱投入到学前领域不会自动提高学前教育的质量。我们必须仔细决定如何配置资源，使大多数儿童能从学前教育中获得最大的价值。我们将更多地参与学前教育，特别关注高杠杆领域，例如，确定结果、设计适合发展的课程、培训教师、开展研究和改善我们的监管框架。"[2] 为此，新加坡教育部关注学前教育的关键杠杆领域，以构建学前教育的质量体系。相关工作包括：界定学前教育领域的关键成果、改革学前教育课程框架、制定学前教师从业标准、颁布学前教师教育指南、开展学前教育相关研究等。

（一）机构认证与评估

由于当前新加坡的学前教育掌握在私营部门手中，新加坡政府便通过对托幼机构的评估和认定来保障学前教育质量。首先，根据《教育法》的相关规定，如果要注册教育部承认的幼儿园，需要满足以下条件：第一，要获批成为幼儿园，必须使幼儿园安全卫生条件符合有关部门的要求；第二，幼儿园开设的所有教育项目都要通过教育部的评估；第三，园长与教师都要达到教育部规定的最低学历及专业资格的要求；第四，具备能够高效管理幼儿园的管理委员会。其次，新加坡政府进一步提高了托幼机构的

---

[1] Beneath the surface of accountability: answerability, responsibility and capacity-building in recent education reforms in Norway[J]. Journal of educational change, 2013, 14(2): 113-138.

[2] LIM M Y S, LIM A. Governmentality of early childhood education in Singapore: contemporary issues[M]. Dordrecht: Springer Netherlands, 2017: 185-215.

准入标准。在 2000 年时，新加坡发布了系列学校教育的理想结果，明确指出在学前教育结束时，儿童应该具备的技能。最后，发布托幼机构认证框架，通过以评促改的方式提高学前教育质量。新加坡努力提高幼儿园的管理方式，并开发质量评估量表（具体可参考上文），推出新加坡学前教育认证框架（SPARK），以帮助托幼机构管理者提高教学质量和管理水平等。

（二）建立公办幼儿园

尽管新加坡政府曾在 20 世纪 70 年代末和 90 年代初尝试提供小学的学前一年课程，但对于新加坡学前教育而言，2014 年才是一个重要的里程碑。为回应新加坡公民日益增长的对优质的学前教育的需求，新加坡在 2014 年时成立了 5 所教育部直属幼儿园。时任新加坡教育部部长的王瑞杰，同时也是教育部及社会和家庭发展部执行委员会的联合主席，他表示要在 2014 年至 2016 年建立 15 所教育部直属幼儿园。这 15 所公立幼儿园的选址大多在郊区，主要服务于中低收入家庭的孩子。教育部直属幼儿园的主要目的包括：①提供优质的、可负担的学前教育资源；②试点开发教学资源，并共享给新加坡的其他学前教育机构；③与其他幼儿园合作，提炼和分享好的教学实践，以适应新加坡的国情。截至 2016 年 4 月，15 所教育部直属幼儿园共有约 1 700 名儿童入园。[1]

除了给家长增加一个新的学前教育选项之外，教育部直属幼儿园的开设并没有对新加坡学前教育机构的大局产生实质性的影响。因为整体而言，新加坡的学前教育机构仍然以民办的学前教育机构为主，仍旧保留了多样化的课程和教学。[2]

---

[1] TAN T C. Enhancing the quality of kindergarten education in Singapore: policies and strategies in the 21st century[J]. International journal of child care & education policy, 2017, 11(1): 7.

[2] TAN T C. Enhancing the quality of kindergarten education in Singapore: policies and strategies in the 21st century[J]. International journal of child care & education policy, 2017, 11(1): 7.

（三）提高教师质量

教师质量是保障学前教育质量的前提。为此，新加坡主要通过规定学前教师的学历和资质，制定学前教师培训框架，提供各种形式的奖学金、助学金和培训奖励等方式来提高教师质量（具体可参考前文）。总体来看，新加坡教师质量提升也取得了较好的成效。例如，在 2009 年时，托育中心和幼儿园的新教师准入标准已经提高到 5 个 "O" 级学分（包括一个英语语言学分），并取得幼儿保育与教育文凭。在 2006 年时，达到这一标准的教师还不到 20%，而在 2010 年时，有 68.2% 的托育中心的教师以及 72.1% 的幼儿园教师都达到了这一标准。[1]

（四）课程质量创新

在 2003 年以前，新加坡的学前教育主要是 "效率和标准化" 导向。后来，随着西方新教育思想的传入，新加坡的学前教育方向也发生了转变，开始关注儿童的兴趣、天赋、创造力等方面。由此，新加坡的学前教育开始重视儿童的创造能力。

课程是实现教育目标的重要载体，也是新加坡学前教育改革的重要内容。2003 年，新加坡颁布《培养早期学习者：新加坡幼儿园课程框架》。2012 年，新加坡教育部对该课程框架进行了修订，并出台《培养早期学习者：新加坡幼儿园课程框架（修订版）》。

目前，由于尚未找到新加坡课程创新与儿童发展的相关监测结果，无法精准地评价新加坡课程改革的成效。但据研究者 [2] 指出，新加坡初次推行新课程时，学前教师也有过挣扎期和迷茫期。然而，新加坡政府矢志不渝

---

[1] TAN T C. Enhancing the quality of kindergarten education in Singapore: policies and strategies in the 21st century[J]. International journal of child care & education policy, 2017, 11(1): 7.

[2] JING M. The ECE landscape being shaped by cosmopolitanism: an examination and evaluation of policies in Singapore[M]. Singapore: Springer, 2017: 221-244.

地推行新课程，并为此提供了配套措施。如在 2008 年时，新加坡出台《幼儿园课程指南》，以为学前教师更好地开展新课程提供支持。与此同时，新加坡也开发了与课程配套的教育资源、研讨会、工作坊。更为重要的是，新的课程框架被应用于教师培训项目中。总的来看，在将近 20 年的时间里，新加坡学前教育课程不断创新，取得了一定的成效。

四、可持续性：稳定性与发展性相统一

除了普及性、可负担性、可问责性以外，可持续性是学前教育质量的重要补充。学前教育的可持续性受到多种因素的影响，如财政投入的可持续性、政策条款的与时俱进性等等。

（一）财政投入的可持续性

由于新加坡的学前教育主要掌握在私营部门手中，因而新加坡政府并不需要像其他国家那样在学前教育领域投入大量的资金。新加坡在学前教育领域的投入主要包括：为托幼机构的儿童家庭提供补贴，以确保每个孩子都能够获得高质量的早期教育；为教师培训项目提供补贴，以提高学前教师的专业水平；出台婴儿奖励计划，减轻多子女家庭的养育负担；对学前教育机构进行补贴，等等。新加坡的学前教育财政投入虽然与其他国家不同，但其确实减轻了中低收入家庭的教育负担，也确实提高了教师的教学水平。总体来看，新加坡在学前教育领域的财政投入获得了较为积极的效果。

（二）政策条款的与时俱进性

当代社会发展迅速、瞬息万变，倘若政策总是一成不变，便无法适应

时代的发展变化以及人们对学前教育的新诉求。为更好地满足实际需求，新加坡学前教育政策会根据时代的发展变化不断修订和做出相应调整，既保持了政策的可持续性，又体现了与时俱进性。如，新加坡政府分别于2004 年和 2008 年对 2001 年出台的婴儿奖励计划进行了修订，以帮助孩子多的家庭获得更多的经济支持，还于 2012 年修订了 2003 年出台的《培养早期学习者：新加坡幼儿园课程框架》。

五、公平性：满足多元诉求，维护社会稳定

教育公平是社会公平的重要基石，是维护社会公平的重要力量。新加坡是一个多民族、多元化的国家，这就要求新加坡政府必须满足不同民族的多元诉求，以避免不同民族之间的矛盾和冲突，增强不同民族之间的凝聚力，实现国家的团结统一。为此，新加坡政府在其教育政策中明确指出教育公平的重要性。"他们还要学习尊重、责任、正直、关爱、和谐等价值观；这些有利于维护多民族、多元化的新加坡的社会稳定，形成民族凝聚力。"[1]

社会公平从性别、语言、宗教、社会经济地位等多个方面进行分析。学前教育的公平也需考虑普及性、可负担性、家庭背景和社会经济地位等多种因素的影响。为了解决学前教育领域的教育公平，新加坡政府也做了多个方面的努力。第一，新加坡政府努力提高学前教育的普及性和可负担性，重点关注中低收入家庭，其财政投入也支持弱势儿童。第二，制定《培育幼儿：学前母语课程框架》，开设学前双语课程，以提高学前儿童的双语能力和多元文化意识。第三，为了关注特殊儿童群体，2011 年社会发展、青年及体育部开始为幼儿教师提供支持，允许保育中心招聘和培训辅助教育工作者，等等。

---

[1] JING M. The ECE landscape being shaped by cosmopolitanism: an examination and evaluation of policies in Singapore[M]. Singapore: Springer, 2017: 221-244.

第五章 基础教育

新加坡傲人的创新水平与经济文化成就为世人所赞叹。其中卓越的教育体系既是其繁荣发展的重要促动力，又是其成就本身密不可分的一部分。特别是基础教育，作为教育事业发展的重要基石，近年来新加坡的基础教育在全球一直名列前茅，受到了国际社会广泛的关注与热议，值得深入研究与分析。

第一节 基础教育的发展和现状

作为一个年轻国家，正规的基础教育在新加坡发展的时间并不长。本节将追溯新加坡曲折的历史发展脉络，帮助读者了解新加坡基础教育的背景，体会其发展与改革过程中的智慧。在此基础上，详细分析当前新加坡基础教育发展现状，呈现新加坡基础教育的真实样态。

一、基础教育的发展历程

（一）基础教育的萌芽时期（1965年以前）

独立之前的新加坡并没有统一的教育体制和思想，其基础教育的发展也比较缓慢。19世纪上半叶，新加坡被英国统治，英殖民者起初并不重视教育，把当时的教育事业交给教会或者私人团体去办。当时新加坡仅有几所使用英语的教会学校，而本民族教育只有华人创办的私塾文社和马来人创办的伊斯兰学校。1920年，英国政府颁布《1920年学校注册法令》，标志着政府对华文教育中立态度的结束。

二战后，新加坡政府试图通过普及小学教育来发展地方语，提出小学阶段允许使用英语、华语、马来语、泰米尔语这四种语言。虽然这个规定促进了新加坡地方语的发展，但也加剧了不同民族之间的隔阂。在民族矛盾的处理过程中，英语作为长期的官方语言，无疑成为各民族间有效沟通的语言。迫于现实压力，新加坡政府提出重视英语教育，这使得其他的民族语言教育逐步受到忽视。在此背景下，新加坡先后掀起了学生运动、工人运动，要求政府重视华语等地方语的使用和教学。为此，殖民地政府成立了教育委员会，颁布了《新加坡立法议院各党派华文教育委员会报告书》，明确指出：各语文源流学校应当以英文、马来文、华文和泰米尔文这四种语言的至少两种作为学校的教学媒介语。[1] 该报告书强调了华文学校的重要作用，新加坡由此开始了双语教学的探索。

---

[1] 黄明. 新加坡双语政策作用下的教育制度改革 [J]. 集美大学学报（教育科学版），2012，13（3）：60-64.

（二）基础教育的普及时期（1965—1979 年）

1965 年，新加坡成立共和国，这既是新加坡历史上的转折点，也是新加坡基础教育的转折点。这一阶段是新加坡的工业化初期，其生活、生产水平很低，种族及劳资纠纷频繁，社会动荡不已。维护独立、发展经济、改变落后的面貌是当时新加坡面临的紧急任务，也是新加坡政府制定各种政策的原则和宗旨。当时新加坡的教育已经无法适应社会经济发展的需要，尤其是基础教育的发展较为落后。据统计，1965 年，新加坡劳动力素质低于小学文化水平的占了 63.5%，有中等教育水平的占 14.6%。[1] 为此，新加坡基础教育拉开了改革的序幕。改革的主要目的是大力发展基础教育，调整中等教育结构，普及义务教育。具体改革措施有：扩大中小学办学规模，提供资金鼓励开办私立学校，提倡让每个适龄儿童都能接受教育；调整中等教育的结构，中学分为两个阶段，第一个阶段是义务教育，进行普通教育，第二个阶段是职业教育，进行普通职业教育、商业教育和技术教育，调整普通教育和职业教育的关系；中小学推行双语教育，并结合中小学教育分流制强制实施，英语作为第一语言和主要教学用语，华语、马来语、泰米尔语作为第二语言进行学习。[2]

经过此次改革，新加坡中小学人数大幅度上升，全民接受教育成为现实，一大批中小学建立起来，为日后新加坡基础教育的发展提供了充足的场所，大幅度提高了小学入学率和国民识字率，促进了基础教育以及社会的和谐发展。此外，双语教育的推行符合当时文化多元、民族多样的国情，培养了一大批急需的英语人才，形成了以英语为主、母语为辅的双语教育制度。但是，这次教育改革没有考虑到学生能力和兴趣的差异，仅采用简单的教育教学方式，导致这一时期中小学辍学率大幅度提高。双语教学也使学生课业负担加重，极大地影响了基础教育的质量和学生的长远发展。

---

[1] 王学风. 新加坡基础教育 [M]. 广州：广东教育出版社，2003：6.

[2] 王学风. 新加坡基础教育 [M]. 广州：广东教育出版社，2003：7.

（三）基础教育的提升时期（1979—1986年）

这一时期，新加坡的经济已经进入腾飞阶段，政府提出了国家应向资本集中、高附加值的产业进行转型的发展目标。随着工业化进程的快速推进，技术型人才紧缺问题日益凸显。此外，在上一轮教育改革中新加坡出现了"教育浪费"的现象，尤其是高辍学率的问题，这也体现了没有高效地开发和利用宝贵的人力资源。为此，1979年新加坡迈出了教育改革的新步伐，提高教育质量成为经济与教育改革的关键问题。

时任总理李光耀倡议成立教育研究小组，时任副总理兼教育部部长吴庆瑞担任组长，负责新加坡的教育改革。教育研究小组针对新加坡当时面临的问题，形成了《吴庆瑞报告书》。该报告指出：当前只有71%的小学生能够进入中学，产生了教育的高度浪费；教育制度过于僵化；双语教学政策存在问题；教育部指挥不力；教学效率低。同时报告还针对各个问题提出了具体的改革建议。

1979年，在《吴庆瑞报告书》的指导下，新加坡进行了"新教育政策"改革。本次改革的重点是使学生接受适合自己学习进度的教育，提高教育质量，减少教育浪费，尽可能地开发人力资源，为高附加值产业经济提供多层次、技能型劳动力，以适应时代发展的需要。"新教育政策"扩大了学生的自主选择权，实行分流的教育体制，让学生能够接受适合自己的教育。"新教育政策"提出分流应在小学三年级期末以及小学毕业两个阶段开展，学生将依据考试成绩被分流进入不同的课程班进行学习。依据教育分流所制定的不同课程形成最短十二年、最长十六年的学制。这次教育体制的改革在新加坡教育史上有重要的意义，开创了其后延续四十多年的教育分流制度。

这一时期新加坡的教育改革更加注重对人本的关注和呼吁，在教育政策的制定上尽量排除政治和经济的干扰，兼顾每一位学生的发展，使每个人的潜能都得到充分的发展，初步体现了因材施教的理念。在"新教育政策"的指导下，新加坡基础教育的质量和效率稳步提高，劳动力素质也不断提升。但是，当时学生进行分流的依据仅是学生考试的综合成绩，对于学生自身的学习兴趣、规划并没有做出充分考量。

（四）基础教育的优化时期（1986—2000 年）

20 世纪最后阶段，新加坡对经济发展策略进行了调整，进入经济重整阶段，经济发展速度变缓。同时，"新教育政策"提出的分流制度也开始暴露问题，难以适应 21 世纪的要求。为此，新加坡经济委员会指出要以"健全的人"的发展为教育目标，提高新加坡劳动者的教育水平。1986 年，新加坡采取了一系列的教育改革措施来优化基础教育，迎接 21 世纪的到来。

首先，对教育分流体制进行改革。本次改革将小学阶段分为学前准备阶段、基础阶段和定向阶段，并且统一小学受教育的年限。同时，将三年级分流推迟了一年，学生们将于四年级末参加校级统考，学校根据学生的统考成绩、前四年的期中和期末成绩，以及平时成绩和家长的建议，安排学生进入 EM1 源流班（英语和母语作为第一语言）、EM2 源流班（英语为第一语言，母语为第二语言）或 EM3 源流班（英语为第一语言，母语为口语）。所有学生在六年级末，通过参加小学毕业离校考试进行第二次分流，学生进入四年或五年制的中学进一步学习。

其次，进行"优化教育"改革。1986 年，新加坡政府派出了 12 名中学校长去美国和英国进行关于提升学校质量的考察，撰写了一份《迈向卓越学校》的报告。根据这份报告，新加坡对学校系统进行了大规模的调整，如，允许一些学校独立办学；组织相关培训来提高校长、主任的管理能力；提高学校员工的职业培训；建立大量的私立学校。[1]"优化教育"改革促进了学校层面的教育创新，学校教育进入了新的发展阶段。

[1] 王学风. 新加坡基础教育 [M]. 广州：广东教育出版社，2003：13.

最后，增加教育支出。经济和社会的发展让政府认识到了教育的重要性，因此政府在教育经费方面采取了一系列新措施。先是承诺将教育支出从 GDP 的 4% 提高到 5%，随后宣布了一项面向 6 至 16 岁学生的资助计划。这个计划中的学生可以将补助用于学校辅助课程（如音乐、计算机）或者私立学校的学杂费。从 1996 年起，该计划得到了进一步的扩展，为无法负担教育费用的优秀学生提供奖学金和助学金。

在此阶段新加坡的教育改革有两个原则：一是重视教育与经济之间的关系，二是根据学生的能力来提供平等教育的机会。政府正确地看到了教育的重要作用，促进了新加坡教育的发展和整体国民素质的提高。同时，也符合新加坡人口较少的国情，给有潜力的学生更多的机会，为"精英教育"奠定基础。虽然分流教育在这一阶段有所改革，但由于分流制度固有的局限，由其引发的弊端依然存在。

（五）基础教育的现代化（2000 年至今）

为了迎接 21 世纪的全球竞争，新加坡教育部制定了《理想的教育成果》教育纲领，勾勒出 21 世纪的教育理念与前景，给教育制度改革指明了方向。纲领指出："在小学、中学阶段，学生应结出发展性的教育果实。在正规教育体制中，每个教育阶段都是承先启后的重要阶段，它在前一阶段的基础上结出更多的教育果实，也为下一个阶段打下稳固的教育根基。"[1] 进入 21 世纪以来，新加坡基础教育在不断地推进和发展，教育体制更加灵活、广泛和多元化。

新加坡对分流制度进行了多次探索与改革，以建立更加灵活和多元的教育体制，培养创新和全面发展的新型人才。2004 年，新加坡合并 EM1 和 EM2 源流，给予了学校和家长在小四分流中的自主性和选择权，使其更加灵活。2008 年，EM1、EM2 和 EM3 分流取消，取而代之的是科目编班，这

---

[1] 刘钢. 新加坡制订出教育纲领:《理想的教育成果》[J]. 世界教育信息，1998（7）：8-10.

意味着新加坡的教育体制更加多元化，学生可以根据自己的能力和特点进行分科，推动了学生个性化的学习。

继小学全面实行科目编班制后，2014年，新加坡教育部宣布在12所中学试点进行科目编班，参与的科目包括英语、母语、数学和科学。该制度主要面向普通课程班的学生，学生可以根据自身的能力和水平选修难度更大、程度更高的科目。2020年，又有28所中学陆续实行科目编班制，科目涵盖更为广泛。教育部宣称在2024年之前，新加坡的普通中学将全面实行科目编班制，这也就意味着中等教育不再有快速与普通源流之分，中学分流制度即将退出历史舞台。

此外，2018年，新加坡教育部全面启动了"为生活而学习"的教育改革，发展兼具广度和深度的教育，培养有国际竞争力的新型人才。在"为生活而学习"的社会背景之下，新加坡的基础教育改革将迎来新的变化。

二、基础教育的现状

（一）教育理念与目标

进入21世纪以来，新加坡的教育理念是教育要面向每一个儿童，帮助学生发现自己的特长，激发他们的潜力，培养学生终身学习的热情，旨在以多元化的教育来适应每个学生的优势、兴趣和学习方式，培养儿童的核心素养、价值观和人格以适应21世纪的变化和竞争。为此，新加坡政府于2014年提出了21世纪能力框架，为新时代的基础教育指明了培养目标。[1]

21世纪能力框架包括4个层次（见图5.1）。最内层居于核心的是核心价值观，核心价值观是个人性格的核心，它塑造着个人的信念与态度以及

---

[1] 资料来源于新加坡教育部官网。

对他人的态度，主要包括尊重、责任、正直、关爱、韧性。第二层是社会和情感能力，包括自我意识、自我管理、社会意识、人际关系管理、负责任的决策，它涉及个人健康发展、认识和管理自己的情绪、培养社会责任感、关心他人、面对他人和社会挑战等多方面的内容。第三层是21世纪的新兴能力，包含了公民素养、全球意识和跨文化交流技能，批判性、创造性思维，交流、合作和信息技能，这一环是当前新加坡教育界对全球化做出的反应，旨在提高公民在国际竞争方面的优势。最外面的第四层包括培养充满自信的人、能主动学习的人、积极奉献的人、心系祖国的公民，这既是21世纪能力框架的总体要求，也是教育部在《理想的教育成果》中提出的新加坡共同的教育目标。[1] 在共同目标的引领下，每个教育阶段被细化成了8个教育目标（参见第三章第一节），这些教育目标为不同阶段制定教育政策和计划、实施教育改革提供了明确的方向。

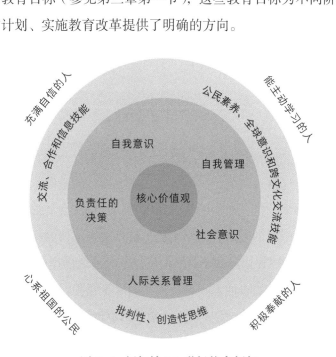

图 5.1　新加坡 21 世纪能力框架

---

[1] 资料来源于新加坡教育部官网。

（二）教育体系

新加坡的基础教育主要分为两个阶段，一是初等教育，二是中等教育。大多数的儿童在 6 周岁时将会进入小学接受六年的初等教育。小学实行 4+2 学制，前四年为基础阶段，在五、六年级实行科目编班制度，学生可以依据自己的能力和兴趣来选择课程的难度，并在小学六年级根据所选的科目参加小学离校考试。依据离校考试的成绩，学生将会分流进入快速课程班、普通（学术）课程班、普通（技术）课程班接受中等教育。经过四年的学习后，大多数的学生将会参加普通教育证书考试，通过考试的学生才能进入下一个阶段进行学习与深造。中等后教育是新加坡学生中等教育到高等教育的过渡阶段，该阶段的学生可以选择进入初级学院、理工学院、工艺教育学院、艺术机构等，不同类型的学校有不同的培养目标，其中初级学院与我国的普通高中类似，为具有学术发展倾向的学生升入大学做好准备。[1]

1. 初等教育

小学阶段实行科目编班制，即学生在完成四年的基础阶段教育后，将在四年级末参加学校统一组织的科目编班考试。学校会依据科目编班考试的成绩以及学生平时的表现，给学生提出科目组合选修的相关建议。家长和孩子依照学校的建议以及孩子自身的特点，灵活地选择核心科目（英语、母语、数学和科学）的普通水平课程或基础水平课程在五、六年级进行修读。根据新加坡教育部的专业建议，小学科目编班可以参考表 5.1 所示几种组合。

---

[1] 资料来源于新加坡教育部官网。

表 5.1 新加坡小学科目编班科目组合参考

小四考试成绩	科目组合选择建议
4 科都及格，且母语科目表现优异	4 个普通水平科目 + 高级母语科目
4 科都及格	4 个普通水平科目
3 科及格	4 个普通水平科目
2 科及格或更少	4 个普通水平科目
	3 个普通水平科目 +1 个其他基础水平科目
	2 个普通水平科目 +2 个其他基础水平科目
	1 个普通水平科目 +3 个其他基础水平科目
	4 个基础水平科目

在五、六年级，学生将依照选修的科目组合进行修读。到五年级结束时，学校会对学生当前的科目组合进行评估，学生可以根据自己的表现对科目组合进行再调整。如果学生某科成绩达到一级水平，他可以将基础水平科目调整为普通水平科目；如果学生某科成绩表现不佳，他也可以选择将该科目的难度降至基础。到六年级结束时，所有学生都要根据自己选择的科目组合参加全国统一的离校考试。该离校考试科目分为普通科目（英语、母语、数学、科学）、基础科目（基础英语、基础母语、基础数学、基础科学）、选修科目（高级母语）。离校科目考试不仅可以评估学生初等教育阶段的能力水平，而且也是分配中学学额、选择中学分流课程的重要凭证。

2．中等教育

依据小学离校考试的成绩，学生分别进入快速课程班、普通（学术）课程班、普通（技术）课程班。快速课程班招收的是最优秀的小学毕业生，成绩约前 50% 的学生可以进入该源流，其学制为四年，目的是学习基础学科知识从而为升入大学做好充足的准备。学生会在中学四年级参加新加坡–剑桥 O 水准考试（GCE O-Level）。

除了快速课程班外，新加坡还为学生提供了普通课程班。普通课程班分为普通（学术）课程班和普通（技术）课程班。这一类型的课程班进度相对较慢，内容相对较少。普通（学术）课程班的学生在中学四年级时要选择 5—8 个科目参加新加坡–剑桥 N 水准考试（GCE N-Level），学生如果成绩优异，那么可以继续进行第五年的学习，并且在第五年结束时参加 GCE O-Level。如果通过则可以选择在初级学院或者理工学院继续深造，也可以接受职业技术教育。而普通（技术）课程班的学生在中学四年级时要选择 5—7 个科目进行 GCE N-Level，在完成后可以进入技术教育学校进行学习，如果学业符合要求，也可以进入普通（学术）课程进行学习。

中等教育阶段课程的选择有较大的灵活性，在中学一年级，学生离校考试的成绩是安排课程的重要依据。但在后期学习的过程中，学校可以根据学生学年的学业成绩、兴趣、校长和教师的评价，安排学生转到另一个课程班。中学毕业后，小部分学生进入初级学院，半数以上的学生进入理工学院学习，其余学生则进入工艺教育学院进行深造。

当前，新加坡正在改革中等教育体系，试图用科目编班制度替代现行的分流制度。科目编班的全面实行预计将在 2024 年之前完成。在科目编班制下，普通课程班的学生将有更多的课程选择。如果学生在离校考试中取得优异的成绩，那么他们就有资格修读水平更高的科目（英语、母语、数学、科学）。具体来说，如果学生在普通科目考试的成绩为 A* 或 A，那么其可以选修该科目的快速水平；如果学生在普通科目考试的成绩为 C 及以上或在基础科目考试的成绩为 "1"，那么其可以选修该科目的普通（学术）水平。中学一年级之后，普通课程班的学生如果在学校组织的官方考试中取得优异的成绩，其也有机会选修更高水平的课程。

为此，中学的毕业考试——GCE O-Level 和 GCE N-Level 将整合为国家统一考试以适应科目编班制度。学生在中学毕业时会领取到一张全国考试的成绩单，成绩单上会列出学生所报的科目和水平，原属于普通（技术）水平的科目相当于中学水准 1（G1）；原属于普通（学术）水平的科目相当于中学水准 2（G2）；原属于快速水平的科目相当于中学水准 3（G3）。

3．中等后教育

在中学毕业后，学生根据中学毕业考试成绩以及自身的情况进入初级学院、理工学院、工艺教育学院接受中等后教育。初级学院接收通过 GCE O-Level 的学生，这一类教育又被称为大学预备教育。顾名思义，初级学院适合有志进入大学接受学术教育且学业成绩优异的学生。在大学预备教育阶段，学生需要通过 A 级普通水平考试，学习高等教育所需的基本技能与知识，为大学教育做好充足的准备。理工学院的办学方式较为灵活，不同专业对学生的要求不同，能提供全日制与非全日制的教育，且毕业后学生有升学和就业两种选择。在理工学院内，学生可以学习商业、通信、设计等以实践为导向的课程，培养知识渊博、注重实践、能解决问题的优秀人才。当前，新加坡有南洋理工学院、义安理工学院、共和理工学院、新加坡理工学院以及淡马锡理工学院 5 所理工学院可就读。工艺教育学院旨在为学生提供专业技术知识与技能，提升学生的就业竞争力，为其未来的发展奠定坚实的基础。在接受 2—3 年的教育后，学生可以参加工艺教育学院技能证书（ISC）、国家技能证书（Nitec）、国家高级技能证书（Higher Nitec）等考核，此类证书具有全国性，成为学生进入劳动力市场的重要敲门砖。

4．特殊教育

新加坡相关法律规定，所有适龄的儿童必须接受强制性的小学教育。

具有特殊需要的儿童在入学前将由专业人士进行评估与诊断，同时由教师与之沟通交流，以了解孩子的需要、强项以及未来面对的挑战，提供合适的援助。

随着融合教育的逐步推行，当前的主流学校将接收越来越多具有轻度特殊需要的儿童，如阅读障碍、多动症、轻度自闭症、失聪、视障或身体障碍。所有的主流学校都有受过特殊教育培训的教师和协作教育工作者，帮助特殊需要的学生参与主流教育的课程以及集体学习，以融入学校环境。学校也会聘请相关的心理专家，获取相关的咨询和建议。对于不同需求的儿童，主流学校也有特定的课程与计划。如对于具有阅读障碍的学生，学校将会在小三、小四时为学生提供阅读障碍治疗计划，同时参与由新加坡读写障碍协会主办、教育部资助的基础识读课程；在听力、视力或身体方面有障碍的学生将会获得学校流动性援助服务，学校也会为儿童提供调频设备、电子放大镜和发声计算机等辅助性技术设备以满足其学习的需要。

特殊教育学校面向的是具有中度或重度特殊需要的学生，学校将根据学生需要为其提供个性化的课程和升学途径，培养其学术与非学术的能力，以便他们在毕业后能独立生活、不断学习，并且从事有意义的工作。在班级组织方面，特殊教育学校实行小班制，聘请口语治疗师、职业治疗师、心理医生和社会工作者等专业人士为学生提供专门的治疗支援服务。在课程教学方面，特殊教育学校不仅开设了品格与公民教育、社交和情绪管理技能学习、科技辅助学习等校内课程，而且还会组织课程辅助活动、学习之旅、校际比赛等活动性课程。

在接受教育后，特殊需要儿童可以根据自己的能力、潜力以及兴趣选择合适的升学途径。有能力的学生可以根据修读的课程参加国家考试，从而进入更高的学府进行深造。此外，国家还专门为特殊学生提供职业教育，为今后的生活与工作做准备。

（三）课程框架

1. 初等教育

在新加坡，每位儿童都要接受小学六年的强制性义务教育，从而为个人未来的学习和工作打下坚实的基础。在此期间，新加坡开展了丰富的课程，主要包括学术科目、知识技能、品格发展三类课程，培养学生健全的价值观和爱国情怀，教会学生掌握基本技能，促进学生全面发展。

学术科目课程的目的是给孩子未来的学习和发展打下良好的基础，为未来进入不同的学习领域做好充分的准备，包括语言（英语、母语）、人文与艺术（社会通识、艺术、音乐）、数理（数学、科学）等课程。这些课程分为核心科目与非核心科目，核心科目是指学生离校考试中所涉及的相关课程，如英语、母语、数学、科学等科目。非核心科目包括社会通识、美术、音乐等人文与艺术类课程，用以促进学生美育发展，培养其创新与表达能力。学生将在基础阶段统一学习课程，尤其专注于核心科目的学习，为未来的学习，特别是小四的科目编班考试做充足的准备。在五、六年级，学生核心科目的学习将由选修的科目组合课程来决定。可供选修的科目包括英语、母语、数学、科学，分为普通和基础两个水平，学生可根据自身需求进行组合修读。此外，母语学习能力强的学生可以选修高级母语。

在学术科目课程中，双语教育是新加坡课程体系的重要特点，也是新加坡教育制度的基石。在新加坡，小学生必须掌握两种语言，第一语言为英语，第二语言为母语（华语、马来语、泰米尔语）。英语作为新加坡的共同语是当前学校教学的通用语言，用于学习大部分课程，以帮助学生更好地认识和了解世界，从而迎接未来的挑战；母语作为语言课程，目的在于理解本民族的文化与传统。学校将依据学生的家庭背景采用不同的方式进行教学。随着以英语作为家庭用语的学生不断增加，学校鼓励学生多使用母语，并在教学中侧重母语听说技能的培养，保持母语课程的特色；同时新加坡还对母语课程，尤其是华文课程进行了修订，表 5.2 是修订后母语课程的特点。[1]

表 5.2 新加坡小学母语课程修订后的主要特点

华语课程	马来语课程	泰米尔语课程
注重听、说、读和写能力 注重互动能力 不同的教学法适合学生的不同需要 生动活泼的教材，激发学生的学习兴趣		
采用单元教学模式，所有学生都会修读核心单元；需要较多帮助的学生可以修读导入／强化单元；有兴趣、有能力的学生可以修读深广单元	学生将根据各自的能力进入不同层级学习	学生将根据各自的能力进入不同层级学习。学生也有更多机会使用泰米尔口语

教育部还开设了知识技能课程，让学生体悟到学习过程的乐趣，进而促进其知识与技能的发展。知识技能课程的主要形式是专题作业，让学生运用多个科目所学习的知识，通过个人或小组合作的形式，清楚地展示所获得的学习成果，重点培养学生的思维、沟通以及合作能力。例如，在语言课程中采用角色扮演、戏剧演出等形式以发展语言能力；以课题的形式开展小组合作，进行合作交流与探索学习。

品格发展课程是通过日常互动和学习体验来促进学生的发展，如参加课程辅助活动、品格与公民教育、体育等，培养学生的品格、技能以及社会责任感。以课外辅助活动为例，小学中有一系列课外辅助活动供学生选择，如体育活动、学会和社团、艺术、制服团体（如男童军旅、女童军旅、红十字会）等。品格发展课程通过开展健康而有趣的休闲活动，达到传授

---

[1] 资料来源于新加坡教育部官网。

道德与文化观念、加强活动与规则认知、增强身体与心理发展、建立团体与组织精神、培养美育与鉴赏能力等目标。

学生全面发展的课程如图 5.2 所示。

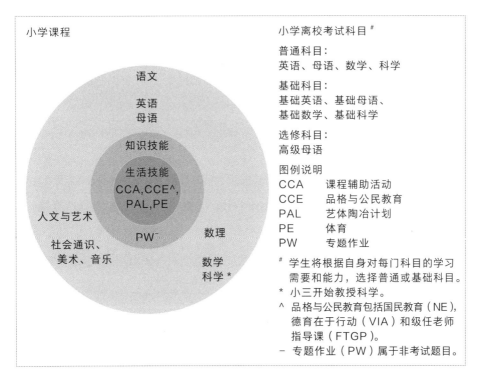

图 5.2 新加坡小学学生全面发展的课程[1]

2．中等教育

虽然中等教育有不同的课程班，但是这些课程班的课程结构都是类似的，分为生活技能、知识技能、学术科目、人文与艺术四类课程，具体课程结构详见表 5.3 [2]。

---

[1] 资料来源于新加坡教育部官网。

[2] 资料来源于新加坡教育部官网。

表 5.3 新加坡中等教育课程结构

课程类型		具体课程
生活技能		课外辅助活动、社区参与计划、品格与公民教育、职业指导、国民教育、体育
知识技能		专题作业
学术科目	语言	英语、母语/高级母语/母语B、 第三语言（法语/德语/日语/马来语/华语）
	数学与科学	低年级课程（中一和中二）：数学、科学、设计与技术、家政
		高年级课程（中三和中四）：数学、1门科学学科
		高年级选修课程：高级数学、高级生物、高级物理、高级化学、综合科学、设计与技术、食品与营养学、会计学原理等应用学科
人文与艺术		低年级课程（中一和中二）：地理、历史、英文文学、视觉艺术、音乐
		高年级课程（中三和中四）：综合人文学
		高年级选修课程：地理、历史、文学（英语/华语/马来语/泰米尔语）、艺术[1]、音乐等应用学科

学术科目为主要的考试科目课程，学生在修读时分为必修与选修科目。不同源流的学生总体所修的科目相似，但是在水平上会有一些差别。快速课程班的学生在中学一、二年级将学习英语、母语、数学与科学、人文（如地理、历史、英文文学）、设计与技术等共同课程，在中学三、四年级，学生在前期的基础上，对课程进行选修，包括英语、母语、数学、科学、人文（与社会研究）。在普通课程班中，中学一、二年级的学生学习共同的课程，包括英语、母语、数学、科学、文学、历史、地理、艺术与手工艺、设计与技术和家政等考试科目，同时也要学习公民教育与道德、音乐与体育等非考试科目。之后，普通（学术）课程班的学生将学习以学术为基础

---

[1] 中学阶段艺术学科包括视觉艺术、表演艺术等科目。

的课程，主要学习英语、母语、数学、科学这四门核心科目以及两到四门选修科目，非考试科目也继续开设，但不作为学习的重点。而普通（技术）课程班则学习以实践为导向的课程，核心科目为英语、母语、数学和计算机应用。

另外，一些学校会为学习能力强的学生提供为期六年的综合课程，使他们获取更广泛的学术体验，发展他们在学术方面以外的潜力，为大学预科考试做好准备。最大的特点就是学习方式更加独立、宽松、自由。他们的课程设置没有固定的模式，较为灵活自由，学习结束后学生将会参加新加坡 – 剑桥 A 水准考试（GCE A-Level），根据考试成绩申请大学。

除了正规的考试课程外，颇具特色的选修课程也是新加坡中学教育的一大特点。选修课程分为兴趣领域选修课程和应用领域选修课程。如果学生对语言、视觉艺术、表演艺术、音乐等方面有兴趣，可以选修兴趣领域的课程以发展兴趣爱好。比如艺术选修课是为有艺术倾向的学生准备的。艺术选修课为期四年，课程结束后可以参加高级艺术考试，课程内容包括艺术的理论知识，艺术的创作过程，接触各种各样的媒体和艺术形式。音乐选修课欢迎那些对音乐有浓厚兴趣的学生。与艺术选修课相同，音乐选修课为期四年，课程结束后也可以参加高级音乐考试，音乐选修课程能够帮助学生对音乐有更加深入的学习和实践。表 5.4 是具体的选修课程以及相关要求。

表 5.4 新加坡中等教育选修课程及相关要求 [1]

类别	课程	要求
语言选修课程	高级母语	小学离校考试排名前 10%；小学离校考试排名前 11%—30%，且母语课程为 A*/ 高级母语课程至少一门为优秀

[1] 资料来源于新加坡教育部官网。

续表

类别	课程	要求
语言选修课程	华语 马来语 印度尼西亚语 阿拉伯语 法语 德语 日语 ……	华语、马来语： 快速课程班或普通（学术）课程班； 未学习过相关的高级课程
		印度尼西亚语、阿拉伯语： 快速课程班或普通（学术）课程班； 未学习过相关的高级课程； 学生／家长是新加坡公民或永久居民
		其他外语课程（法语、德语、日语……）： 小学离校考试排名前 10%； 学生／家长是新加坡公民或永久居民； 通过小学离校考试的华语考试（日语）
艺术与音乐 选修课程	艺术选修	通过艺术选修课程的选拔
	音乐选修	通过音乐选修课程的选拔
高级艺术与音乐 选修课程	高级艺术选修	符合学校规定的入学要求
	高级音乐选修	通过音乐选修课程的测试

如果学生对信息技术、商业、工程等方面感兴趣，那么他们可以选修由理工学院或技术教育研究所提供的应用领域选修课程。学生通过真实的学习体验，在实践的环境中学习与应用知识，扩大他们中学后的教育选择。

3．中等后教育

由于学校的性质不同，新加坡的中等后教育阶段不同类型的学校提供的课程安排有较大的差别。该部分仅介绍初级学院的课程，理工学院与工艺教育学院的课程在"职业教育"部分介绍。

初级学院的课程设置主要以 A 级普通水平考试为导向，分为学术科目、知识技能课程以及生活技能课程。其中，学术科目分为语言、人文与艺术、数学与科学三种领域的学术科目，所有学生每个领域至少选一门课程。此外，初级学院极大地尊重学生的特点，将课程分为 H1、H2、H3 三个难度等级，学生可根据自身的兴趣和能力对科目的难度级别进行灵活的选择，进行个性化学习。其中 H1 为学生提供基础的知识和技能，课程时间短，课程难度低；H3 的课程为学生提供了深入研究该学科的学习机会，课程形式与大学接轨；H2 课程与改革前无异，介于 H1 与 H3 之间。大多数学生学习3 门 H2 的课程以及 1 门 H1 的课程，学有余力的同学可以通过增加 H1、H2课程以扩展视野，或参加 H3 的课程以提升专业化水平。知识与生活技能课程也较为丰富。如知识技能课程包括综合英文、项目作业和知识与探究；生活技能课程包括课程辅助活动、个性发展计划、精神关怀和职业指导等。此外，初级学院还有丰富的选修课程可以满足学生的兴趣。

（四）高质量的师资队伍

新加坡教育部明确规定：教师薪酬待遇等同公务员体系待遇。可见新加坡教师的地位非常高。相应地，国家对教师的准入标准也非常高。如果想成为一名中小学教师，有三条路径：第一条路径是在教育学院毕业并取得学士学位；第二条路径是四所理工学院毕业生，并且参加新加坡国立教育学院培训课程，取得教育学位；第三条路径是海外的优秀毕业生。有意愿担任中小学教师的申请者必须通过资格审查和面试方能成为见习教师。在成为见习教师后需要在国立教育学院接受一至两年的培训，并且在入职时接受新手教师的入职培训，才能成为一名正式的教师。[1]

新任教师的培养也有独具特色的体系。新加坡拥有严格的教师晋升考

---

[1] 赖新元. 新加坡中小学教育特色与借鉴 [M]. 北京：中国戏剧出版社，2009：157.

核机制和激励机制。在此基础上，教师的晋升路径有三条，分别为资深教师、行政管理和特殊人才。这为教师提供了明确的发展方向，教师可以根据自身的情况有针对性地进行专业发展，对未来有一个良好的规划和目标，促进自身的专业成长。此外，新加坡教育部把入职教师的发展架构分解为入行所需、培训需求分析、职业发展机会、沟通系统、学习后检讨、常年考核这六个方面，多角度地促进教师的发展。

由于申请人的学历不同，教师培训课程的模式也不同，主要分为本科教育学历课程、本科教育学位课程、教育硕士学位课程。本科教育学历课程面向的主要是非教育类毕业的专科生，培养模式是"3+2"，即在三年专科学习之后拿到教师资格证，在国立教育学院就读两年，取得教育学士学位。本科教育学位课程面向的是教育类本科毕业生，完成四年的教育本科学习后，可以继续学习"荣誉"课程，进行专门的师范技能训练和学科相关的拓展训练，课程合格后，可以取得"教育学历"的教育学士学位。教育硕士学位课程面向的是非教育类本科学历申请者，采用的模式是"X+1"或"X+2"的模式，"X"是专业本科学习的年限，"1""2"是教育硕士的年限，合格者可以申请中学教师。由此可见新加坡中小学教师的职前教育有多样化的培养模式。在具体开设的课程上，课程内容不仅包括专业课、心理学等专门的职业教育，同时也有科学、人类学、经济学等通识教育。在教育实践上，教师也有严密的实习机制，职前教师每个学年都有实习期，约占总课时的三分之一，保障了教师能在实践中不断反思和探索。

新加坡建立了职前教师、新任教师、在职教师这三个阶段的中小学教师教育选拔培训体系，这几个环节紧密配合、互相衔接，共同促进中小学教师队伍的发展和教育质量的提高。

第二节 基础教育的特点和经验

新加坡基础教育吸收了东西方教育的精华，与国内社会、政治、经济的发展高度结合，在不断地改革和发展过程中形成了具有鲜明特点的基础教育体系，被世界各国所认同。本节从分流教育体制、双语教育、基础教育信息化出发，讨论分析新加坡基础教育的特点与经验。

一、教育分流，因材施教

教育分流主要是指在学校教育系统里根据学生个人的能力与需要，将接受教育的青少年学生有计划、分层次、按比例地分成不同流向，分别接受不同类型、层次的教育，以培养社会发展所需要的各级各类人才。

新加坡独立之初就开始探索适合本国多元文化的教育政策，以此维护国家统一和民族团结，教育分流体制就是重要的教育政策之一。通过教育分流，可以提高教育的效率，选拔精英，发掘人的潜力，为社会的发展输送不同类型的人力资本。

当前，为了提高教育体制的灵活多样性，减轻学生的压力，新加坡旧有的分流教育体制逐步被科目编班制所取代。2008 年，小四分流制正式取消，在小学实行科目编班制度。2024 年，新加坡将在中学阶段全面普及科目编班制。在科目编班制的教育体制下，学生可根据自身特点选修不同难度水平的科目，拥有一套量身定做的课程，这增强了分流的科学性，能够促进学生更有效地学习，进一步挖掘和发挥他们擅长的科目，也给他们足够的时间来为较弱的科目打好基础，促进个人的全面发展。

新加坡分流教育体现了因材施教的教育原则，顺应学习主体的差异性，根据每个学生的能力、兴趣来展开教学，采取多元化的形式、弹性化的课程结构，给学生更大的选择权，定制属于他们自己的合适课程，展示和发挥学生的个性。分流制度贯穿整个基础教育体系，这种制度让学习能力强、进度快的学生能够继续发展；让学习能力较弱、进度较慢的学生能够安心学习，打好基础，制订属于自己的学习节奏。分流教育制度不仅能在学生的发展目标和方向上进行分流，还能在课程教学上实行分层教育，这样可以比较公平地对待不同智力特点和兴趣的学生，达到新加坡培育英才的目的。新加坡的教育体系呈现"多渠道，相互畅通，课程同异相兼"的特点[1]，实现职业教育和普通教育一体化的双轨教育分流体制，培养学术型与技能型人才。学生有极大的自主权，可以根据自己当前的兴趣和能力以及未来的发展规划在不同轨道或课程之间进行转换，学生有重新选择的机会，改变了"一考定终身"的局面。同时相互贯通、纵横交错的人才培养网络也为国家输送不同类型的人才。

二、重视双语教育，实现创新与借鉴

双语教育是依托双语教学实现一定的语言目标和教育目标的教育，其中"双语教学"是指将多种语言作为教学媒介语来教授非语言类课程的教学。新加坡是一个多民族、多文化、多语言共存的移民国家，除华人、马来人和印度人三大民族外，还存在少量的少数民族。不同的民族都有自己的语言，在新加坡，官方的语言就有四种，分别为英语、华语、马来语、泰米尔语。1965 年，新加坡开始推行双语教育政策，强制实行"英语为主，母语为辅"的双语教育，明确了小学实施两种语言（英语和华语）的教学，中学实施三种语言（英语、华语和马来语）的教学，实现通过母语教育传

---

[1] 洪玲玲. 新加坡教育分流理念下基础教育课程设置及其启示 [D]. 沈阳：沈阳师范大学，2018：62.

承民族文化，通过英语教育促进民族交流的目的。

双语教育不仅是新加坡的教育政策之一，还是促进不同民族和谐发展的纽带，也是与世界进行沟通的桥梁。双语文化成为新加坡在世界大潮中生存的特殊文化。新加坡双语文化是在双语教育政策上建立起来的，有着双语人才、双语环境、双语教育体系在内的一整套文化系统，为新加坡在世界的发展提供了优势和竞争力。双语教育政策是新加坡政府不断探索的结果，有着深厚的社会历史渊源，这样的探索也走过许多的弯路。在没有任何国家可以参考和借鉴的情况下，新加坡排除万难，在半个世纪的时间里，进行了一次大规模的语文实验，经过不断的改革和创新，开拓出一条适合国家生存和发展的道路。

20世纪70年代，新加坡实行双语教育分流制度改革，促进了国家的发展和经济转型。这场改革在新加坡教育史上影响深远、意义重大，重新建构了新加坡教育的框架和模式。改革的最大特点是以英文能力为标准的分流，确立了英语为主，母语为辅的基调，因为不同分流的测试都是以英文考试成绩为衡量标准的。20世纪80年代，新加坡提出了"双语兴国"战略，双语教育逐渐向双语、双文化方向发展，保持英语为第一语文的地位不变，提高华文教育的地位，培养双文化的人才。为此，新加坡政府推行了新的双语教育分流制度：在小四阶段进行分流，分流后进入EM1、EM2、EM3这三种语言源流进行学习，其中，EM1第一语言为英语和母语，对母语的要求较高；EM2第一语言为英语，第二语言为母语，母语的要求相对较低；EM3第一语言为英语，母语仅为基础口语。[1] 随着英语家庭数量的快速增长，教育部发布了《黄庆新报告书》，其中提到，要为不同家庭背景、不同学习能力、不同兴趣的学生提供更多元化、更灵活的课程，同时采用不同的教学法。这使得华文课程趋向多元的"分化"发展，在课程的选择上给

---

[1] 令婧. 新加坡三向分流双语教学模式研究 [D]. 兰州：西北师范大学，2015：47.

予学生和家长更大的灵活性和自主权。为了延续此次改革的基本精神，2011年，教育部颁布了《何品报告书》，指出在新时代要用科技来帮助学生学习华文，改革教材，打造有利于学习母语的社会环境，促进学生学习的"乐学善用"。这一系列改革表明华文在双语教育中的地位逐步提高。

同时，新加坡还启动了全社会的语言运动，让双语走出学校，扎根生活。如，新加坡政府曾发起"讲华语运动"，让华语成为共同语，提高华语的普及率，减轻华人学生双语学习的负担。又如，为了消除新加坡英语的负面影响，新加坡进行了"讲标准英语运动"。在政府的推动下，新加坡各阶层举办了英语竞赛、英语周等活动，"讲标准英语运动"成为一项全民参与的语言运动，使国民整体的英语水平得到了提高。

可见，新加坡双语教育取得巨大的成功与政府的高度重视有着密切的关系。在新加坡独立之初，政府就认识到新加坡缺乏自然资源，唯一可利用的资源就是人力资本，所以把教育摆在头等重要的位置，这个定位一直贯穿新加坡发展的始终。国家把双语教育定为国策，以此来培养高素质人才、稳定国内形势。双语教育作为国家的一项重大政治决策，也为新加坡带来了政治稳定、经济高速发展、民族社会和谐发展的良好局势。通过梳理发现，新加坡在独立后，基本上每隔十年就会对双语教育进行调研，并以此为基础开展针对性的改革，保证双语教育符合国内、国外的发展。

三、基础教育信息化

新加坡很早就察觉到了信息技术的重要性，尤其是在教育领域中采用信息科技等现代化的手段。早在 20 世纪 80 年代，新加坡就制定了第一个国家信息化战略规划。在国家信息化战略规划的推动下，1997 年，新加坡教育部发布了为期五年的"国家教育信息化发展规划"（Master Plan 1）。此后，每隔 5 到 6 年，教育部在前一规划的基础上进行更新，陆续推出了 Master Plan 2、Master Plan 3、Master Plan 4，以推动基础教育信息化的发展。2015 年，新加坡教育部发布了 Master Plan 4，起止时间是 2015—2020 年。Master Plan 4 为了满足知识经济时代人才培养的需求，将重点拓展到自主学习和协作学习以外的全部课程，通过高效率的学习，培养为未来做好准备和有责任感的数字化学习者。

除此之外，在国家教育信息化发展规划的战略背景下，新加坡还推出了许多具体的措施来促进国家教育信息化的发展。如，新加坡出台了"智慧国 2025"计划，目的是把新加坡打造成智慧国，构建"连接、收集、理解"的智慧国平台。在教学管理方面，国家出台了"未来学校"项目，选出了 5 所未来学校来探索信息化。这些学校利用 3D 仿真学习情境进行学校管理，采用先进的信息教学设备改进教学，创新课程体系和评价模式，促进中小学信息技术教育发展的新理念。除此之外，新加坡科学馆还开办了网络健康展览，通过生动有趣的互动指导儿童使用互联网，营造健康的网络环境。政府也开发了大量的数字资源以开拓学生学习的途径，如推行了 Imtl 项目（新加坡中小学华文学习系统），加强华语教学。

新加坡的基础教育信息化取得了不错的成果，在《2012 年的全球信息技术报告》中，新加坡的网络准备指数排名第二；在 PISA 项目的测试中，新加坡学生信息素养的表现十分出色。其成功经验可以从以下两个方面分析。

其一，新加坡加大教育信息化资金投入，完善基础设施。新加坡在 Master Plan 1 的实施中投资 20 亿新元用于教育信息化基础设施建设，每年还额外拨款 6 亿新元用于设备更新、教师培训、软件和课件的开发等，为新加坡教育信息化快速发展提供了基础和保障。到 Master Plan 1 结束时，新加坡已经具备信息化教学所需的基础设施，即所有学校都已配置计算机并且能接入互联网，教师能将信息通信技术（ICT）应用到教学中。此外，新加坡实施了各种不同的项目、方案用以保障教师、学生使用计算机，并鼓励教育软件在教学中的应用，支持教师专业发展。在 Master Plan 4 阶段，新加坡提出要建设支持随时随地学习的基础设施，以便更好地加大 ICT 在课程、评估和教学方面的整合力度。总之，不断完善学校信息技术设施的建设才能更好地促进信息技术在教育中的应用。

其二，新加坡重视教师信息技术能力培训，注重教师专业发展。教师是教育教学中的重要支撑力量，教师的信息技术能力也是推动教育发展的基本保障。在发展规划中，每期规划都提出了要加强对教师信息技术的培训和指导，加强教师的综合素质和能力。"ICT 综合导师计划"是新加坡教育部推广的教师培训项目之一，通过导师的培训，让教师在各自学科领域能够熟练运用信息技术来进行教学，构建教师的学习型社区。在培训过程中，教师在导师的指导下将信息技术整合到普通课程中，也可以使用教育电子坊来讨论教学。此外，新加坡教育部设立了诸多奖项奖励学校、教师创造性地应用信息技术，树立将信息技术融入教学的典范。

第三节 基础教育的挑战和对策

当前，创新驱动经济重塑了全球劳动力市场，对世界各国的教育都提出了巨大挑战。新加坡的基础教育也面临着难以培养出高素质人才、无法满足时代发展需要的问题。新加坡当局也充分地认识到了这一点，不断地调整其基础教育政策，特别是分流制度和华文教育，以确保能培养出具有国际竞争力的新型人才。

一、改革严格的分流制度

分流制度作为新加坡的核心制度，在新加坡的教育中发挥着举足轻重的作用。它强调根据学生的身心发展、学业成绩以及兴趣特点等因素对学生实施不同的教育，充分尊重学生的个体差异，努力让学生找到适合自己与未来发展的课程，体现了因材施教的思想。此外，分流制度在不同的领域内培养社会的精英，有利于新加坡对人力资源进行充分的开发与挖掘。分流制度的最初目的是为了降低辍学率，如今分流制度帮助新加坡提高了基础教育的质量，提高了全民素质，助力新加坡的教育水平和国家的发展。但是，严格的分流制度也存在着一系列的弊端。

第一，每位儿童的身心发展在不同的阶段都有各自的规律和特点，过多、过早地分流并不符合儿童身心发展的规律。基础教育的学生正处于身心发展的黄金阶段，但是由于个体差异，学生的智力因素和非智力因素的发展速度有所差别，有的孩子发育速度快，学业成绩好；有些孩子发展速度慢，学业水平较低，但这并不意味着其能力差。因此，这一阶段的分流考试的信度、效度未必高。小学阶段的分流对于学生一生的影响都至关重要，过早的分流考试可能会给孩子贴上标签，影响学生的学习积极性和未来发展。

第二，在高竞争的学习环境下，学生的学业负担和心理负担也会加重。为了在分流考试中取得优异的成绩，进入更高层次的班级，获得更好的师资力量，拥有一系列的政策倾斜，新加坡的学生从小学开始就必须牺牲课外活动的时间，把更多的时间和精力投入到学习、补习中去。补习的内容不仅有学业课程，还有课外兴趣活动等，这给儿童带来了过重的学业负担。除了学业负担，分流制度可能还会给学生带来心理负担。尤其是对成绩一般的学生，面对分流考试的压力，他们会产生不同程度的焦虑。这会对学生人格、心理等方面产生负面的影响，甚至会对学生未来的学习动机产生影响。

第三，分流带来的竞争日趋激烈，加重了学生及家庭的负担。由于分流制度对学生的巨大影响，新加坡的家长对孩子的学习也格外关注。在学生放学后，家长会给学生安排补习、家教等督促学生继续学习。分流考试的竞争会让家长投入更多的时间、精力、金钱，甚至付出更高的社会成本，这无疑给家长甚至整个家庭都带来巨大的压力和焦虑。

第四，分流制度还会带来不良的社会氛围。由于激烈的升学而导致恶性竞争，学生会过于看重成绩，产生"唯分数至上"的想法，从而导致人际关系的疏离，产生利己主义的思想。从考试内容看，课程以主要科目为主，过于强调基础知识的学习，窄化了教育内涵，忽视了学生德育、美育、体育等方面的全面发展。

2019年，时任新加坡教育部部长王乙康宣布：从2024年起，新加坡将实行全面的科目编班计划。加上先前小学实行的科目编班计划，这意味着有着悠久历史的分流制度将全面取消，原本复杂的新加坡教育体系将大大简化，成为新加坡教育的又一特色。全面科目编班制最大的特点就在于它能让所有学生都上同一个课程，根据自己的能力选修不同难度级别的课程。学生不会因为选修科目难度的不同而被贴上标签，允许学生在擅长的领域发挥自己的才华。

二、增强对华文教育的重视

新加坡一直以来都奉行"英语为主，母语为辅"的教育模式。为了减轻学生的学习负担，新加坡在教育中不断调整分流政策，减轻母语教育的要求，便于选拔精通英语的学生。在政策的影响下，英语至上的社会观念影响着学生、教师、家长，导致英语在语言教育中占据主导地位，华语等民族语言逐步衰落。虽然华语是母语课程之一，但新加坡缺乏使用华语的语言环境，学生在考试之后运用华语的机会减少，华语发挥的作用不大，学生也对此失去了热情，难以培养高素质的华语人才，这严重偏离了新加坡培养精通双语、双文化人才的教育目标。双语教育的发展是一项较为复杂的工程，在国际局势的转变和国内语言学习的困境中，由于双语教育的不平衡性，尤其是华语教育的缺失，弊端愈来愈明显。

随着中国的崛起，新加坡认识到了华语的重要性。一方面，中国对新加坡的经济发展起着举足轻重的作用；另一方面，中国拥有庞大的人才市场，这对于新加坡人才的输入与输出都带来了巨大的压力。基于对本国乃至世界经济发展的审视，掌握中华语言、培养华语人才成了新加坡提升自身竞争力的重要条件。华文教育正在世界各国蓬勃发展，印度尼西亚、泰国、菲律宾等东南亚国家预见到了华语的重要作用，改变语言教育政策，培养了一大批精通中国语言与文化的国际人才，这对于新加坡在东南亚甚至世界的重要经济地位发出了挑战。

华语学习的缺位还容易丢失本国的传统文化。新加坡国民学习英语的出发点是为了能够与世界其他国家和地区的人们进行交流合作以促进国家的发展，但是在对话沟通的过程中如果缺乏自身独特的文化，就会失去交流的底气。本国的文化扎根在民族的文化中，而民族的文化来源于母语，通过对母语的学习来保留本国的民族文化是在多元文化的世界中生存的根本，当前母语教育的缺失只能培养精通英语的人才，对本民族文化缺乏必要的认识，将来难以在国际社会的竞争中立足。

此外，在华语的教学过程中也出现了亟待解决的问题。以华语的课程标准为例，其课程标准中缺乏当前学生所需素养的思考，并未真正调动学生的沟通和信息处理能力，难以培养创新型人才。而且，华语课程作为传承中华文化的重要媒介，仅重在灌输传统文化和价值观，缺少对中华文化的深入感受。华语教材中的内容过于陈旧，无法与快速变化的社会相适应，教学方法也以讲授式为主，难以引起学生的兴趣。

新加坡的有识之士开始重视华文教育，政府也开始考虑华文教育的地位。2010 年，政府曾提出降低母语在小学离校考试中的比重，这一改革引起了母语教育的讨论。许多人认为母语教育的重要性不容削减，希望保留母语在离校考试中的比重。政府在母语课程讨论的基础上开展了第四次华文教学改革，颁布了《何品报告书》，其中与华文教育相关的建议主要包括五个方面。第一，采用因材施教的教学方法。对于有能力学习高级母语的学生，政府将丰富语文课程内容，增加中华文化的课程以提升学校的华文学习环境，培养高素质的华文人才。第二，教师能够利用信息技术丰富教学与学习方式，将学生浸润于语言学习的真实环境之中。第三，调整评估方式，考试内容要更加贴近现实生活，可采用录像进行口试、计算机进行笔试等多种考试形式，重点测试学生的华文运用能力。第四，打造母语学习的社会环境，举办"母语双周"活动。第五，增加华文教师数量，提升教师质量。

第六章 高等教育

新加坡高等教育发展历史虽短，却成就非凡。特别是进入 21 世纪后，其高等教育影响力不断提升，已然发展成为本国的国际名片。本章从新加坡高等教育的发展和现状、特点和经验、挑战和对策三部分展开，在深入把握新加坡高等教育发展背景的基础上对其成功推进高等教育改革的经验和教训进行总结分析。

第一节 高等教育的发展和现状

经过独立后几十年的曲折发展，新加坡逐渐实现了高等教育大众化，建立了具有本土特色的高等教育体系。本节通过回顾新加坡高等教育的发展历程，全面把握其规模和质量两个方面的发展现状，以期建立对新加坡高等教育体系的基本认识。

一、高等教育的发展历程

新加坡高等教育的发展可以划分为独立前、独立初期、20 世纪 90 年代和 21 世纪后四个阶段，在特定历史背景下，每个阶段的发展各具特色。

（一）殖民时期的英式高等教育

1965 年以前，新加坡作为英国的殖民地，其早期大学基本遵循英国传统的自主办学模式，以为宗主国教化殖民为目的。学校通常由传教士、富人和宗教团体创建运营，课程设置、教学手段、经费来源以及师资质量等各方面参差不齐、差异显著，整体发展水平非常落后。[1]1905 年，英国统治者创办了"英王爱德华七世医务学校"，这是新加坡最早出现的高等教育机构。[2]1929 年，英国人又另设了一所综合性高等教育机构"莱佛士学院"。1949 年，"英王爱德华七世医务学校"跟"莱佛士学院"合并为"马来亚大学"，之后随着办学规模的扩大，一部分被分出搬到了马来西亚吉隆坡，留在新加坡的部分在 1962 年更名为新加坡大学。[3] 此外，20 世纪 50 年代，华人阶层踊跃捐献，设立华人大学基金，成立了"南洋大学"。在 1980 年之前，南洋大学和新加坡大学是新加坡提供最高水平教学和学术活动的最主要场所。除了这两所综合性的学术型大学外，在 1954 年和 1963 年还分别成立了新加坡科技学校和义安学院，主要提供技术训练和职业教育，以适应和满足经济发展的需要。[4] 遵照英国模式办学的新加坡高等教育，学科结构以文、理、医学为主，应用技术学为辅，教学语言为英语；但在取得自治地位后不久，新加坡就确立了适合民族发展的教育方针，尝试将高等教育从旧殖民主义教育体制中解放出来，初步形成了具有民族特色的高等教育体系。[5]

---

[1] 王喜娟. 新加坡现代大学制度建设的背景与前提初探 [J]. 黑龙江高教研究，2012，30（10）：8-11.

[2] 胡丽娜. 新加坡研究生教育及其启示 [J]. 世界教育信息，2008（9）：73-75.

[3] 古耀华. 新加坡高等教育的历史和现状 [J]. 高教探索，1985（1）：68-71.

[4] 古耀华. 新加坡高等教育的历史和现状 [J]. 高教探索，1985（1）：68-71.

[5] 新加坡高等教育政策的历史和现状 [EB/OL]. （2020-07-02）[2021-01-20]. http://www.guayunfan.com/lilun/24104.html.

（二）独立初期的重整与发展

1965 年新加坡独立后，政府坚定地认为教育是实现社会变革和国家发展的关键力量，必须依靠政府的强制力量确保教育的发展方向和质量能够满足国家政治、经济、文化发展的需求。为此，执政党采取中央集权式的教育管理模式，严格把控教育权。在独立初期的近十年里，新加坡政府逐步清理高等院校在殖民地时期遗留下来的问题，通过发放津贴等办法，逐步把大学的教育权和人事权收归政府，迈出了高等教育改革中的关键一步，为有限的高等教育资源在国家经济发展建设中充分发挥作用创造了条件。[1]

1979 年，新加坡政府确立和推行"教育必须配合经济发展"的教育方针，高等教育改革也随之推进，高校的专业类型及课程设置全面调整。1980 年，由于实际需要和现行高教计划安排，新加坡大学和南洋大学合并为新加坡国立大学，以英语为教学语言，加强科学研究，充实教学实力。[2] 同时为了满足国家经济转轨和技术升级对高水平人才增长的需求，政府对高等教育的投资也不断增加，兴建了大量的教育设施。但在 20 世纪 80 年代中期以前，新加坡政府并没有像许多发达国家和发展中国家那样做出扩大招生的决定，而是采用了把一部分学生分流到工艺教育的办法，来缓解民众日益增长的高等教育诉求和社会经济增长对技术人员的需求，新加坡政府仍在坚守精英主义教育观。[3]

（三）高等教育大众化的实现

随着全球技术革命浪潮的进一步推进，20 世纪 80 年代后期，新加坡政府的精英主义教育观有所松动，开始扩大高等学校的招生规模，以便让更多的

---

[1] 殷永清. 新加坡高等教育的历史发展及启示 [J]. 文教资料，2006（33）：43-44.

[2] 古耀华. 新加坡高等教育的历史和现状 [J]. 高教探索，1985（1）：68-71.

[3] 殷永清. 新加坡高等教育的历史发展及启示 [J]. 文教资料，2006（33）：43-44.

人能接受高等教育。[1] 此外，90 年代初又新建或改建了一批高等学校，如淡马锡理工学院（1990 年）、南洋理工大学（1991 年）、南洋理工学院（1992 年）等。高等学校在校生人数从 1985 年的 39 913 人增加到了 1995 年的 73 939 人，增长率高达 85.25%，基本上实现了吸收 20% 的适龄青年进入大学、40% 进入理工学院的目标，新加坡的高等教育也由此步入了大众化发展时期。[2]

与此同时，随着知识经济时代背景下的国际竞争越来越激烈，新加坡政府意识到教育质量的重要性，开始加紧采取措施提升高等教育质量。首先，对高等教育增加资金投入。据统计，新加坡政府对高等教育的拨款从 1994 年到 2000 年增长了 74.8%。[3] 其次，对高等学校进行内部管理和教学改革。20 世纪 90 年代以前，新加坡的大学以英国模式为基础，实行学年制，要求深入学习某一学科内的所有课程，90 年代以后，开始逐步引入美国式的选课制和学分制。[4] 新制度下，学生在必修内容之外，还可以根据自己的兴趣和能力有选择地进行课程学习自我规划。这一改革集取英、美学制所长，并在调整、创新过程中探索出了新加坡特色教学体制。此外，课程设置和知识结构也有所调整，要求更加适应社会需求、注重培养学生能力，学期末的考试方法和考试内容也随之改变，更加注重促进学生学习和对知识内容的理解。[5]

（四）高等教育质量的全面提升

在 20 世纪末基本实现了高等教育大众化之后，新加坡进入了全面提升高等教育质量阶段，采取了一系列加快国内高等教育发展的举措。其一，进行大学自主化改革。1997 年，时任新加坡总理吴作栋提出要将新加坡建设成

---

[1] MORRIS B. Trends in university reform[M]. Washington, D.C.: World Bank, 1997: 23.

[2] 黄建如. 新加坡高等教育大众化评析 [J]. 高等教育研究，2001（1）：106-110.

[3] 黄建如. 20 世纪 90 年代以来新加坡高等教育的改革与发展 [J]. 南洋问题研究，2010（1）：79-85.

[4] 殷永清. 新加坡高等教育的历史发展及启示 [J]. 文教资料，2006（33）：43-44.

[5] 黄建如. 新加坡高等教育大众化评析 [J]. 高等教育研究，2001（2）：106-110.

为"东方波士顿",把国内的两所大学——新加坡国立大学和南洋理工大学建设成为像哈佛大学和麻省理工学院一样的世界一流大学。为此,新加坡在21世纪初展开了轰轰烈烈的大学自主化改革运动。改革的目标是使当时只有少许自主权的大学转变为拥有完全自主权的大学,增强大学的办学活力,让大学直接对国家和社会负责。实现自主后的大学重组了大学理事会,能够自行分配经费、制定学费标准和招生条件、调度各院系招生人数,以及全权处理人事的征聘、升迁和薪酬分配等。[1] 其二,增强对国际研究人才的吸引力。新加坡为吸引海外优秀人才来新就职,在薪资报酬、住房保障、子女入学、社会福利等多方面开出了优厚条件,以提升高校科研能力、保证人才培养质量。其三,加强国际交流与合作。新加坡政府鼓励世界级名校在新开设分校、开展合作交流项目,一方面用来满足当地群众的高质量教育需求,另一方面用以吸引周边国家学生来新学习,早日成为"亚洲高等教育枢纽"。

二、高等教育的规模和质量

新加坡作为城市型国家其高等教育规模小而精,高等教育体系的内外结构诸如机构设置、专业类型、经费保障等合理且完整。此外,通过不断完善高等教育质量保障体系,国际影响力日益提升,毕业生整体就业市场良好。

(一)普职联通的高等教育机构

1. 机构布局

新加坡的高等教育机构以公立为主,私立机构没有授予学位证书的资

---

[1] 吕杰昕, 李军. 新加坡高等教育发展的历史与现状 [J]. 世界教育信息, 2009(9): 72-75.

格，只能借助与国外大学的合作项目授予学位文凭，被新加坡公众认为稍逊于公立大学。[1] 新加坡的公立高等教育机构 [2] 主要包括工艺教育学院、理工学院、艺术学院、大学和国家教育学院。工艺教育学院、理工学院主要进行职业技能培训，以应用课程为主，大学中也有部分应用课程与之对接；艺术学院主要进行艺术类人才的培养；大学以提供学位基础课程和开展学术研究为主；而国家教育学院则是专门进行教师教育的机构。

（1）工艺教育学院。工艺教育学院在新加坡东、中、西三个区域分设三个学校，以为学生提供符合各行各业劳动力需要的知识和技能为己任，既为学生提供职业技能培训课程，也为已就业的成年人提供继续教育类课程。工艺教育学院常见的学生年龄在 17 岁到 20 岁，学生们可以选择获得工艺教育学院技能证书、国家技能证书或者国家高级技能证书。[3] 从工艺教育学院毕业的学生选择很多元，可以直接进入就业市场，其在校期间参与的实习计划、行业计划以及海外交换计划等项目都被业内认可，也可继续申请工艺教育学院的工读文凭，一边在与学院有合作关系的公司工作，一边接受学院培训，还可以申请理工学院的在职培训项目或专职培训项目继续深造。[4]

（2）理工学院。理工学院是具有专科性质的职业学校，在新加坡共有五所，分别是南洋理工学院、义安理工学院、共和理工学院、新加坡理工学院和淡马锡理工学院。理工学院提供以实践为导向的优质培训，特别强调应用学习。另外，在课程设计上紧跟行业动向，确保学生的技能水平能够及时满足行业需求。和工艺教育学院一样，大部分学生的年龄在 17 岁至 20 岁，既面向专职学习者，也面向在职工作人员。从理工学院毕业的学生大

---

[1] 施雨丹，卓泽林. 新加坡私立高等教育的评估要素及其相互影响 [J]. 比较教育研究，2014，36（11）：92-97.

[2] 新加坡的学制体系通常把学段划分为学前、小学、中学、中学后 4 个教育阶段，"高等教育"的说法并不常见，此处新加坡高等教育机构指的是中等后教育中能提供学位课程的机构。本章"高等教育"也按照新加坡学制中的"中等后教育"讲述。

[3] Design Branch, Communications Division, Communications and Engagement Group. MOE-corporate-brochure: bring out the best in every child[R]. Singapore. MOE, 2015. 34.

[4] Post-secondary education booklet[R/OL].[2020-12-27]. https://www.moe.gov.sg/post-secondary/overview.

部分直接进入劳动市场，也可继续申请工读后文凭课程或是大学、理工学院以及工艺教育学院的其他在职培训项目，也有少部分优秀学习者通过申请大学或其他教育机构的更高学位课程或专职培训项目继续深造。

（3）大学。大学提供本科、硕士、博士学位课程，新加坡现有六所公立大学，也全都是自治大学，它们分别是新加坡国立大学、南洋理工大学、新加坡管理大学、新加坡科技设计大学、新加坡理工大学和新跃社科大学。其中，新加坡理工大学和新跃社科大学这两个最新升格的大学，把学习、企业和社区充分联系起来，开辟了应用学位路径，把学生在相关企业的实践作为整个学习项目的重要内容。值得一提的是，新加坡的大学和许多海外著名大学、教育机构建立了广泛的合作伙伴关系，国际影响力越来越大。此外，大学普遍开设了工读项目，和企业密切合作，将结构化的在职培训和大学课程结合起来，支持继续教育。

（4）艺术学院。艺术学院专为对创意艺术有天赋和兴趣的学生而设，新加坡的专业公立艺术机构有两所，分别是拉萨尔艺术学院和南洋美术学院。两所艺术学院提供专业的创意艺术教育，以实践为导向，充分开发学生的艺术潜力，为学生进入创意产业及其他领域做好准备。两所大学既开设文凭课程，也开设学位课程，以实践为导向的文凭课程使学生广泛参与到企业项目中去，毕业后在业内很受欢迎，同时学位课程也能满足部分学生对接受更高水平创意艺术培训的需求。

2．招生与录取

为充分照顾每个孩子的兴趣和天赋，新加坡一直坚持分流制度，在小学升入中学的时候，学生就会被分流到特殊课程、快捷课程及普通课程等不同的培养路径中去；但也会保留学生重新选择的权利，在培养过程中根据学生的表现情况，给予进入其他路径的机会，也因此高等教育机构的招生条件较为复杂。总的来说，学生升入高等教育机构绕不开三个考试成绩：GCE N-Level、GCE O-Level、GCE A-Level。GCE N-Level 一般是在中学四年级参加，GCE O-Level 一般是在中学五年级参加，修读特别课程及快捷课程的学生可在中学四年级直接参加，GCE A-Level 相当于整个中学阶段的结业考试，一般在中学六年级或中学七年级参加。

（1）工艺教育学院。学生要申请工艺教育学院，可以在中学四年级或五年级还没有 GCE N-Level 或 GCE O-Level 成绩之前，参加工艺教育学院的早期招生活动，学院对学生在所选定课程上的天赋和兴趣进行考核，若被评估为合适，学生将获得预录取资格，待 GCE N-Level/GCE O-Level 成绩符合课程的最低要求，将自动确认录取身份。考生也可在了解 GCE N-level 或 GCE O-Level 成绩后再做决定，通过联合录取练习进行申请。一般工艺教育学院允许 GCE N-Level 通过者有选择国家技能证书课程的资格，GCE O-Level 通过者有申请国家高级技能证书课程的资格，而在 GCE N-Level 中表现特别优秀的学生还可以通过申请工艺教育学院的理工学院直接入读计划，直接入读国家高级技能证书课程，为学习理工学院文凭课程做准备。

（2）理工学院。学生要申请理工学院，可以在中学五年级还没有 GCE O-Level 成绩之前，参加理工学院的早期招生活动，若被评估为合适，则取得预录取资格，待 GCE O-Level 成绩公布后，若成绩符合课程的最低要求，则录取资格被自动确认，也可在 GCE O-Level 成绩公布后，参加联合招生测试进行申请。除 GCE O-Level 资格证书外，理工学院也认可国家技能证书或国家高级技能证书。此外，在中学四年级参加 GCE N-Level 考试，表现特别优异的学生也可以通过申请理工学院的基础课程项目获得录取资格。

（3）大学。学生申请大学，基本条件是要有 GCE A-Level 资格证书或在理工学院、艺术学院取得的资格证书以及其他同等资格证书。在初级学院修完两年或三年大学预科课程后的普通考生，在学期末可以参加由国家统一组织的 GCE A-Level，既作为毕业会考，也作为大学入学考试。拥有招生自主权的大学，在各自内部实行统一考试和各院系单独设考的双层入学体系，即除了大学统一考试分数之外，每一院系都可以确定院系分数（占综合分数的 1/3）、制定补充入学准则，院系附加的招生标准通常会包括面试、性向测验、专门领域的学习、作业公事包表现、在非学术领域的优异表现等内容。录取分数由大学分数和院系分数共同组成，大学分数保证基于统一标准对申请者进行筛选，院系分数给予院系对候选人进行灵活遴选的权力，能够弥补只依据考试成绩的片面性，对学生的专业发展潜力进行更为充分的考察。[1] 对于来自理工学院、艺术学院的申请者、超龄申请者以及国外申请者，各大学都根据他们的自身能力与发展取向设有专门的录取标准。

（4）艺术学院。学生申请艺术学院，要有 GCE O-Level 资格证书或国家技能证书或国家高级技能证书或其他同等资格证书，此外还要根据报考学院的不同要求参加入学考试或试镜，提交作品集。在中学四年级参加 GCE N-Level 且表现良好的学生，也可申请艺术学院的基础课程项目。

3．规模变化

从新加坡教育年鉴关于高等教育新生人数、在校生人数和毕业人数的统计数据来看（如图 6.1 所示），新加坡的高等教育规模一直在扩张。20 世纪 80 年代和 90 年代，新生人数的增长速度最快，但 2010 年之后增长速度明显放慢，在校生人数渐趋稳定。具体来看各类高等教育机构的新生人数变化情况，自 20 世纪 80 年代后，每年理工学院的新生入学人数都最多，其次才是大学和工艺教育学院。可见，新加坡在高等教育入学阶段充分地实现了教育分流，有相当大一部分学生在理工学院或工艺教育学院接受职业技术教育。理工学院的新生人数从 2010 年起有下降趋势，而大学新生人数

---

[1] 卢菲菲. 新加坡大学招生考试制度及其启示 [J]. 湖北招生考试，2012（12）：52-55.

却持续增长，二者新生数量有达到持平的趋势，一定程度上表明了新加坡政府正在降低大学精英教育的门槛。

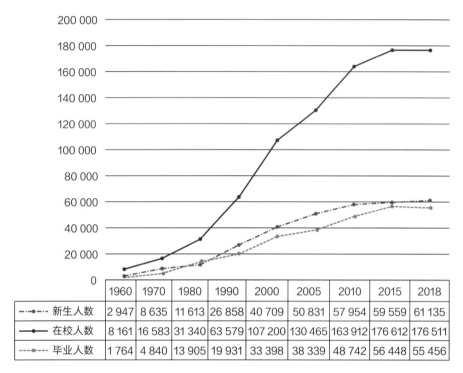

	1960	1970	1980	1990	2000	2005	2010	2015	2018
新生人数	2 947	8 635	11 613	26 858	40 709	50 831	57 954	59 559	61 135
在校人数	8 161	16 583	31 340	63 579	107 200	130 465	163 912	176 612	176 511
毕业人数	1 764	4 840	13 905	19 931	33 398	38 339	48 742	56 448	55 456

图 6.1 1960—2018 年新加坡高等教育总体规模变化情况 [1]

4．专业类型

新加坡的高等教育机构所设大类专业类型较为丰富（见表 6.1）。具体来看，工艺教育学院设有 6 大类，主要都是实用技术类；两所艺术学院围绕创意艺术也设有 4 大类；理工学院有 12 大类，既有工科、商科等实用类学科，

---

[1] 根据新加坡教育部官网发布的 Education Statistics Digest 2019 和 Education Statistics Digest 2014 中的数据整理所得。人数统计涉及大学、国家教育学院、理工学院、拉萨尔艺术学院和南洋美术学院、工艺教育学院五类高等教育机构。

也有人文社会科学、物理和数学科学等基础理论学科；大学的专业类型最为丰富，有 15 大类，基本包括了工艺教育学院、理工学院、艺术学院的代表性专业。不难看出，新加坡不同类型高等教育机构的专业设置都紧扣其办学定位，比如工艺教育学院作为最初级的职业类学校，所设专业方向只囊括了最基础最核心的行业领域；艺术学院从与艺术相关的基本工作类型出发，综合考虑到管理、设计与应用、表演、传播等相关实践需求；理工学院作为中级的职业学校，培养高级技工人员，除了提供基本的技能培训外，还要考虑到更深层次、更宽领域的知识素养，所以多了基础学科；而大学作为最高级别的高等教育机构，既要兼顾理论发展需要又要满足实践需求，所以实用类和理论类学科兼容，而且还要与其他高等教育机构对接，以为其他类型高等教育机构的学习者进入大学深造创造条件。

表 6.1 新加坡高等教育机构专业设置情况

	工艺教育学院	理工学院	艺术学院（拉萨尔艺术学院和南洋美术学院）	大学
专业类别	工程学；电子通信技术；设计与媒体；商业服务；应用健康科学；酒店管理	人文社会科学；建筑和房地产；工商管理；健康科学；教育；服务业；工程科学；应用艺术；信息技术；法学；大众传媒；自然、物理和数学科学	工商管理／美术和应用艺术（文凭课程／学位课程）；设计和应用艺术；美术和表演艺术；媒体制作	人文社会科学；建筑和房地产；工商管理；健康科学；教育；牙科学；服务业；工程科学；会计；美术和应用艺术；信息技术；法学；大众传媒；医学；自然、物理和数学科学

续表

	工艺教育学院	理工学院	艺术学院（拉萨尔艺术学院和南洋美术学院）	大学
专业数量	6	12	4	15

　　具体来看专业类型较多的理工学院和大学各专业规模（如图 6.2 和图 6.3 所示），理工学院工程科学的入学人数最多，其次是工商管理、信息技术和健康科学，法学入学人数最少，体现了理工学院以基础应用领域的技能人才培养为主的办学特点。大学入学人数最多的是工程科学，其次是人文社会科学，工商管理，信息技术，自然、物理和数学科学，最少的是大众传媒和牙科学，相较理工学院，应用型和基础学科人数分布较为均衡。

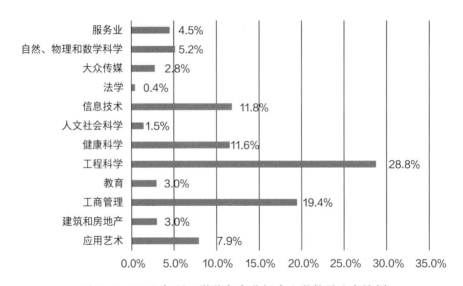

图 6.2 2018 年理工学院各专业新生入学数量分布比例

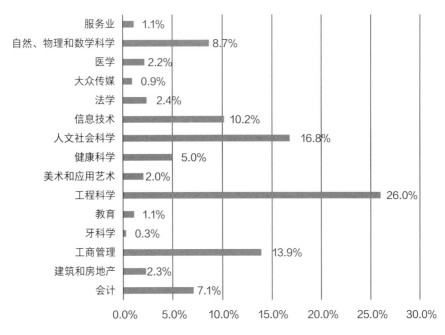

图 6.3 2018 年大学各专业新生入学数量分布比例

5．经费支持

新加坡政府对高等教育的拨款分为经常性拨款和发展性拨款两种。从图 6.4 可以看出，进入 21 世纪以来，新加坡政府对高等教育的经常性拨款一直在增加，而发展性拨款却一直在减少，且突出拐点出现在 2005 年，而 2005 年正是《大学自主：迈向卓越巅峰》报告发布，大学自主化改革开始走向巅峰的转折点。而新加坡大学自治改革的重点内容之一是进行拨款制度改革，改革后大学的经费来源不再局限于政府拨款而被拓宽为发行债券募集资金、校友捐赠、企业捐款等多种途径，政府不再对大学的发展性经费负主要责任，由大学董事会自主筹措。政府对大学的财政支出主要用于既有协定项目中的惯常开支，所以呈现了发展性拨款一直在减少的现象，而经常性拨款的持续增加又表明政府对高等教育的重视程度并没有因此降低。

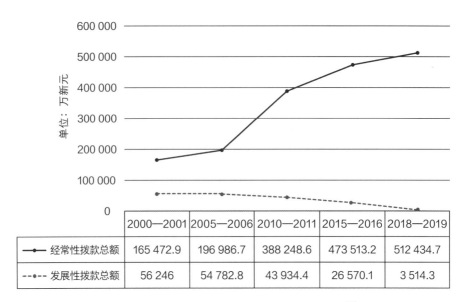

图 6.4 新加坡高等教育政府年度拨款情况 [1]

	2000—2001	2005—2006	2010—2011	2015—2016	2018—2019
经常性拨款总额	165 472.9	196 986.7	388 248.6	473 513.2	512 434.7
发展性拨款总额	56 246	54 782.8	43 934.4	26 570.1	3 514.3

（二）日益提升的高等教育质量

进入 21 世纪以来，新加坡的高等教育改革取得了令人瞩目的成就，乐观的毕业生就业市场以及逐渐提升的国际影响力都在彰显着新加坡高等教育的非凡质量，而这一切很大程度上得益于新加坡完备的质量保障体系。

1. 质量保障体系

新加坡主要高等教育机构中，工艺教育学院和理工学院都是教育部下属的法定机构，是以执行政府政策为主要职能的实体单位，对政府负责，这种政府领导体制凭借国家意志保证教育质量。新加坡的大学原来也是法

[1] 根据新加坡教育部发布的 Education Statistics 2014 和 Education Statistics 2019 中的统计数据绘制，统计数值覆盖的高等教育机构包括工艺教育学院、理工学院、国家教育学院和大学。

定机构，但在大学自主化改革之后，大学成为拥有独立法人代表的非营利企业公司，直接为大学教育的各相关利益主体负责。政府在对大学办学权力下放的同时，又通过建立和完善大学质量保障体系对大学教育质量进行监督。

新加坡大学质量保障体系由三部分内容构成，分别是教育部与大学签署的政策性协议、绩效协议以及教育部指导大学制定的质量保障框架。政策性协议的主要内容由教育部和大学共同拟定，具体包括大学发展的战略远景、总体发展规划及其具体目标、细化的政策指标执行要求、详细的执行程序及措施。绩效协议主要由大学自己制定，完成后报教育部审核，主要内容包括大学教学、科研、服务等各领域的近五年发展目标，主要绩效指标，以及相应的管理程序和实现目标程序。质量保障框架包括质量目标、内容要点、评估程序、评估时间表及总结等五个方面，具体保证大学责任制的落实，规定大学每年向教育部提交年度进展报告，教育部则每 5 年对大学进行一次来自校外评估团的评估。[1] 通过签订协议、定期开展外部质量评估、组织内部自我评估等活动，新加坡政府不断强化大学执行成本与效益兼顾的原则意识，以及一切以教育质量为中心的责任意识。

2．就业市场

从应届毕业生的高水平就业率以及平均月薪来看，新加坡的高校毕业生在就业市场中的认可度比较高。在 2014 至 2018 年，大学的总体就业率始终在 90% 左右；理工学院与大学不相上下，始终保持在 85% 以上；工艺教育学院的就业率自 2016 年开始有下降趋势，2018 年达到近五年最低就业率 75.9%，这可能与市场对技术人员素质要求的提高有关；艺术学院就读学位

---

[1] 宋若云. 新加坡教育研究 [M]. 北京：经济科学出版社，2013：110.

课程的学生就业率相对较低，最高就业率仅为 82.8%，但有向好趋势，已经赶超了工艺教育学院的就业率。从毕业生的平均月薪来看，四类高等教育机构毕业生的薪资水平差距很明显，大学毕业生薪资最高，月薪在 3 200—3 500 美元，其次是艺术学院学位课程毕业生，月薪在 2 500 美元左右，然后是理工学院的毕业生，月薪在 2 000—2 270 美元，工艺教育学院的毕业生薪资最低，月薪在 1 500—1 700 美元。除大学毕业生近两年薪资水平略有上涨趋势之外，其他三类毕业生薪资水平基本稳定，四类高等教育毕业生的薪资水平虽然泾渭分明，但整体处于较高水平。

3.国际影响力

致力于成为亚洲高等教育枢纽的新加坡，国际影响力不断提升。一方面，留学生规模不断扩大，据 2019 年统计数据，新加坡留学生人数已达到了 6.72 万人。[1] 另一方面，国内的新加坡国立大学和南洋理工大学已发展成为公认的世界一流大学。从 QS 世界大学排名来看（如表 6.2 所示），近几年新加坡国立大学和南洋理工大学在全球排行中稳居前 15 名，在亚洲排名中稳居第 1 位、第 2 位，南洋理工大学更是蝉联 QS 世界年轻大学（建校 50 年以下大学）榜首，是唯一一所跻身全球前 15 名的年轻大学。[2] 另从泰晤士高等教育世界大学排名来看（如表 6.3 所示），新加坡国立大学稳居世界排名前 30 位，从 2011 年到 2021 年上升了 9 个位次，南洋理工大学上升飞快，从 2011 年的 174 位上升到 2021 年的 47 位，已稳居世界前五十名。[3]

---

[1] 新加坡到底有多少外国留学生？[EB/OL].（2021-02-13）[2019-11-12]. http://www.iedusg.com/show-17-19038-1.html.

[2] 资料来源于 QS 世界大学排名网站。

[3] 资料来源于泰晤士高等教育世界大学排名网站。

表 6.2 2018—2021 年新加坡大学 QS 排名中的表现

	新加坡国立大学		南洋理工大学	
	全球排名	亚洲排名	全球排名	亚洲排名
2018	15	2	11	1
2019	11	1	12	2
2020	11	1	11	1
2021	11	1	13	2

表 6.3 2011—2021 年新加坡大学泰晤士高等教育排名中的表现

年份	新加坡国立大学	南洋理工大学
2011	34	174
2015	25	61
2018	22	52
2019	23	51
2020	25	48
2021	25	47

第二节 高等教育的特点和经验

新加坡的高等教育具有两个鲜明的特点——国际化和自治化，本节将围绕这两个特点，总结新加坡高等教育的发展经验。

一、国际化

（一）国际化战略的演变

独立初期，新加坡政府按照"走出去"和"引进来"策略，紧跟社会发展和经济贸易发展需求，一面选派优秀学子到欧美留学，一面积极为国内高校延聘国外优秀人才，开始了高等教育国际化的初步探索。20世纪80年代，为服务国家发展战略，新加坡政府把发展高等教育上升为国策，1979年和1989年《丹顿报告》的两次出台推动了高等教育的国际化进程，新加坡加大了海外人才引进力度，加强同美国、英国、澳大利亚、加拿大、新西兰等发达国家的科研合作和学术交流。[1]20世纪90年代初，随着《新加坡：新的起点》规划的制定，新加坡正式开始了高等教育国际化战略的谋划与推进。该规划明确了高等教育发展的国际化战略目标，希望通过系列优惠政策，充分利用国际人才资源来弥补自身劳动力和资源的限制，积极吸引世界各地尤其是东南亚各国的留学生，力争将新加坡发展为国际学术文化中心。[2] 紧接着，新加坡接连在21世纪初推出了"卓越研究与科技企业校园计划""生物医学科学计划"，吸引全球优秀人才来新共建世界级研究中心，促进工程学和物理科学的研发、开发生物医学科学产业。此外，新加坡政府还在2002年推出了"环球校园"计划，为世界名校在新设校办学和国际留学生来新求学给予优厚的待遇保障。

---

[1] 新加坡高等教育政策的历史和现状 [EB/OL].（2020-07-02）[2021-01-20]. http://www.guayunfan.com/lilun/24104.html.

[2] 徐颖. 浅析新加坡高等教育的国际化发展战略 [J]. 浙江师范大学学报，2003（3）：102-105.

（二）国际化战略的意义

新加坡国土面积狭小、物质资源匮乏，唯有人力资源可供开发是新加坡人的共识。自新加坡独立以来，政府高度重视教育、大力投资发展教育、全力开发人力资源，教育改革时刻与国家的经济发展紧密联系在一起。新加坡高等教育国际化改革的初衷与主导方向正是服务国家经济发展。

新加坡的高等教育国际化发展战略主要有以下两点意义。其一，满足新加坡经济转型下人才培养与引进的需要。新加坡在 20 世纪 90 年代以前一直以制造业、转口贸易和金融商业服务为龙头，但在东南亚其他国家崛起后，转口贸易在国民经济中的地位逐步萎缩，制造业的结构从劳动力密集型的简单加工转变为资本和科技密集型的深加工，服务业也飞速发展，在此背景下，新加坡对高新技术人才的需求增加，但因国内人力资源有限，不得不大量引进国外人才。同时，随着外资的大量引进，为降低分公司成本，需要更多在本地培养起来的高素质人才，所以国际人才的培养与引进是适应经济发展变化的必要之举。其二，积极应对国际教育市场竞争，把教育产业发展成服务产业的重要分支。高等教育国际化改革成功与否决定新加坡在未来的区域或全球教育市场和人才供应市场中的地位。不可忽视的是，高等教育国际化使高等教育成为新加坡新的经济增长点。一方面，国际学生的学费高、规模大，再加上生活费用以及学生家长等亲属的探亲、旅游活动等一系列花销，国际学生消费收入十分可观。另一方面，国际毕业生可被视为国家在教育投资中的一笔隐形财富，校友不但本身是潜在的学校建设捐赠者，有可能为毕业生就业提供大量支持，还有可能在全球各经济体中扮演"穿针引线"的角色，为国家招商引资带来诸多便利。[1]

---

[1] 凌健. 新加坡的大学国际化改革特点及其启示 [J]. 比较教育研究，2007（7）：82-85.

（三）国际化战略的落实

新加坡国际化战略的实施主要体现在课程与教学的国际化改革、国际化人才的培养与引进、国际交流合作的广泛开展三个方面。

1．课程与教学的国际化改革

新加坡在高等教育国际化改革中，注重将国际理念和思想渗透到课程的结构设置、内容整合、组织实施及评价机制等关键环节，以培养具有国际视野、国际观念和国际技能的高素质人才。在课程设置上，新加坡高校积极联合世界名校，充分利用计算机通信和多媒体技术等高新技术，使学生得以选修国际先进课程。南洋理工大学设计和组织了很多海外学习课程、联合学位课程、双学位课程等项目，诸如与卡内基梅隆大学联合开发财务工程理学硕士课程、与康奈尔大学联合开发酒店与服务业管理硕士课程、与麻省理工学院斯隆管理学院合办南洋学者课程、与斯坦福大学联合开发环境工程硕士与博士课程、与加利福尼亚大学伯克利分校联合开发伯克利－南洋高等管理课程、与乔治亚理工学院联合开发全球教育计划和双学位综合课程、与伊利诺伊大学联办会计本科联合项目、与斯蒂文斯理工学院联办系统与项目管理及系统工程双学位硕士课程等等。[1] 在课程内容上，既紧跟学科领域的最新研究问题和成果，及时更新课程内容，使教学、科研与国际接轨，又开设了诸多国际课程，以培养学生国际意识和全球观念。如南洋理工大学开设了国际建筑管理、国际商务等课程；新加坡管理大学开设了房地产课程、跨国管理、亚洲经济发展、亚太地区经济变化等课程，以培养适应经济全球化发展需求的高水平复合型"国际人"。[2] 在课程组织

---

[1] 孙红．新加坡高校办学特色及启示 [J]．中国成人教育，2017（12）：113-116.

[2] 黄建如．20 世纪 90 年代以来新加坡高等教育的改革与发展 [J]．南洋问题研究，2010（1）：79-85.

实施方式上，吸收美国式的选课制和学分制，试行主辅修制度，提倡通识教育和跨学科学习相结合的学习方式，以增强学生对职业多样性要求的适应性。如南洋理工大学本科生实行跨学科教学，所有的学生一半以上的学分必须在其他学院获得，而且选修课程在文理科都有一定的比例限定。[1] 在评价机制中，通过有效的教育效果反馈系统和专家团队评价，新加坡高校对教学质量进行严格的监控，尤其是形成了国际化的大学科研评价体系，在各大学各院系设有国际咨询小组或类似机构，其成员由专业领域的国际知名学术权威组成，负责评估研究项目和出版物，为研究提供咨询意见，考核教学与科研成果，比如南洋理工大学高等研究所的国际顾问团成员中有 11 位诺贝尔奖得主和一位菲尔兹奖得主。[2]

2. 国际化人才的培养与引进

1997 年 8 月，时任新加坡总理吴作栋在新加坡国庆群众大会上指出：世界上最好的大学——哈佛、麻省理工、剑桥之所以顶尖，是因为他们不但从自己国家，也从世界各国吸引最好的学生、研究人员及教授，要让国大、南大成为世界级大学，我们必须学习这个做法。[3] 国际化人才的培养与引进既包括教师的国际化也包括学生的国际化。

（1）教师的国际化。教育国际化要拥有具有国际视野的教师。吴作栋曾指出：如果我们不能吸引优秀的青年男女加入教育界的话，我们未来的几代人，就没有机会通过接受教育充分发挥他们的潜能，我们的国家将为此付出代价。[4] 为了增强高等教育的国际竞争力，提高师资质量，一方面，

[1] 范燏. 新加坡高等教育国际化战略分析 [J]. 世界教育信息，2013，26（13）：22-27.

[2] 范燏. 新加坡高等教育国际化战略分析 [J]. 世界教育信息，2013，26（13）：22-27.

[3] 凌健. 新加坡的大学国际化改革特点及其启示 [J]. 比较教育研究，2007（7）：82-85.

[4] 黄建如. 20 世纪 90 年代以来新加坡高等教育的改革与发展 [J]. 南洋问题研究，2010（1）：79-85.

新加坡积极面向全球招募优秀教师。具体通过调整移民政策、提供高薪高福利待遇条件、成立高科技研究所和国际一流实验室等措施来吸引国外知名学者、教授，甚至每年直接到美国、澳大利亚、英国等教育发达地区招募具有博士学位的人才。[1] 新加坡的外籍教师比例很高，如理工学院的外籍教师人数占到教师总数的10%[2]，新加坡国立大学为55%，南洋理工大学为50%，新加坡管理大学为59%。新加坡科技设计大学因其新、美、中三方合作办学模式，其师资的国际化程度更高。就院校管理层而言，新加坡高等院校的校长及高层管理者绝大部分也是外籍。[3] 另一方面，加强教师间的国际交流，派教师到国外高校进修、讲学、访问或与国外教师进行合作研究，从而开阔教师的国际视野。[4] 比如新加坡国立大学经常邀请国外著名学者赴新讲学，学校选派并出资支持部分教师出国进修或攻读学位；南洋理工大学的各个学院每学期都会邀请世界知名专家、学者来新授课或举办讲座，积极支持教师参加国际学术交流活动，并将其列为教师年终考核的指标之一。[5]

（2）学生的国际化。学生的国际化程度体现在两个方面，一方面是国际留学生的比例，另一方面是本土学生的国际化培养。国际留学生的加入，增加了不同文化背景和学习经历的学生间相互了解和学习的机会，创设了多元文化融合的学校环境，这一点已得到新加坡政府和高校的高度认可。为此，新加坡政府曾在推进高等教育国际化的相关政策中明确规定高校的外籍学生比例不得低于20%，并通过设立奖学金、助学津贴、低息或无息助学贷款、"国外人才居住计划"等优待政策，以及积极促成与世界名校的国际交流合作项目，来吸引更多的优秀学生赴新留学。有统计数据显示，新加坡国立大学本科生中的国际留学生占比15%，南洋理工大学本科生中的

[1] 牛欣欣，洪成文. "入世"后新加坡高等教育发展的实践探索 [J]. 比较教育研究，2005（9）：85-90.

[2] 黄建如. 20世纪90年代以来新加坡高等教育的改革与发展 [J]. 南洋问题研究，2010（1）：79-85.

[3] 赵风波. 新加坡高等院校治理：外部评估和内部保障的平衡 [J]. 上海教育，2019（24）：53-55.

[4] 牛欣欣，洪成文. "入世"后新加坡高等教育发展的实践探索 [J]. 比较教育研究，2005（9）：85-90.

[5] 范炀. 新加坡高等教育国际化战略分析 [J]. 世界教育信息，2013，26（13）：22-27.

国际留学生占比 20%，研究生中的国际留学生占比 38%，新加坡管理大学本科生中的国际留学生占比 10%，研究生中的国际留学生占比 57%。同时，新加坡高校还为在校学生创造了丰富的赴外交流、学习、实习的机会。比如，南洋理工大学制定了全球教育计划、全球浸濡计划、国际学生交换计划、全球暑期实习计划等多个项目，将学生送往国外高校，增加海外学习履历，开阔国际视野，甚至明确规定本科生在读期间到国外高校交流学习的时间至少达到一个学期；[1] 新加坡管理大学与欧洲和东南亚联盟国家的 100 多所大学签订了学生交换协议，每年为 100 名学生提供到海外大学实习 6 个月的机会。[2]

3．国际交流合作的广泛开展

新加坡高校开展的国际交流与合作主要有以下四种形式。一是开展双向的学生交流计划。通过广泛开设海外学习项目，开阔学生的国际视野，增强跨文化沟通和交流的能力。二是学术人员的国际交流。新加坡高校重视教师的专业发展，高校都积极支持并定期资助教师参加国际学术活动、参加学术人员交换计划以及到国外攻读研究生或出国进修等，同时还积极促成国外学者来访、组织召开研讨会等学术交流活动。三是与国外研究机构在广泛领域开展合作研究项目。比如，新加坡国立大学与英国爱丁堡大学等机构开展医学和生物技术合作，其教育学院也与澳大利亚、英国、美国、中国等国家的教育机构开展了合作研究；[3] 南洋理工大学与全球 300 多所大学建立了教育研究合作关系，[4] 并与卡内基梅隆大学（美国）、慕尼黑工

[1] 孙红. 新加坡高校办学特色及启示 [J]. 中国成人教育，2017（12）：113-116.

[2] 范燏. 新加坡高等教育国际化战略分析 [J]. 世界教育信息，2013，26（13）：22-27.

[3] 牛欣欣，洪成文. "入世"后新加坡高等教育发展的实践探索 [J]. 比较教育研究，2005（9）：85-90.

[4] 孙红. 新加坡高校办学特色及启示 [J]. 中国成人教育，2017（12）：113-116.

业大学（德国）、新南威尔士大学（澳大利亚）、佐治亚理工学院（美国）、帝国理工学院（英国）、孟买理工学院（印度）、上海交通大学（中国）几所大学成立了国际科技大学联盟，集中各联盟成员的科研优势，进一步增进跨学科和跨国界学术研究合作。四是吸引国外名校在新设立分校或合作办学。比如，设立的分校有纽卡斯尔大学新加坡分校（澳大利亚）、S.P. 贾殷管理中心新加坡分校（印度）、上海交通大学新加坡研究生院（中国）、欧洲工商管理学院新加坡校区（法国）、新加坡曼彻斯特商学院（英国）、迪吉彭理工学院新加坡校区（美国）等。合作办学形式也丰富多样，如新加坡国立大学与美国 IBM 公司合作，在系统科学院建立了新加坡首个针对企业社交商务的卓越中心，与中国的北京大学、清华大学、复旦大学等签署了共同培养资讯通信业人才的协议；南洋理工大学与美国康奈尔大学合办杰出商务课程，与德国航空航天中心签署了航空导航系统、无人驾驶飞机、人造卫星以及遥控与信号处理等领域的研究和合作协议，与北京中医药大学联办五年制双学士学位课程，与伦敦帝国理工学院联办医学院等。[1]

二、自治化

（一）自治化改革历程

20 世纪末高等教育大众化初步实现后，新加坡政府把工作重心转移到了高等教育质量上，开展大学自治化改革是其中最突出的举措。新加坡政府希望通过自治改革一方面发挥高校的自我发展能力，另一方面为高校提供一个较大的发展空间，利于高校办出特色，发挥自身优势。[2]1999 年，

---

[1] 范燏. 新加坡高等教育国际化战略分析 [J]. 世界教育信息，2013，26（13）：22-27.

[2] 黄建如. 20 世纪 90 年代以来新加坡高等教育的改革与发展 [J]. 南洋问题研究，2010（1）：79-85.

新加坡政府成立大学治理和拨款指导委员会，开始大学自治化改革的考察及探索；2000 年，依据该指导委员会的建议，在新加坡当时仅有的两所公立大学——新加坡国立大学及南洋理工大学试点实施自主化办学、公司化治理改革；2004 年成立了大学自主、管理及资助指导委员会，进一步加强了大学自主化的推进进程；紧接着于 2005 年公布《大学自主：迈向卓越巅峰》的"大学自主"初期报告书，并于同年 5 月正式确定议案，年底《新加坡国立大学（公司化）法案》和《南洋理工大学（公司化）法案》经新加坡国会审议通过并由总统签署颁布；2006 年，新加坡国立大学、南洋理工大学、新加坡管理大学正式成为自治大学；[1]2011 年，新加坡科技设计大学注册为公立自治大学；2014 年，新加坡理工大学取得自治大学地位；2017 年，新跃社科大学取得自治地位，自此现有的六所公立大学全部发展成为自治大学。

（二）自治化改革内容

新加坡大学自治化改革内容主要包括以下四点。

1. 大学企业化

在自治化改革前，新加坡国立大学和南洋理工大学都是教育部下属的法定机构，办学性质接近行政单位，一切由政府负责，具有极其有限的自我管理权。自治化改革后，大学成为有独立法人担保的企业型非营利公司，不再属于政府，而是属于政府、教职员工、学生、校友和捐助者等所有利益相关者，在内部管理的各项事务中，诸如人员的聘用与管理、薪酬设置、

---

[1] 孙红. 新加坡高校办学特色及启示 [J]. 中国成人教育，2017（12）：113-116.

经费分配等方面，具有充分的裁决权，但同时校董事会及管理层也对学校的发展战略与决策承担着重大责任。

2．签订责任协议

在大学拥有更多自主权后，为了更明确大学责任，教育部与大学签署了三个协议，以保证自治大学的办学质量。一是政策协议，旨在确保由教育部为大学设置战略性方向和指导原则，明确大学自主权的使用范围，包含两个部分：第一部分列明教育部对大学发展战略远景和总体发展规划的要求，为大学自主制定具体目标提供指导原则；第二部分细化教育部要求大学执行的政策指标，即获得教育部拨款的条件。二是绩效协议，由大学制定后取得教育部认可。协议中主要列明大学在教学、科研、服务和机构发展等领域的 5 年发展目标，既包括战略发展目标和期望成果，还包括细化目标和主要绩效指标。另外，大学须与教育部商定每年培养学生的数量，从而确定年度拨款的金额。该协议每 5 年审查续签一次。三是大学质量保障体系。该体系提供大学责任制落实情况的具体信息，以完善绩效协议的内容，大学必须每年提交年度进展报告，并接受教育部组织的 5 年一次的校外评估团评估。[1]

3．改革拨款制度

大学取得自主地位后，政府仍然是大学的最大资助者，但不再是财政决策者，大学可以对各项资金进行自主分配。政府对大学的拨款也将主要依据毕业生数量而不再是招生数量，使大学贯彻"成本–效益"原则，在自

---

[1] 黄建如. 20 世纪 90 年代以来新加坡高等教育的改革与发展 [J]. 南洋问题研究，2010（1）：79-85.

主决定招生数量、学习期限等内容的同时，为学校办学质量负责。具体变化有三点：其一，政府对课程型研究生一般不再资助，认为研究生已经拥有就业和接受继续教育的能力；其二，教育部的战略性项目、教育部年度投资基金资助的未来创新和再发展项目继续接受资助，大学可以自主决定其资金的使用；其三，大学需主动扩展资助渠道，积极寻求政府外的其他资金来源，比如学费、捐款等。为了鼓励捐赠，教育部保留对捐赠资金一比一配套追加的做法。

4．改革收费制度

大学将视课程类别实行差别化收费，既考虑到课程成本，也考虑到毕业生未来收入的差距，避免用未来收入潜力低学生的学费补贴收入潜力高的学生。另外，为保证新加坡公民和永久居民可以负担得起教育开支，政府给大学学费的每年增长幅度设置上限，如果想提高学费标准，大学必须提前6个月向教育部提交报告，并在开学前及时告知学生和家长课程收费情况。此外，继续加强对学生入学的经济保障，只要学生取得录取资格，在经过大学学生资助办公室的经济需求评估后，就能够获得组合贷款、助学金、奖学金或勤工助学等各类项目的关照。

（三）自治后的内部治理结构

第一，建立董事会管理机制。每个自治大学的最高权力机构是董事会，其成员由教育部部长任命，领域广泛，既有权威学者，也有优秀企业家、商界领袖、公共领域专业人士。董事会主要与大学管理层协商制定战略方向，对学校的经费预算及财务报表进行审批。

第二，校长作为最高行政主管，对董事会负责，是学校的总执行者，负责领导副校长、教务长及各学院和各独立研究机构负责人开展具体管理工作。

第三，充分发挥学术管理运行机制的作用。自治高校通常实行教员管治，设有学术委员会、咨询委员会、常务委员会等多个学校事务委员会，围绕学校治理的各个层面，定期开展评议会。[1]

第三节　高等教育的挑战和对策

国际化和自治化是新加坡高等教育最为突出的两个特点，大大推动了新加坡高等教育整体质量的提升以及国际影响力的扩大。但机遇与挑战并存，在进行国际化和自治化改革的过程中，新加坡的高等教育也曾面临或正在面临诸多挑战。

一、走向国际化过程中的冲突

（一）本土国民的反移民情绪

为推进高等教育国际化战略，2002 年新加坡政府启动了"环球校园"计划，计划到 2015 年招收 15 万名国际学生，吸引大约 10 所世界一流大学以及 1 000 至 3 000 名全球顶尖人才来新加坡，将教育部门对国内生产总值的贡献率从 1.9% 提高到 5%。这一计划的发起主要出于国家在知识型经济时代追求经济效益、提升市场竞争力、增加本地人才储备的诉求。该计划

[1] 孙红. 新加坡高校办学特色及启示 [J]. 中国成人教育，2017（12）：113-116.

提出者声称，国内外学生之间的互动将促进社会和社区发展，国际学生将丰富新加坡的人才库，有助于形成一个遍布世界各地的校友网络。[1] 政策制定者认为，新加坡对外资、贸易和人才的开放是国家繁荣的核心，"环球校园"计划不仅是为了从外国学生的学费中获取短期经济回报，更是旨在产生长期的经济和社会利益。虽然该计划在执行后的 10 年内取得了一些成果，但在 2011 年大选中，人民行动党却取得了自 1965 年以来最低的得票率。分析人士声称，这一结果暴露出公众对这项开放政策的消极态度，一些新加坡人开始怀疑这种对全球化的热情拥抱是否限制了他们和他们孩子的发展机会，有人担心，外国人正在推高生活成本，争夺最好的工作，并让他们的孩子无法上大学。[2]

大选后，为缓解新加坡公民的反移民情绪，原有为国际学生提供的就业通行证资格证书被废除，国际学生的学费提高。李显龙总理在 2011 年的国庆讲话中还承诺将把外国学生的入学人数限制在目前的水平，未来四年将资助新加坡公立大学增设 2 000 个入学名额。但有研究人士分析，这些举措只是对"环球校园"计划的重新调整，并不意味着全面退却，没有证据表明政府将停止招收有才华的国际学生，下一步政府缓解民众担忧的重点在于一面向公众解释吸引国际学生的经济利益和非经济利益理由，一面改革国内的高等教育体系，为本国公民提供更充分的教育。[3]

---

[1] TAN E T J. Singapore: a small nation with big dreams of being a global schoolhouse[M]//Palgrave handbook of Asia Pacific higher education. New York: Palgrave Macmillan, 2016: 547-560.

[2] WARING P. Singapore's global schoolhouse strategy: retreat or recalibration?[J]. Studies in higher education, 2014, 39(5): 874-884.

[3] WARING P. Singapore's global schoolhouse strategy: retreat or recalibration?[J]. Studies in higher education, 2014, 39(5): 874-884.

（二）国际化与民族性的平衡

教育是有民族性的，在高等教育发展越来越趋于国际化的时代，怎样解决好高等教育国际化和民族性二者的平衡问题始终困扰着相关决策者。新加坡政府意识到，要想在激烈的全球经济环境中保持高等教育的优势地位，就必须将高等教育国际化与民族性统一起来，坚持自己的民族特色，以特色求发展。[1] 高等教育拥抱国际化不意味着要抛弃民族特色和本土特色，失去民族特色的国际化会丧失一国高等教育发展的根基，只有以民族性为前提，不断探索二者之间的融合与平衡，才能确保高等教育发展之路的长远和稳健。

（三）优秀人才的吸引与保留

新加坡不遗余力地对高等教育进行国际化改革，开阔学生的国际视野，增强学生的国际交往能力、全球胜任力，但不可避免地面临人才流失问题，即如何把培育出来的优秀人才留存下来，使其扎根到本国的经济和社会发展中去。为此，新加坡开展了"国民教育计划"，致力于培养学生的归属意识和国家责任感，使学生能够充分意识到并自觉承担起自己所肩负的对家庭、社会和国家的责任和使命，使高等教育培养的人才能真正有助于国家的发展与繁荣，以建设一个更美好的新加坡。[2]

---

[1] 新加坡高等教育政策的历史和现状 [EB/OL]. （2020-07-02）[2021-01-20]. http://www.guayunfan.com/lilun/24104.html.

[2] 新加坡高等教育政策的历史和现状 [EB/OL]. （2020-07-02）[2021-01-20]. http://www.guayunfan.com/lilun/24104.html.

二、实现自治中的放权与规约

取得自治地位前的大学，作为法定机构，一切服从教育部安排，经费几乎全部由政府负担。但面对国际同行竞争，大学在"比较悠闲"的背后，更多对改革自新怀有心有余而力不足的无奈。实现自治后的大学，有了大刀阔斧改革与发展的权力，但也因被推向幕前，有了更多来自各利益相关者的压力，可谓法杖与利剑同在。为最大程度保障公众利益，新加坡政府变管理为治理，把大学的自主权约束在责任框架下，通过不断完善质量保障体系，在"收权""放权""限权"间达到一种平衡。

新加坡大学治理改革中的分权、解制和自主化不能被简单地理解为政府退出了大学的控制和管理，而是在自治化改革之后，政府对大学的管理从"微观控制"转向了"远距离引导"，国家规制依旧存在，只是在以更加隐蔽的方式发挥作用，可以将自治化理解为"规制中的解制"和"集权的分权化"过程，实现自治的大学在协议规制的压力之下，必须将"自主"转化为"绩效"与"问责"。[1] 对大学办学自主权的监督和制约与扩大高校办学自主权始终是对立统一的，[2] 政府将对大学行政与财政的"间接管制"用于交换高校内部治理的自主权，这种"分权化的集权主义"，本质上为新加坡一流大学内部治理与顶层设计提供了空间，为其跻身世界一流大学提供了重要保障。[3]

[1] 王思懿，姚荣. 新加坡高等教育治理如何走向现代化——基于"治理均衡器"的理论框架 [J]. 比较教育研究，2018，40（1）：3-12.

[2] 路宝利. 新加坡大学"自主政策"期望与思考 [J]. 继续教育研究，2010（12）：57-59.

[3] 郗海霞，李欣旖. 新加坡一流大学演化逻辑与生成路径研究——基于要素的多维视角分析 [J]. 比较教育研究，2020，42（9）：14-22.

第七章 职业教育

"新加坡的职业教育是伴随着国家工业化进程而迅速发展起来的,为新加坡培养了大量各级各类人才,有力地推动了新加坡经济的高速发展。"[1]本章从新加坡职业教育的发展与现状、特点与经验、挑战与对策三个方面,探索新加坡的职业教育究竟如何培养"能工巧匠"。

第一节 职业教育的发展和现状

近现代以来,伴随工业化与现代化的推进,世界各国的职业教育在不断变革中前行。新加坡作为高度重视人才培养的国家,职业教育的发展也在不断变革与创新。随着职业教育的升级与发展,新加坡已经形成了上下衔接、左右互通的"立交桥式"职业教育体系。

---

[1] 檀慧玲. 新加坡的职业教育 [M]// 贺国庆, 朱文富, 等. 外国职业教育通史: 下卷. 北京: 人民教育出版社, 2014: 358.

一、职业教育的发展历程

（一）职业教育的产生阶段（20 世纪 70 年代以前）

新加坡在殖民统治时期，教育体制采取单一的普通教育，职业教育处于被忽视的状态，其高级职业人才也是由大学来培养。1954 年，成立新加坡理工学院，标志着职业教育的诞生，此后职业教育的地位发生了根本性转变。

1961 年 6 月，新加坡发布了《职业与技术教育报告书》，设计了一个未来职业教育的基本框架，其中明确了新加坡理工学院和学校系统在工业化进程中的角色地位，为新加坡职业教育的发展奠定了坚实的政策基础。1963 年，马里士他初级技术学校升格为新加坡职业学院，成为第一所专门教授工艺技能的职业学院。此后，新加坡陆续建立了一批中、高等职业技术教育学校，形成了完整的职业技术教育体系，并与普通教育体系实现了相互衔接。学生在小学毕业、中学二年级结束、中学毕业后进行分流，一部分选择传统教育，一部分进入职业学校，由此将原本单一的教育体系变为普通教育与职业技术教育两轨并行的体系。尽管政府对职业教育进行了大规模改革，职业教育已经成为独立的教育体系，但学校教育体系仍然严重偏向学术途径。据调查，当时仍有大约 3/4 的小学毕业生和9/10 的中学毕业生选择进入学术发展途径，[1] 这与新加坡的职业教育战略背道而驰。为此，新加坡成立了国家工业训练委员会，将职业教育与普通教育分开管理。同时，进一步改革教育制度、完善学校设施并加强技能型教师培训，寻求满足经济社会发展有效的新方式，改变人们对职业教育的偏见。

---

[1] 华拉保绍. 新加坡职业技术教育五十年 [M]. 卿中全，译. 北京：商务印书馆，2018：30.

确立职业教育发展的原则。在 1966 年于英国哈德斯菲尔德举行的技术教育大会和 1968 年于尼日利亚拉各斯举行的第四次教育大会上，与会的新加坡代表达成了以下共识：

（1）教育发展规划必须与国家经济发展规划相一致，必须把职业教育和培训作为国家经济进步的根本因素；

（2）职业教育乃普通教育体系的一部分，同时，企业职业教育和培训直接影响职业教育的效率；

（3）职业教育必须与商业和工业部门相配合并保持密切联系；

（4）女生同男生一样需要接受职业教育和技术培训。

上述四点共识成为指导以后新加坡职业教育发展的基本方针。[1]

（二）职业教育的完善阶段（20 世纪 70—80 年代）

20 世纪 70 年代，新加坡进入了经济转型阶段，开始从国家发展的战略高度着手，考虑职业技术教育的改革与发展问题。工业训练局是 1973 年成立的法定机构，它接管了职业教育司的职能和资产，拥有更大的自主权和灵活性。工业训练局组建了 26 个技能发展委员会，引入技能训练证书体系，并采用学徒制的方式进行技能培训，使得教育与行业技能联系更加密切，推动了职业教育更好地适应工作需要。工业训练局通过校企合作的方式开发了行业培训计划，充分利用企业来带动职业教育的发展。作为一个法定机构，工业训练局被赋予了更大的权力和自主性，置身于产业框架之中，更好地适应了未来发展的需要，具有里程碑的意义。1979 年，负责成人教育培训的成人教育局和工业训练局合并成立职业与工业训练局，主要任务是负责学生和成人的职业教育，建立技能标准和认证体系，对技能培

---

[1] 檀慧玲. 新加坡的职业教育 [M]// 贺国庆，朱文富，等. 外国职业教育通史：下卷. 北京：人民教育出版社，2014：361.

训进行规范。职业与工业训练局成立后，组织了行业咨询委员会，进一步加强了职业教育与各行各业的联系。

随着新加坡经济迅速发展，社会上急需一批劳动力来满足新兴工业发展的需求。针对当时出现的"教育浪费"现象——新加坡教育界要求进入职业学校的学生必须接受中学教育，这一规定将小学毕业生直接排除在了教育大门之外，浪费了人力资源。为此，行业委员会提出职业教育应当是普通教育的延伸，当前的教育太过于注重理论知识，实践应用能力普遍较弱，建议取消中学技术源流和学术源流的分流，把技术教育当作所有中学普通课程的一部分。至此，新加坡技术中学体系宣告结束。

（三）职业教育的转型阶段（20 世纪 80—90 年代末）

20 世纪 80 年代初，在新思潮的推动下，新加坡进行了一次全面的职业教育改革。第一，建立了新的分流教育制度，职业教育被正式纳入正规教育之中，两种教育相互融合与流通。学生在中学毕业后可以选择初级学院、工艺学院和理工学院三类学校，不同的学院之间是可以跨越的。也就是说，在工艺学院中成绩优异的学生可以转入理工学院继续进修普通教育课程，甚至可以进入初级学院学习，为升入大学做准备。初级学院和理工学院的学生也可以进入工艺学院接受职业教育，形成了上下衔接、左右互通的"立交桥"。学生可以根据自己的兴趣、爱好、能力自由选择发展路径，还可以随时修正发展规划。这不仅实现了求学之路的无缝衔接，也逐步填平了社会观念里普职教育之间的沟壑，提高了人们对职业教育的接受度和认可度。第二，增加对职业教育的投入。新加坡一直把教育视为立国之本，教育经费不断增大。在庞大的教育经费之中，很大一部分投给了职业教育，特别是高等职业教育。充足的经费是职业教育质量提高的保障，改善了职业教育的条件，提升了教师队伍水平。政府还设立了"技能发展基金"，提供相当于 30%—70% 培训费用的培训补助，满足了工人的培训需求，帮助他们提高生产率，增加工资收入。第三，与国外合作设立培训学院。随着新加坡经济形势的好转，政府做出了重组经济结构的重大决策，提出建立以科技、技能和知识为基础的现代化国家的战略目标，加强与海外国家的联系。在经济发展局的积极推动下，新加坡的职业培训得到了日本、英国、德国等国家的支持，共同出资成立了科技学院，加速了知识与技术的转化。1979 年，第一所科技学院——日-新培训学院开学，每年招收 200 名学员，开设工业机具维护、仪器与制程控制、工业电子与铸模等课程。之后，根据当时的需求先后成立了德-新学院、法-新学院等新外合作的学院，带动了新加坡职业教育的蓬勃发展。

20 世纪 80 年代中期，世界经济形势发展不稳定，新加坡的经济也由此受到了沉重打击。为了应对这些挑战，新加坡努力寻找自身的独特市场价值，保持竞争优势。90 年代，新加坡政府颁布了国家科技计划，投资 20 亿新元改进国家产业战略发展，以集群为基础推动电子、石化等行业的发展，规划了新加坡未来发展的蓝图。此外，世界其他发达国家的注意力已经开始向非经济因素转移，国际思维、职业道德、劳动力的质量等已经成为衡量国家发展的重要因素之一，教育质量被赋予了新的意义。在此背景下，很多人已经意识到新加坡当前的职业教育体系已经无法适应未来经济的重组与发展，特别是只接受过小学教育的劳动力。当时，小学毕业后进入职业与工业训练局的学生仅有 40% 能够获得最低层次的国家职业技能证书，很多学生由于各种外部因素退学，而且企业雇主在招聘时更加倾向于具有中学学历的毕业生。为此，新加坡教育部参考德国和日本的职业教育体系，发表了《改进小学教育》的报告书，这份报告书对中小学的职业教育产生了重大影响。第一，所有学生在进入下一层次教育培训之前，必须至少接受 10 年通识教育。第二，中学阶段新设置工艺导向课程，称为"普通（工艺）课程"，旨在加强学生的英语和数学能力，为今后顺利进入职业教育和训练铺平道路。[1] 职业与工业训练局进行重组，成为提供职业与技术教育的中学后高等教育机构。

1992 年，工艺教育学院应运而生，取代了职业与工业训练局。工艺教育学院的产生给新加坡职业教育带来了全新的活力。工艺教育学院的使命是"通过卓越的技术教育与培训，最大限度地激发新加坡人民的潜能，提高劳动力素质，提升新加坡的竞争力"。工艺教育学院的五项职能是：开发、推广和管理技术训练与教育课程；开展继续教育与培训，提升劳动力的技术技能；推广和管理基于企业的技术技能培训；管理技能证书和技能标准；推广和提供技术服务培训与教育咨询功能。由于传统教育思想根深蒂固，工艺教育学院必须进行全面的改造，提升学院的地位和形象。从1995 年开始，工艺教育学院提出了三个阶段的"五年战略计划"，通过不同模式的创新与探索，逐步让工艺教育学院获得新生，赢得了新加坡社会的高度认可。

在这一时期，理工学院也进行了巨大的转型。从 20 世纪 90 年代开始，理工学院的数量逐渐增多。出于国家培养技术人才的需要，新加坡新建了两所大型理工学院，一所是淡马锡理工学院。淡马锡理工学院采用全新的组织方式，培养大量的技术人才。短短的几年时间内，淡马锡理工学院在校内创造基于企业的真实学习环境，采用"问题启发式教学法"，帮助学生适应动态变化的未来，为新加坡打造了大量的优质技术人才。此时新加坡理工学院的入学率已经有了大幅度提升，南洋理工学院应运而生。南洋理工学院最初是为了迎合高科技制造业发展而开办的培训学校，此前与国外合作设立的培训学校，如日－新学院、德－新学院都被整合到南洋理工学院，成为理工学院的核心。此次合并将培训学校的先进技术与其他理工学院的优秀实践结合起来，使得南洋理工学院在电子信息技术等培训方面处于领

---

[1] 华拉保绍. 新加坡职业技术教育五十年 [M]. 卿中全，译. 北京：商务印书馆，2018：78.

先地位。此外，在"教学工厂"这一先进理念的指导下，南洋理工学院以"工业项目组"的形式，使学校职业教育与企业有机地融为一体，帮助学生提高应用技术能力，为新加坡经济发展培养了大量具有多元技能的优秀人才。至 2002 年，新加坡共建立了 5 所理工学院，分别为淡马锡理工学院、新加坡理工学院、义安理工学院、共和理工学院和南洋理工学院，这些理工学院以职业和实践为导向，向学生提供中级的职业和管理培训，在经济和教育体系中发挥着重要作用。

（四）职业教育的现代化（进入 21 世纪以后）

进入 21 世纪，新加坡迈入知识密集型的经济发展模式，朝着全球化、企业化和多元化发展。这就要求新加坡继续加强高端制造业的发展，完善和提升职业教育体系，以教育为中心培养一流的职业技术人才。从 1995 年开始，工艺教育学院制定了"五年战略蓝图"，以更好地促进职业教育适应新经济模式发展。至 2015 年，已经完成了前四个阶段的计划。工艺教育学院一系列的战略计划和独特的职业教育体系，吸引了近四分之一的学生。此外，2005 年工艺教育学院还建立了"一制三院"的管理模式，将零散的小型工艺教育学院重新组合成三大区域性学院，使不同的学院形成了一个大联盟，提高了工艺教育学院的地位以及职业教育的灵活性和创新性。进入 21 世纪后，理工学院更加趋于成熟。例如，2005 年新加坡理工学院转变为世界一流的教育机构，形成独有的职业教育理念和校园文化精神。总之，进入 21 世纪以来，新加坡的理工学院不断开拓创新，拥有了多样化的课程、现代化的环境、广泛的国际交流，为社会输出了大量复合型人才。

随着信息产业一体化的进程，新加坡于 2014 年推出了"技能创前程"计划。该计划旨在帮助个人在教育、培训和职业中做出明确的选择；建立一个综合、高质量的教育和培训体系以应对不断变化的社会需求；提高职业技能发展在雇主中的认可度；推动终身学习的文化进程。[1] 这将成为今后一段时期内新加坡职业教育发展的重要主题，标志着终身学习理念在新加坡的广泛传播。在这一计划推动下，新加坡的职业教育正在发生着广泛而深刻的变革。

二、职业教育的现状

多年来，新加坡已经形成了一个上下衔接、左右互通的职业教育体系。在中等教育阶段，新加坡实行普职双轨合流，学生可以根据自身能力、兴趣进入快速课程班、普通（学术）课程班、普通（技术）课程班。其中，普通（技术）课程是为那些更倾向于学习技术的学生开设的，目的是帮助这部分学生在中学毕业后更好地接受职业教育。该源流的学生，除了修读英语、母语和数学以外，还修读一系列应用型课程。

所有学生在接受至少 10 年的普通教育后（包括 6 年的初等教育和 4 或 5 年的中等教育），进入中等后教育阶段。依据学生的考试成绩，大约 30% 的学生进入初级学院，相当于我国的高中，为大学教育做准备；大约 40% 的毕业生进入理工学院，相当于我国的高职，参加以实践为导向的课程，为中级职业和管理做好准备；大约 25% 的学生进入工艺教育学院学习，接受中等职业教育；其余的学生进入其他教育机构或劳动力市场。其中，理工学院与工艺教育学院均属于职业教育，二者最大的不同在于实践的程度，工艺教育学院课程更加注重实践，其中 60% 到 70% 的课程都是实用性课程，而理工学院仅有 50%。毕业后，工艺教育学院的毕业生将从事生产、安装或维护操作设备和系统的技术工作，而理工学院的毕业生将在产业中承担更

---

[1] 资料来源于新加坡技能创前程网站。

高的责任和监督的角色。

在职业教育体系内，工艺教育学院优秀者可以申请转入理工学院，而理工学院的优秀毕业生也可以进入普职混合型的大学进行专业技能的深造。除了在职业教育体系内上下衔接外，职业教育与普通教育之间也相互沟通。接受职业教育的学生可以凭借学业和课程等成绩进入本科大学，获得大学文凭；初级学院毕业生除了可以直接进入大学学习学术知识以外，也能够进入非本科大学的职业技术教育机构学习。总之，新加坡的职业教育体系已经较为完善，形成了"立交桥"式的灵活弹性的体系，见图7.1。

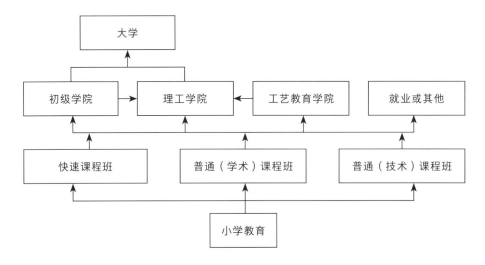

图 7.1 新加坡职业教育体系

（一）中等职业教育

根据新加坡教育学制和体系的规定，中等职业教育招收的对象是初中毕业生，学习时间一般为1—2年。这些学生在学校学习学术科目的时间相对减少，更加关注以实践为导向的应用课程以及以专业为导向的选修课程。毕业后绝大部分毕业生直接进入劳动力市场，少部分学业优秀的毕业生可以申请转入理工学院进行专业深造和学习，成为更高级的技术人才。毕业生可以在公司、企业接受再培训，或者回到工艺教育学院进一步深造。

1. 统一的中职教育机构——工艺教育学院

新加坡的中等职业教育在工艺教育学院进行。工艺教育学院采用"一制三院"的管理模式。其中"一制"是指工艺教育局作为领导机构，是中等职业教育的管理者和办学者，掌控宏观方向，如：制定学院的法规、方针、策略；管理学生入学和毕业；管控职业技术教育认证与技能准则等。工艺教育局在管理过程中将其使命、愿景和价值观作为行动准则，为新加坡未来劳动力就业能力和终身学习做好充足准备。其中，使命是为学生创造机会，获取技能、知识和价值观，促进就业和终身学习；愿景是成为"职业技术教育和工读培训的开拓者"；价值观是诚信、团队合作、卓越与关心。

"三院"是指三所工艺教育学院，分别为东区学院、西区学院和中区学院。每个学院有着极大的灵活性和创新性，可以发展自己的优势领域。在独特的管理模式下，"三院"形成了一个工艺教育学院大联盟，其地位可以与大学或理工学院相匹敌。"一制三院"的体制有效地促进了跨学科的学习以及中等职业教育的资源整合，成为中等职业教育的模式典范。以独具品牌特色的中区学院为例，其完美地体现了工艺教育学院的创新力。在中区学院中设有四所学院——商业与服务学院、电子与信息通信技术学院、工程学院以及设计与媒体学院。针对不同资质的学生，不同学院下设具有学院特色的课程以及先进的技术设备，如波音737、幼儿培训中心、表演舞台等，为学习者提供了丰富的学习和实践机会。[1]

---

[1] 资料来源于新加坡工艺教育学院官网。

2．类型多样的课程

工艺教育学院针对不同群体提供了不同的课程类型：为想要继续接受中等后教育的青少年提供了全日制课程；为想要获取实践经验的学生开展了培训生项目以提供实习培训；为工作与学业深造两难的毕业生提供了勤工俭学文凭；为成人学习者提供了多种非全日制课程以发展其技能。其中，全日制课程是中等职业教育的重要内容。

工艺教育学院欲通过全日制课程为学生传授专业相关的知识与技能，以培养能够应对 21 世纪挑战的专业人才。在该理念的指导下，全日制课程有以下特点。[1]

• 提高熟练度：在学习内容上，学生能学习到与时俱进的知识与技能；在教学方式上，教学人员能够为学生提供有效的学习计划和严格的评估工具；在学习课程上，教学人员能依行业的变化更新课程。

• 发展基础能力：除了专业能力外，学生还将获得大量的基础能力，如终身学习能力、批判性思维与问题解决能力、团队合作能力等。

• 具有优良的学习环境：学校提供了先进的设施和实际的工作场所，从而为学习者创造了良好的学习环境和学习体验，帮助他们了解未来的职业与实践能力。

根据新加坡的教育体系，学生在接受中等教育后将会参与毕业考试，根据考试类型的不同，毕业生将会取得新加坡–剑桥 O 水准考试（GCE O-Level）证书或新加坡–剑桥 N 水准考试（GCE N-Level）证书。这些毕业证书是初中毕业生进入更高学府深造的"敲门砖"。工艺教育学院结合当前知识经济时代的基本特征，开发了覆盖面较广的课程，以提供学生未来必备的基础技能和知识。对于升入中等职业教育的学生，不同类型的课程对

---

[1] 资料来源于新加坡工艺教育学院官网。

证书有着不同的要求。不同类型的课程与要求见表7.1。

表 7.1 新加坡职业教育不同课程类型、专业与要求

课程类型	开设学院 / 专业	要求
Nitec 课程	应用与健康科学学院	GCE O-Level 证书
	商业与服务学院	GCE N-Level 证书
	设计与媒体学院	
	工程学院	
	酒店管理学院	
高等 Nitec 课程（3 年制）	商业与服务学院	GCE O-Level 证书
	电子与信息通信技术学院	GCE N-Level 证书
高等 Nitec 课程（2 年制）	应用与健康科学学院	GCE O-Level 证书
	商业与服务学院	成绩优异的 Nitec 课程毕业生
	设计与媒体学院	
	电子与信息通信技术学院	
	工程学院	
	酒店管理学院	
高等 Nitec 课程预备课程	应用科学	理工学院保证名额[1]
	工程	
	电子与信息通信技术	
	商业与服务	

　　课程的学习采用学分制，学生完成一个模块后可以参加考试获得学分，累计一定的学分后就可获得证书。学分制使学生能够根据自己的速度和能

---

[1] 理工学院保证名额：主要面向取得新加坡 – 剑桥 N 水准考试证书且高等 Nitec 课程成绩优异的学生，获得该名额的学生将有机会直接升入理工学院进行深造。

力安排学习进度，具有较强的灵活性。专业课程设置以实践倾向为主，实践课程的比重占到了整个课程教学内容的 70%，并且必须要有一定时间的工厂实习期。为了培养学生基础的技术和能力，必修课程占所有课程的 80%。综合课程是当前中等职业教育的一大特点，综合课程内容采用模块化的组织方式，不同模块之间相互独立又相互联系，既保持小模块的独特性，又强调整个知识体系的完整性，将不同专业的知识与技能融入课程中去。除了专业课程外，工艺教育学院还开展了多姿多彩的辅助活动，如流行乐队、魔术、志愿服务、攀岩、学生会等，活跃学校氛围，丰富学生课余生活。

3．理念先进的教学模式

新加坡中等职业教育的教学理念是"手到、脑到、心到"，强调以能力为本位，以实践为导向，将校园中的学习与企业中的实践相结合，对学生进行全人教育模式的培养。[1] 在这种全面教育理念的指导下，当前学校采用以行动为导向的教学模式。该教学模式由 PBL（基于问题的学习）教学模式发展而来，并且引入了"学习关键技能"和"认知学徒制"理念，培养中职生的综合能力。

该教学模式由计划、探索、实践、汇报四个阶段组成。在工作开始前，学生小组与教师依据工作任务一起商讨任务计划、职责分配、学习目标等，并达成共识。在探索阶段，学生小组共同围绕工作任务进行资料的收集和整理，开展有针对性的学习活动。对任务有了完整的解决方案后，学生以团队协作的形式对工作任务进行尝试与探索，在必要时可以加以改进。当整个团队找到了合适的方案后，可以以团队为单位向全班展示问题解决的过程。该教学模式强调以学习者为中心，学生职业活动贯穿整个教学过程

---

[1] 华拉保绍. 新加坡职业技术教育五十年 [M]. 卿中全，译. 北京：商务印书馆，2018：90.

中，教师仅发挥质询、鼓励、管理等辅助者的作用。在该教学模式之下，学生在真实的情境中进行团队合作，互相监督，获得有意义的学习经验，培养职业行为的关键能力。

（二）高等职业教育

40%的中学毕业生会选择进入理工学院接受高等职业教育，学制为三年，毕业后可获得理工学院的不同等级的文凭。理工学院的目标是培养具有职业技术和创新能力的技术人员或中级专业人员。由于新加坡职业教育体系的流动性，符合要求的工艺教育学院毕业生也可以进入理工学院学习。理工学院大部分学生在毕业后选择直接进入劳动力市场，还有一部分选择继续接受教育，获得大学学士学位。可见，在新加坡高等职业教育不仅能够为未来就业做好准备，而且还是一种从职业教育升入大学教育的途径。

1. 专门的高职教育机构——理工学院

当前，新加坡的高等职业教育是由五所国立理工学院主导的，分别为新加坡理工学院、义安理工学院、淡马锡理工学院、南洋理工学院和共和理工学院。这些理工学院由理事会统一管理，在生源招录、预算、人员配备等方面有一定的自主性。与此同时，不同的学院之间也会在生源、实习就业、教师等方面进行激烈的竞争。

新加坡理工学院成立于1954年，是新加坡第一所理工学院。学校着重培养工程技术型人才，开设了生物科技、商业行政、计算机信息系统工程等课程。新加坡理工学院历史悠久，已经建立了优良的教育传统，同时其教学设施与建筑又能与时俱进，配合快速变迁的市场以培养能够适应新行业和新兴技术的学生。该学院课程的灵活性很强，在学分制的教育体系下，学生可以根据个人需求安排课程的进度，也可以选择半工半读，通过"双元训练机制"获得文凭。[1]

义安理工学院成立于 1963 年，现已开设了电气工程、工商管理、文秘等 36 门全日制课程，3 门普通入学课程，以及多种非全日制课程，在校人数 14 000 余人。义安理工学院的使命是培养自信、自主、创新和适应能力强的学生。[2]

淡马锡理工学院成立于 1990 年，是一所位于淡滨尼的理工学院。学院采用全新的组织形式，设置少而精的学系，培养具有终身学习和数字理念的学生。淡马锡理工学院是专业课程培训项目的先行者，也是服务业培训课程的创新者。其以市场为导向，向工商界提供优秀的技术人才，促进课程的创新与开发。在未来，淡马锡理工学院将迎合新加坡智慧国的战略，积极推动工业 4.0 和人工智能等新兴领域的研发与合作计划。[3]

南洋理工学院虽然成立时间不长，却是新加坡高等职业教育领域的代表院校，具有显著的特色。学院开设了超过 35 门全日制课程以及普通入学课程。学校还与技能创前程项目进行合作，开办了亚洲烹饪学院、新加坡零售学院、国家工作场所学习卓越中心以发展成人教育与培训事业。它将讲台工厂化，以学生为本位，使课堂更加接近真实的工作环境，实现企业与教学的融合。此外，它还摒弃了教授制，实行双师制，更加注重教师的工作背景和经验，发展教师的人力优势，使学校跟得上技术的发展与进步。[4]

共和理工学院专注于运动与休闲管理、艺术，定位是致力于成为新加坡的艺术中心。现如今，学院在校学生约 14 000 名，教职员工约 1 000 名，拥有应用科学、工程、管理和传播、酒店、健康和休闲等专业。共和理工

---

[1] 资料来源于新加坡理工学院官网。

[2] 资料来源于义安理工学院官网。

[3] 资料来源于淡马锡理工学院官网。

[4] 资料来源于南洋理工学院官网。

学院为各个专业学生的深造提供不同的进修机会与方法，同海外国家与跨国公司进行合作，让学生接受广泛的训练，为日后工作打下稳固的基础。此外，它还致力于打造终身学习的环境，培养学生的问题解决能力和创新创业精神。

如今，新加坡的理工学院是中学后教育体系的基石，为学生今后就业或进一步深造奠定坚实的基础。它们拥有良好的设施环境，可开展丰富的课外活动；不仅提供基础文凭，还能提供高级专业文凭；与跨国公司和先进国家进行合作。总之，理工学院不断地推动高等职业教育的发展，被认为是新加坡经济增长的核心驱动力之一。[1]

2．以实践为导向的课程

新加坡理工学院的课程开设是在社会需求的引导下，由政府、企业、专家、教师等多方协商的结果。不同的理工学院有各自的特色课程，一方面满足了社会的需要，另一方面又减少了学院之间的竞争。它们重视校本教材的开发，根据市场和学生的需求来设置实用性和有效性兼具的课程，帮助学生在毕业后能够顺应时代的步伐，胜任未来的工作。

理工学院既强调对学生的专业教育，也重视对学生的通识教育；既强调理论教学，也关注实践教学。各个学院的课程包括专业课程、通识课程和选修课程等，并设置了合理的学时比例。以南洋理工学院为例，它在第一学年设置专业基础课程和学期项目，第二学年设置专业核心课程和学期项目，第三学年设置专业方向课程、企业实习和毕业项目。其中，理论教学与实践教学的学时比例为 3∶7。此外，学院还设置了丰富的课外活动来丰富学生的课余生活，如"科技园计划"活动让不同专业学生通过合作的

---

[1] 资料来源于共和理工学院官网。

方式互相学习，帮助学生接触到不同学科的知识。

理工学院的课程采用模块化课程模式，以专题性教育为主，学生对一系列模块进行学习，经过一段时间的学习后进行考评，通过者获得相应的学分。模块一般分为核心模块、专业模块、选修模块、项目模块，在各个模块必须达到指定的学分方可毕业。核心模块是学生必修的基础课程，培养学生的基本技能；专业模块也是学生必修的，是专业的特色课程；选修模块是根据学生自身的兴趣和能力选择的模块，帮助其加深和拓宽学习领域；项目模块是指学生进行理论知识学习之余，需额外参加的一种研究型活动，将理论课程知识与技能紧密结合，帮助学生将理论知识灵活运用于实践。

3."教学工厂"模式

新加坡的高等职业教育特点之一是"教学工厂"的教学模式。该模式是南洋理工学院前院长林靖栋借鉴德国的"双元制"开发的适合新加坡本国的教学模式。理工学院依托"教学工厂"的教学模式，将教学和工厂紧密结合，把学校按工厂模式办，把工厂按学校模式办，成功地将理论和实践紧密结合。具体来说，就是学院承揽生产厂家的工业项目，把实际的企业环境融入学校中，把企业的工作带入学校，以工业项目组的方式进行教学，企业则作为协助者与学校联合进行教学活动。"教学工厂"这一教学模式给学生提供了一个更加完善、真实的学习过程和环境，帮助学生在走入未来岗位之前了解未来工作性质和实践操作，为新加坡培养了大量多元技术人才。

新加坡高等职业教育第二大特点就是采用先进的教学手段——数字教学。新加坡的理工学院现已配备先进的教学和多媒体设备，利用互联网科技来开发学习环境，采用信息化手段进行教学。如，南洋理工学院有"电子学习坊",共和理工学院的学生必备的学习工具就是笔记本电脑。在平时教学中,学院的教师可以在多媒体电子化教室进行教学,还可以利用远程网络进行技术培训,提高教学内容的可视化。课外,学院提供网络互动式的自学方式,鼓励学生在网络上参与学习讨论,打破了时间和地点的限制。

第二节 职业教育的特点和经验

在多元文化的交融下,新加坡的职业教育在发展过程中取其精华,去其糟粕,既吸收了西方教育的精髓,又保留了东方文化的内涵,形成了"新西合璧"的职教发展模式,帮助新加坡培养了大量高素质的应用型人才。

一、"双师型"的师资队伍

教师队伍建设是新加坡职业教育体系发展的重要活力源泉,教师队伍的专业能力和水平是提高职业教育质量的根本保障。新加坡的职业教育对于师资的要求非常严格。职业学校尤其关注教师的实践经验,教师除了要获得本科学历以外,必须有五年以上相关工作经历。大部分教师曾经是企业的经理或者骨干成员,因为这些高级技能人才大多有很强的实践经验和能力,从入口处就解决了"双师型"的教师队伍问题。在新加坡各职业学校中还有较多的兼职教师,这些教师的上班时间较为自由灵活,他们一边工作一边教学,给学生带来最前沿的项目,弥补了专职教师实践的不足,为职业教育注入新能量。

　　除了对教师招聘严格把关，职业学校还关注对教师队伍的培训和深造，这为"双师型"教师队伍的质量建设提供了重要保障。通常情况下，知识与技能大约在 3 至 5 年就必须予以更新。因此，职业学校教师任教 3 至 5 年后必须参加相关培训，解决知识更替所带来的教师知识与技能落后的问题。教师还要参与企业的学习，在真实的实践场所更新知识与技能。此外，新加坡强调职业教师培训与国际接轨，政府每年都会安排教师去国外进行考察与培训，在国际交流中拓宽专业视野，取长补短，保持与国际同步的教学水平。这些广阔的培训渠道给了教师更多提升业务能力的机会，使得教师的能力和水平不断地满足当代职业教育的需求，充分体现了新加坡终身学习的理念。

　　坚持应用实践与学术科研相结合也是新加坡"双师型"教师队伍建设的一大特点。职业院校鼓励教师组织参加科研项目的开发，促进教师科研能力、实践能力、教学能力的提升。如南洋理工学院鼓励教师参与项目开发以提升专业实践能力，每年约有 35% 的教师会专门从事与企业共同开发的科研项目。通过科研与实践的结合，在学习中进行职业领域的创新，帮助教师及时把握前沿技术，更新课程与专业，促进教师的专业成长与发展，培养学生的社会化眼界和思维。

二、双元制的职业教育模式

　　新加坡当前的职业教育教学主要依托"教学工厂"模式，形成了独树一帜的人才培养模式。"教学工厂"是一种教学理念和教学模式，这种新型的模式将学校、实训中心、企业三位一体，将教学、企业实习、企业项目紧密结合，把学校按工厂模式办，给学生高度仿真的学习环境。它转变了传统的"学校理论学习、企业实践培养"模式，体现了"做中学、做中教、做中求进步"的教育理念。

"教学工厂"模式最大的特点就是实现了"三结合",即"理论与实践结合、教学环境与企业环境结合、专业教学与行业要求结合"。首先,学生在学校不仅接受专业知识技能的学习,而且有机会参与企业的实践活动,参与行业专家的讲座与培训,帮助学生顺利从校园过渡到职场,缩短他们投入社会的适应期。其次,教学工厂最大程度地模拟企业环境,将教学环境与企业环境相结合。在企业资助下将教学设备与企业接轨,把先进机器放入实验室,为学生研发项目、体验工作提供真实有效的平台。最后,职业学校的课程体系与教学模式也与行业要求接轨。职业学校在课程开发中,既要满足国家与社会的需要,又要根据市场的反馈和社会技术的发展进行适时调整,保证课程开发的进步性与前瞻性。除了课程实施,企业与学校还积极研究与开发项目,帮助教师及时了解实践前沿技术。

"教学工厂"模式兼顾了理论与实践、传授知识与培养实践能力,是新加坡职业教育的良好探索,具体表现在以下几个方面。其一,新加坡强化企业的主体作用,积极鼓励和引导企业进学校,把产教融合渗透进人才培养全过程。例如,制定相应的鼓励政策,引导企业主动参与办学,将企业环境、流程、人才等引入学校;加快校企人才培养方案的制定,依据社会、企业发展需要,及时调整培养方案,实现人才培养方案与企业招聘条件的对接。此外,政府还鼓励企业参与学校教学改革,以多种方式参与到学校的专业规划、课程开发和教学设计中来。其二,职业教育课程内容符合"教学工厂"的特点。课程内容是学生专业学习的核心,体现了职业教育的教学质量。在课程开发的过程中,新加坡职业教育教师需要深入实践进行市场调查和专业剖析,了解不同岗位需求,把职业的就业标准引入课程设置中,同时根据学生已有基础和特点开发相关课程,确保课程内容满足学生、企业、学校等多方面需求。另外,教师还要和有丰富经验的实践者共同开发课程,保证课程的现代化,满足学生未来就业和社会发展的需要。

三、职业教育的国际化

在职业教育的发展上不断寻求与其他国家进行合作，是新加坡职业教育的又一大特色。当今世界一体化趋势不断加强，各国经济往来的规模不断扩大，为了适应经济发展的新形势，新加坡的职业教育逐步确立了"引进来"和"送出去"的基本局面。

在人才方面，新加坡重视外向型职业教育，拥有较为完善的留学生服务和多样化的国际项目，向世界提供优惠的政策条件，建立培养职业技术人才的培训中心，招聘高水平的国际技术人才和留学生。同时，职业学校以国际眼光培养职业技术人才，鼓励学生去海外接受教育与实习，为学生的国际化发展提供丰富的机会，让学生学习与经济发展动态同步的最新知识与技能。在注重学生与国际接轨的同时，还充分关注教师的海外进修。新加坡每年都会派送一定数量的教师去国外带薪考察、进修，如参加学术交流会、海外企业实习等，了解国际上最新的技术成果和发展趋势。在课程开发上，学校会参考国外专家的意见，甚至与国际企业共同开发课程，保证内容和形式的前瞻性，为学生提供多样化选择。另外，职业学校积极与知名企业进行国际合作，如微软、IBM、惠普等，帮助学生更加深入地了解这些企业的企业文化、运行管理、工作流程。

第三节　职业教育的挑战和对策

随着国内外形势的迅速变化，时代发展对职业教育提出了更高要求，新加坡职业教育日益暴露出与社会连接不畅、缺乏职业生涯指导、职业教育吸引力不足等较为突出的问题，职业教育体系的变革和创新再次成为新加坡政府关注的焦点之一。

一、加强职业教育与社会的连接

"教学工厂"模式是以实践为导向的培训,其特点在于通过学校和企业的合作,培养就业市场所需要的高级技术人才。然而"教学工厂"本身也有一定的局限性,加上产业结构的调整和升级,社会对人的从业能力提出了新要求,导致新加坡当前的职业教育已经无法与社会需求进行有效的连接。

"教学工厂"模式过于强调专业培训的专门化,缺乏不同专业的迁移和流通。由于该模式注重个体的专业发展,学生学习的内容大多是专业性极强的知识,缺乏对通用性知识的学习,易导致培训类型和内容单一、培训方式针对性强但培训专业过分专门化等问题,由此导致不同专业之间出现隔阂,学生职业转换变得非常不利。在复杂多元的社会中,职业市场对毕业生的知识、技能、学历的要求不断增加,过于强调专业技能不符合当前对复合型人才的需求。如今自动化逐步代替人力劳动,企业面临各种各样的问题,需要大量的高技能人才来解决。"教学工厂"模式对社会变化的反应较为迟钝,针对多数新兴职业也没有相应的培训,不同的职业学校对学生的培养目标已经无法满足新兴产业的要求,因此就业中出现了"职业断层"现象,这种"断层"主要是指高级管理、技术、服务人才的短缺。

此外,"教学工厂"需要企业与学校密切合作才能顺利实施,但是两个主体也存在协调问题。企业的培训往往会根据实际工作情况来安排,不同的企业由于生产技术的不同会导致培训内容和方式的差异。而学校的教学内容是事先制定的,无法完全满足企业的要求与环境的变化。学校、企业有时也会因为经费短缺(特别是在新兴专业中)导致理论教学与实际脱轨。

面对这一系列挑战,新加坡在全球市场竞争压力下需要调整培养模式和策略以应对时代变迁的挑战。当前,新加坡的职业教育致力于在通才教育与专才教育之中寻找一种平衡。通才教育也称"通识教育",它致力于把学生培养成具有自然科学和社会科学理论基础的全面发展的人,其核心是强调人的均衡发展。通过对基础知识广博的学习，通才教育中的学生能够拥有完善的人格且适应瞬息万变的社会。专才教育主要是指通过对特定学科的深入学习从而培养某一领域的专门人才。相比通才教育，专才教育更加注重应用与实践，培养学生在真实情境下利用知识的能力。但是，专才教育的学生知识面窄、技能单一，个性发展无法完全适应多元社会。从社会需求来看，毕业生不仅需要扎实的知识基础，而且还要有实践经验和动手能力。因此，通才教育与专才教育并不是对立的，不能将学会做人和学会做事分割开来，两者兼顾才是现代职业教育应有的培养模式和目标，通专结合才能够培养出基础扎实、术业过硬的高素质人才。

基于此，新加坡的职业教育开始对"教学工厂"模式进行调整，主要是将通识课程、专业课程、实践课程相互结合和渗透：通识课程主要以培养学生全面发展为主，增加必修课的课时比例和内容，将计算机、统计、市场营销等课程从专门课程转为通识课程，帮助学生掌握多方面技能，拓宽就业领域，适应时代发展。在专业课程方面，职业学校注重满足多方面需要，通过社会调查和市场调研来开设新专业。如今，新加坡的理工学院中都建有卓越的科技中心，与企业建立广泛联系，与产业发展并驾齐驱。新加坡的职业学校在教学方面也进行了创新。国家不再统一教材，而是由教师根据需求自行研发，增强教学的灵活性和实时性，提高学生的兴趣和学习效率。教师通过不同模式相结合的方式帮助学生掌握理论知识，以便学生能够顺利过渡到实践课程。新加坡的职业教育目前不仅努力提升专业水平，同时关注不同专业的交叉，拓展各种职业的交融，满足现代化职业的需要，增强灵活性。

二、强化职业生涯指导

职业劳动是个人自我完善和发展的途径和手段，是人生历程的重要内容，人只有在劳动的过程中才能体现出自我和社会的价值。选择未来所从事的职业对于人的一生都有重要意义。职业生涯教育的实施是当今社会发展、职业变化的需要。在知识经济时代的今天，产业结构发生了巨大的变化，一大批新兴产业层出不穷，职业分工更加精细，人们面临着更多职业选择。这对学校教育提出了更大挑战，学校不仅需要对学生进行书本知识的传授，还需要对学生进行职业生涯的教育，帮助学生认识自我、认识职业、认识世界，适应不断变化的未来社会。

随着经济的快速发展和转型，新加坡的就业形势日益严峻，经济寒潮一波又一波袭来，经济的低迷带来了就业质量的萎缩。近年来，新加坡的就业趋势不容乐观，失业率从 2014 年开始呈逐渐上升趋势，经济创造就业能力呈逐年下降趋势。面对当今劳动力市场，新加坡政府需要重新考虑发展战略，重点关注职业生涯指导规划。另外，新加坡曾经做过一项调查，结果显示 95% 的学生表明在毕业之前没有接受过任何职业指导，超过 60%的学生渴望接受职业生涯教育。在调查过程中，许多学生还表示存在在校期间没有明确的职业目标、毕业时缺乏明确的职业规划、对职业本身缺乏认识、没有明确的生活目标和价值观等问题。可见，新加坡的职业生涯教育曾经长期没有得到应有的重视，基础教育阶段的学生对职业的认识脱节，学生迫切需要进行职业生涯指导。

为此，应用学习教育检讨委员会提出了 10 项建议，以帮助学生在未来经济发展中抓住机遇，其中有多项内容与职业生涯有关，例如为中学、理工学院和工艺教育学院的学生提供更好的教育与职业辅导；与业界合作，制定不同的行业技能框架和职业发展途径，支持基于行业相关技能的职业发展等，开启了新时代职业生涯教育的改革。"技能创前程"计划的实施标志着人们的观念将要发生重大转变，其主要目标之一就是帮助人们做出明智的教育、培训和职业选择，建立一个从学校教育辅导延伸到整个职业生涯的完整的职业指导体系，提供公民劳动力市场需求变化的信息。之后，教育部发布了《教育和职业生涯规划教学大纲》，用"职业生涯"代替"职业生活"，通过培养学生对职业的态度、知识和技能，帮助他们探索适合自己的教育规划。

同时，新加坡开始实施"教育与职业指导"（ECG）项目，以积极的态度应对全球化和终身学习。ECG项目通过政府、教育机构和企业三方合作，帮助学生接触到不同的职业，获得劳动力市场的信息。该项目强调在人的一生中呈现职业意识、职业探索以及职业固化等三个不同的阶段，这三个阶段涉及价值观的澄清、对自我的认识、个人在社会发展中的角色等不同方面，需要帮助学生正确地认识自我，建立职业意识、职业探索和职业规划。[1]

在这一框架指导下，新加坡在不同学段有不同的侧重点。小学阶段的目标是向学生介绍广泛的职业，培养对工作的兴趣，了解自我与他人和工作的关系。从2015年开始，一年级的学生就会得到系统的职业教育指导，也可以通过ECG在线平台发现自己的优势和兴趣，对职业规划和生涯进行勘探。职业指导课程提高了学生对自己的认识，帮助他们做出规划以及选择中学，开拓他们的视野。中学阶段的目标在于加深学生对不同的教育和职业道路的理解，课程包括探索工作、认识职业的相关课程等。中学后教育阶段是让学生通过多种渠道收集新信息，从而做出正确的教育选择和职业决策。据调查，工艺教育学院和理工学院时期，职业指导需要40—60学时，以帮助学生顺利从学校过渡到职场。教育和职业指导课程在中学和中学后教育阶段涵盖四大领域。一是自我意识和自我管理，学生将进一步认识自我，明确自身兴趣和未来可能合适的职业，制订个人学习和职业计划。二是树立向外部系统寻求职业帮助的意识，通过外部支持系统来帮助学生做出明确的职业决策。三是探索教育蓝图和路径规划，帮助学生通过探索多样化职业路径，对不同的职业进行尝试与探索，凸显终身学习的重要性。

---

[1] 杜若飞. 新加坡"技能创前程"计划研究 [D]. 重庆：西南大学，2017: 21-24.

四是研究就业部门，帮助学生了解不同行业的信息。在大学阶段，学校则设有职业生涯规划课程，帮助学生完成教育和职业决策。

除了在不同阶段开设职业专题课程外，ECG项目也有其他形式，如企业浸濡、研讨会、单独或小组辅导等。学校为学生组织招聘会、行业观摩、在职实习和工作的机会。此外还设有职业服务中心，提供职业咨询以帮助学生探索自我和职业，同时与业界专业人士建立联系，提供丰富的行业知识。劳动力发展局针对不同群体需求提供职业和培训咨询服务，全体公民可通过劳动力发展局的职业中心、一站式职业服务中心以及其合作伙伴（如全国职工总会就业与职能培训中心和继续教育、培训职业咨询服务中心）寻求培训援助。

新加坡还根据不同劳动力人群的需求，给人们提供在线信息资源，例如网上职业教育和职业规划网、"职业信息库"。此外，技能创前程委员会还建立"个人学习档案"网络平台，测评学生的个人倾向、特征和兴趣等心理特征和能力，将不同资源库连接，给学生在职业指导上提供个性化服务。

三、提升职业教育吸引力

新加坡政府发现，在推动职业教育变革过程中，最大的阻碍发展的因素就是职业教育吸引力不足。

吸引力不足的主要表现之一是学生报考职业学校的积极性不高。虽然新加坡颁布了扩大职业教育招生规模的政策，但是职业教育的入学率还是低于普通教育，学生依然把职业教育作为"最后的选择"。加上由于职业学校的声誉差，办学质量不高，经费投入不均衡，学生入学意愿不高，进一步加剧了招生困难。职业教育吸引力不足的另一大表现是对教师的吸引力低。虽然当前新加坡的职业教师队伍不断扩大，但是职业教育教师的任用缺乏一定的标准，而且部分优秀人才不愿意成为职业教师，导致教师的专业知识和实践能力不高，师资队伍的质量相对偏低。

职业教育的吸引力不足影响了职业教育规模的稳定性，进而影响了职业教育的可持续发展。新加坡政府意识到，必须着力推进职业教育改革，让更多的人愿意选择职业教育，增强吸引力，促进职业教育健康发展，以使职业教育能更大地推动国民经济发展和社会进步。

在提升职业教育吸引力方面新加坡进行了许多尝试，其中最成功的案例就是促进工艺教育学院的转型与发展。工艺教育学院提出"通过卓越的技术教育与培训，最大限度地激发新加坡人民的潜能，提高我们的劳动力素质，全面提升新加坡的全球竞争力"，在改革中各学院明确自身定位，清楚地列出了职能。随着职业教育层次的提升，学生的入学门槛提高，学生必须要接受 10 年基础教育之后才能进入中等职业学校学习，提升了生源质量。鉴于社会对职业教育仍存在传统偏见，职业教育改革的重点之一就是着力提升职业教育的地位，改变职业学校的形象。这种形象并不是表面上的改变，而是对学校内部，特别是学生看法的改变。为此，职业教育学院开始与教育部合作，提出了人员、产品、场地、推广四个转型策略，全方位提升学院形象，扭转人们对职业学校的印象。为了吸引更多优质生源，学院每四年都会推出符合时代发展潮流的计划。

分析新加坡职业教育的转型可以发现，职业学校在重塑品牌方面付出了巨大努力：职业学校最初通过实践调研来了解目标群体的意见和建议，以调研结果为基础，开展了品牌宣传活动以塑造职业教育崭新的形象；与利益相关者进行积极互动，开展一系列招生宣传活动从而获得优质生源；与媒体记者建立良好关系，利用积极正向的新闻来改善公众印象。在学院的努力下，职业教育彻底转型，增强了吸引力，培养出了技艺精湛的毕业生，对新加坡未来的发展具有十分重要的作用。

第八章 成人教育

新加坡政府除了重视基础教育、职业教育、高等教育外，还努力发展成人教育，着力提高国民素质，促进经济和社会的发展。当前，成人教育已经成为新加坡教育的重要组成部分，形成了较为成熟的成人教育体系。

第一节 成人教育的发展和现状

独立五十多年来，新加坡的成人教育发展取得了突出的成就，其范围之广、发展之快、创新之多令世人瞩目。当前，在"技能创前程"政策计划以及终身教育理念指导下，新加坡的成人教育正向着更宽广、更纵深的方向发展。

一、成人教育的发展历程

（一）成人教育的起步阶段（20世纪60—70年代）

1960年，新加坡政府成立了成人教育委员会，专门负责对成人教育活动进行规划、实施和监督，进行职业相关训练，给成年人传授基础知识和技能。1968 年，经济发展委员会成立了工业发展署，为技术不熟练的工人提供培训，促进经济良好、持续发展。

从 20 世纪 70 年代开始，新加坡政府加大了对成人教育的重视，以此推动产业的调整。这时期的新加坡建立起了体系完整、职权分明的成人教育机构。在成人教育领导机构的管理下，分别建立了国家领导、民办公助、民间创办三种不同类型的教育机构。1972 年，国家成立了生产力局，隶属劳工部，后属贸工部，成为全国最高的成人培训法定机构。1979 年，工业培训局和成人教育委员会合并为工业职业培训局，隶属教育部，由教育部次长兼任该局局长，下设 15 个训练学院，27 所培训中心。工业职业培训局领导各行业、团体举办培训，包括就业前的技术教育和在职职工的技术、文化培训，政府每年都给工业职业培训局拨款 1 亿多新元作为培训费。同时，工业职业培训局还负责开展国家等级技术工人考试。

政府还积极倡导和支持各行业的职工培养与社区培训。为提高工人培训的参与度，政府明确规定：雇主要为每个月薪不足 750 新元的职工交付工资 1%—4% 的费用，作为低工资、低文化者或初级技术工人培训的社会技能发展基金；若私营企业主自己举办培训班，政府则提供培训设备和 30% 的经费补贴。由此，通过"民办公助"的方法，建立和完善了社会技能发展基金，调动了企业主培养职工的积极性，提高了企业职工学习专业技术的热情。政府除了直接或间接地创办成人教育学校外，还积极挖掘蕴藏于社会的培训潜力，倡导行业培训和社区培训。各行业工会也会办不同目标的培训中心，如中华总商会的培训中心每年培训的员工达 3 000 多人；人民协会的民众联合社区对成人进行政策教育、实事教育、社会公德教育以及个人兴趣的培训。[1] 多样化的培训中心丰富了培训内容，保证了新加坡成人教

---

[1] 周冬. 新加坡非学校系统的职业技术教育 [J]. 理论界，2000（1）：52-53.

育的多元发展。在这个时期，新加坡已经形成了多层次、多渠道的成人教育网络。

（二）成人教育的完善阶段（20 世纪 80—90 年代）

"据统计，20 世纪 80 年代新加坡成年非学生人口中仍有 60% 只具备小学 6 年级或者更低的教育水平"。[1] 这导致许多年长的工人劳动力素质较低，迫切要求提升他们的劳动力技能水平，还需要给大量的工人提供专业技能训练，从而满足未来工业发展的需要。

针对上述问题，新加坡政府开展了"生产力运动"，即所有的培训都是为了提高生产力，后来又提出了提高产品质量的训练主题。为了更好地回应学习者的需求，降低较高的辍学率，学校也开始根据学生的整体学业水平进行分流练习。这一措施使学生能自己掌握学习节奏，延长学生在学校的时间，从源头上提高员工的素养与能力。在 20 世纪 80 年代，技能发展基金会成立，以提供培训的方式满足工作者基础学习和职业发展的要求，帮助他们从低技能、低待遇的工作转到高技能、高待遇的工作。1984 年，技能发展基金会发布了"技能培训基础教育"计划，通过技能培训来提高未完成初等教育的工人的英语和数学水平。到 1989 年，大约 11 万工人参与了这次计划，接受了技能培训。在一系列举措下，新加坡劳动力人口的普通教育水平和实际工作技能得到大幅提高。至 1990 年，新加坡人口的文盲率降低了 10%，其中 20—24 岁的年轻人文盲率只有 1.4%。[2]

除了提升成人的学识修养，政府还加强了工人的技能培训。技能发展基金会成立计算机培训中心，给工人提供计算机应用的基础培训。1992 年，

---

[1] 檀慧玲. 新加坡的职业教育 [M]// 贺国庆，朱文富，等. 外国职业教育通史：下卷. 北京：人民教育出版社，2014：365.

[2] 檀慧玲. 新加坡的职业教育 [M]// 贺国庆，朱文富，等. 外国职业教育通史：下卷. 北京：人民教育出版社，2014：366.

新加坡创立了工艺教育学院，取代了原来的工业职业培训局，主要负责中学后阶段职业技术教育在高等教育阶段招收技术性学生，以及面向社会实施继续教育、技能鉴定。在这个阶段，新加坡在推进成人教育方面实施了全日班、黄昏班、周末班、电视教学班等多种形式的教学模式，适应不同层次、不同行业职工学习的实际需要，保证每个在职工人都有接受技术培训的渠道和机遇，形成了多元化的成人教育格局。

（三）成人教育的提升阶段（20世纪末—2014年）

20世纪末，时任新加坡总理吴作栋提出建立"思考型学校，学习型国家"这一愿景。这意味着，在知识经济中，包括基础教育、职业教育、高等教育、成人教育在内的所有教育阶段都要培养学习者的探究、创新能力，加强在新时代的竞争力。在此愿景号召下，新加坡的成人教育进一步朝着纵深方向发展。1998年，新加坡生产力与标准局推出了"关键能力技能培训"，确定了学会学习、信息素养、听说交流、问题解决和创新、个人效能、团队效能和组织效能、领导力7个关键培训领域。政府建立了继续教育与培训机构，如成人学习研究所、就业与职能培训中心等，鼓励个人和雇主参与继续教育与培训，扩大培训的影响力。这一时期，政府建立了大量的成人教育学校，提供必要的基础设施和培训计划以配合成人教育的发展。2001年，成立终身学习捐赠基金会，以体现促进终身学习的承诺。全国职工总会推出了"技能再发展计划"，照顾夕阳产业的工人，帮助那些无法接受雇主资助的老员工自我提升，具备从事新产业工作的能力。

2003年，成立劳动力发展局，直接对人力资源部负责，负责管理新加坡发展基金和终身学习基金，调整劳动力开发战略，领导和推动继续教育与培训，促进成人技能培训体系从以雇主为中心向关注个体转型。随后，建立国家劳动技能资格认证体系方案，该方案为从业者提供行业认可的能力认证课程，有能力者可获得专业技能认证。在此基础上，建立了"就业技能体系"，这是一个涉及技能、课程和资格的综合框架，旨在帮助工人了解和掌握可以在不同行业中通用的基础就业技能，以支持新加坡的成人教育培训。"就业技能体系"是应对新加坡劳动力市场迅速变化所采取的措施，以使工人能够适应新的工作需求和工作环境。

为了应对未来挑战而储备劳动力，2008年李显龙总理宣布推出"继续教育与培训总规划"。这是新加坡继续教育培训系统的一个重要里程碑，标志着成年工人的培训成为政府的首要任务之一。为此，2008财政年度捐赠基金从8亿新元增加到30亿新元，并计划增加到50亿新元。2014年，新加坡修订了"继续教育与培训总规划"，以更好地提升劳动力的竞争力和职业适应力。[1]总规划强调三个方面：第一，雇主应更加重视员工的技能培训，增强员工的专业知识；第二，通过改进教育、培训和职业指导，使个人能够做出明智的学习和职业选择；第三，建立充满活力的继续教育与培训体系，提供广泛的、高质量的学习机会。修订后的总规划强调了雇主的作用，政府将继续与雇主合作，重视员工个人技能的培养，从而提升他们的专业竞争力和职业技能。

在总规划指导下，经济发展委员会强调各个经济部门必须加强劳动力的能力。在劳动力发展局的支持下，成立成人学习学院。成人学习学院主要提供WSQ认证的相关课程、成人本科学历教育，以及终身学习和领导力、培训与发展、技能和劳动力开发、专业教育等硕士课程。

（四）成人教育的终身化（2014年至今）

2014年，新加坡政府推出了"技能创前程"计划。该计划的出台是新

---

[1] 资料来源于新加坡人力资源部官网。

加坡终身教育思潮的重要体现，意味着新加坡的教育制度发生了重要转变，要将职业教育和个人发展融为一体，职业教育与成人教育相互衔接。"技能创前程"计划是一项全国性运动，意在为起点不同的新加坡人提供机会，发挥他们生命中最大的潜力，从而推动新加坡迈向包容的和具有发达经济的社会新阶段。[1] 计划指出，成人的教育和培训是新加坡进步的核心，也能够帮助人民获得更好的工作、更高的收入和享受更好的生活，发挥人民的潜能。在新加坡经济结构重组的趋势下，工作场所必须成为一个重要的学习场所，新加坡人都需要在职业生涯中继续发展自己。因此，"技能创前程"计划将帮助新加坡人获得与未来相关的知识和技能，用热情来建设自己的地区，建设未来。计划的四个重点是：第一，帮助个人在教育、培训和职业方面做出明智的选择；第二，发展综合的、高质量的教育培训体系，以适应不断变化的行业需求；第三，以技能的掌握为基础，促进雇主的认可和职业发展；第四，培养支持和鼓励终身学习。[2] 这个计划贯穿终身教育的整个阶段，无论个人的背景、年龄、学历如何，他们都能在每份工作中受到尊重，获得成长。计划也将通过一系列的项目津贴来激励他们的技能深造与终身学习。如，通过"技能创前程职业顾问"和"技能创前程推广"两个子项目来进行职业发展指导；以国家对热点领域支持为基础进行校企合作，采用模块化课程来简化技能培训的过程；通过一系列的技能培训补贴和奖励来推动在职人士的职业发展动力和终身学习的热情。

当前"技能创前程"计划仍然处于实施初期，但在一系列项目、计划的支持下，将对新加坡的成人教育乃至终身教育产生深远的影响。

---

[1] 资料来源于新加坡技能创前程网站。

[2] 资料来源于新加坡技能创前程网站。

二、成人教育的现状

当前，新加坡的成人教育是以"技能创前程"计划为主要指导框架展开的。"技能创前程"计划是以政府为主导，由新加坡技能未来委员会（SSG）和新加坡劳动局（WSG）共同承担，社会各界广泛参与的一个全国性计划。该计划面向在校学生、职场新人、专业人士、雇主、培训机构等，致力于为新加坡构建一个完整的职业教育终身化体系，以提升公民的职业技能，推动企业未来发展，从而更好地建设经济事业，形成终身学习的社会风尚。新加坡"技能创前程"计划目前已经开展了多个项目，包括教育和职业指导、技能培训与补助以及企业发展与培训模式创新等板块，促进了新加坡公民的技能发展，加深了产学之间的互动性，推动了终身学习的文化建设（见表 8.1）。

表 8.1 "技能创前程"计划中面向不同群体的目的与项目

对象	目的	项目名称
雇员 （早期）	为职场新人创造专业学习和成长的机会，增强现有的技能，不断学习新技能以跟上时代发展的步伐	SGUnited 技能项目
		勤工俭学计划
		教育与职业指导
		技能创前程咨询
雇员 （中期）	深化雇员的专业知识、技能与经验，促进个人成长，同时学习行业相关的新知识，为探索未知领域做好准备	SGUnited 中期职业道路计划
		技能创前程中期职业支持
		技能创前程中期发展职业补贴
		技能创前程贷款（中期）
雇主	使所有的公司员工能够参与职业培训，克服劳动力紧缺的问题，加强人才储备库，提高公司的竞争力	教育培训机构转型计划
		国家工作场所学习卓越中心
		技能未来领导力发展计划

近年来，新加坡参与成人教育的人数不断增长，2018 年的《劳动力调查》指出"约 46.5 万新加坡人和 1.2 万家企业参与了成人教育，成人培训参与率为 48%"。值得注意的是，在"技能创未来"系列课程启动以后，超过三万新加坡人参加了该课程，培养了学习者新兴领域的技能。

（一）理念与目标

随着技术的快速发展和全球就业竞争的加剧，持续的教育和培训仍然是新加坡社会经济发展的核心，技能升级和深化对新加坡保持竞争优势至关重要。当前，新加坡的成人教育理念在于为新加坡公民提供个人发展机会，发挥他们最大的潜力，使他们无论处于人生的何种阶段都可以获得技能的发展。新加坡的成人教育意在帮助新加坡人掌握与未来相关的技能，从横向上为不同阶段社会成员的学习提供条件保障；从纵向上尊重每个工作岗位的技能需求。

在成人教育与培训领域，"技能创前程"计划的相关组织确立了三个关键目标：一是构建前沿、有效的成人教育，增强培训机构的专业水平以推动成人教育的发展；二是建立学习型企业，构建良好的学习氛围，塑造企业自身的竞争优势；三是鼓励创新与数字化，建立良好的学习生态系统，以创造更美好的未来。

（二）体系与机构

新加坡的成人教育系统层次分明、广泛健全。从教育层次划分，成人教育的课程大致可分为三级。[1]

---

[1] 黄建如. 新加坡发展终身学习体系的借鉴意义 [J]. 继续教育研究，2004（1）：17-20.

第一级是工人提高计划，这一级的计划又可分为四类：第一是由新加坡工艺教育学院开办的延续教育。这些课程与学校开设的课程类似，包括英语、母语、数学、科学等，目标是帮助工人掌握基础的学科知识，从而提升学历。第二是由工艺教育学院开办的短期的技能训练课程。学员通过参加技能训练课程可以提高自己的专业实用技能，从而更好地服务于工作。第三为实地培训。这类培训主要由工厂内部举办，更能反映工厂自身需求，提高工厂的生产效率。工人也能通过参加由专业机构举办的评估与测验，获得全国技术证书，提升自我等级。第四为培训机构开展的相关培训。工人可以通过参加私立培训机构的培训提升职业技能。此类课程主要为未参加工作的社会人士以及职场新人准备。经过针对性的培训，学员可以提升自己的能力以迎合劳动力市场要求，提升自我竞争力。

第二级是为中上层工程人员或管理人员而设的专门课程。这些课程主要由四所理工学院开设。除了专业的传统工程管理课程外，还会依据生产与社会需要，与私人企业、专业大学合作开设课程，开展多元化的专题培训。这一类课程针对性、实用性强，充分体现了员工的自主性。通过专门课程的学习，员工能够获取前沿的专业知识，通过针对性的训练可以锻炼思维能力，提高自我专业技能。

第三级是由大学联合承办的学术性提高课程。这类课程一般采用学分制，学员通过课程学习修满一定的学分，达到毕业要求，可以获得相应的证书，提升自我的学位。该课程与一般的学位课程不同，考虑到学员的个人情况，学校允许学生根据自己的时间、进度以及发展目标选修课程，有较强的灵活性。

新加坡的成人教育机构主要分为四类。一是半官方企业性质的机构，包括新加坡技能未来委员会、新加坡劳动局、新加坡成人学习机构等。这些机构由国家为其配备教师、教学基础设施等，教学、培训、管理均由机构负责。二是企业性质的专业机构。私立培训机构通过收取学费，面向社会办学。三是商业机构，包括市场培训中心，银行及金融学院等培训机构，类似于我国行业主管部门或大中型企业举办的培训机构，主要负责开展岗位培训。四是社会团体、社会慈善机构，包括退休人士协会等义务性机构，主要面向退休人员以丰富其退休生活。大多数的成人教育机构是在政府的计划和资助下，由私人部门主导的具有企业性质的培训机构。[1] 新加坡对私立培训机构的管理极为严格，机构的准入需要符合相关要求并且登记在册；机构在教育目标、计划的制定过程中必须接受政府的领导。但同时它们也有很强的自主性和市场性，可以自行设定从职前培训到职后培训的课程，为学生定制专门的学习和服务计划。

（三）新型教学方式——混合学习

在"创新学习 2020"的指导下，混合学习在新加坡的成人教育中逐步得到重视。混合学习是将课堂面授学习和其他教学环境学习结合、教学方式和教学技术结合、学习任务与工作任务结合，使教学与学习趋于最有效果的教学模式。混合学习可以满足培训机构、教师、企业、学生等不同主体的需求。对于培训机构，混合学习可以减少人力、物力、财力，提高培训效率，利用技术和创新来更好地满足企业和个人的需求，吸引更多的客户；教师可以通过混合学习的设计、开发和使用增加专业知识技能，提高课程开发方面的创新性；企业可以将培训和学习融入工作，从而节省时间并降低员工参加培训的成本，提升业务绩效；混合学习提高了课程的质量和吸引力，为学员提供了一个真实的学习环境以发展广泛的技能，满足了实际工作需求。

为了更好地推进混合学习模式在成人教育中的应用，国家提供了"个

---

[1] 罗开贵，魏成松. 新加坡成人教育考察报告 [J]. 四川教育学院学报，1994（1）：5-10.

人、理念、合作、情报、技术"五种不同的策略进行教学。[1] 例如，在"个人"策略中，成人教育可以通过电子信息技术和工作场所的使用，使教育者和机构能够利用技术和创新进行教学，满足不同人群的学习需求和兴趣；"理念"策略强调邀请经验丰富或者独具创新能力的人来分享和探索创新，通过集体讨论、知识竞赛、专家谈话、午餐谈话等方式让学习者学习创新和实践的知识；"合作"策略则需要通过配备设备和工具（如教学视频）来进行合作学习。

在教学过程中，成人教育的教师会借用技术手段辅助教学，如试听培训辅助工具（如 PowerPoint、智能板）、学习视频（如讲座、研讨会）、协作平台（Google Docs），个别的机构甚至还会使用虚拟技术来进行教学。[2] 但当前大部分的教学依然还是单向知识的传授与灌输式的教学。在一项调查中发现，仅有四分之一的教师采用混合教学的模式来应对环境的变化，大部分的教师只进行传统课堂的教学。很多的学员也更加倾向于课堂教学，因为他们更加喜欢通过面对面学习以进行社会互动，也能够更加珍视从工作中抽离出来的时间，提高学习效率。可见，虽然教学过程中越来越多地融入了工作场所教学和技术教学，学习也变得越来越数字化、全球化、移动化和终身化，但在成人教育中推广混合学习模式依然是一个漫长的过程。

（四）充足的教育经费

充足的教育经费是新加坡不断完善教育教学设备、提高成人教育质量的重要保障。新加坡政府格外关注成人教育的资金投入，形成了由政府、企业和个人共同分担培训费用的成人教育经费投入模式。新加坡成人教育

---

[1] BOUND H, RUSHBROOK P. Towards a new understanding of workplace learning: the context of Singapore[M]. Singapore: National Library Board, 2015: 183-187.

[2] CHEN Z, CHIA A, BI X. Promoting innovative learning in training and adult education: a Singapore story[J]. Studies in continuing education, 2020(6): 1-12.

所需的经费主要有三个来源：一是中央财政拨款，政府每年对教育进行拨款，其中一部分投给成人教育；二是企业投资，企业投资是政府规定的企业必须缴纳一定的费用作为培训经费，如工程师或大专以上人员的培训，一般由企业出钱派出去培训；大企业的高级职员亦可参加国外专业的培训，由企业出钱；三是个人出资，个人通过自主付费参加成人教育的课程从而提高自己的能力，依据个人的资历等背景，所需支付的数额不等。[1]

新加坡政府利用这些资金设立各种基金，例如社区关怀基金、技能发展基金、终身学习基金、教育训练基金等，作为各种培训的基金以及成人学生的部分学费。同时，资金还用于成人教育机构的办学，如支付教师工资、改善办学条件等。由于有充足的经费保证，成人教育培训机构的教学设施先进，教学手段现代化。

自"技能创前程"计划启动以来，政府还颁布了很多项目和政策来支持成人教育，以提供高质量的成人教育和培训保持公民在劳动力市场上的竞争力。例如：

• 技能创前程学习奖：该奖项鼓励公民学习未来经济发展所需的专业技能，同时为拥有专业技能的公民提供发展其他能力的机会。从 2015 年起，该项目累积获奖人数已达 2 000 余人。

• 技能创前程贷款：所有 25 岁及以上的新加坡人都能获得 500 新元的贷款，用于参加已获批准的成人教育课程，以发展个人技能和终身学习。

• 技能创前程企业贷款：为企业提供 10 000 新元用于转型的费用抵免，鼓励雇主关注企业与劳动力转型，适应变化的经济环境。

• P-Max：用于中小企业参与招聘、培训、管理高水平人才的相关培训，若完成该计划培训并成功招聘高水平人才的企业将会获得 5 000 新元的补助金。

---

[1] 罗开贵，魏成松. 新加坡成人教育考察报告 [J]. 四川教育学院学报，1994（1）：5-10.

• 技能创前程中期发展职业补贴：对所有处于职业中期（40 周岁以上）的新加坡公民提供最高 90% 的培训课程费用补贴，鼓励该类公民终身学习，接受培训以提高其职业技能。

（五）高质量的教师队伍

在新加坡的成人教育领域，成人教育的工作者不仅是传授专业知识和技能的教师，他们还扮演着不同的角色。新加坡的成人教育分为三个领域：成人教学、培训管理、人力资源管理。[1] 成人教学人员为传统的教师，他们不仅提供专业培训，还会执行和开发与培训有关的活动，包括学习需求分析、设计开发课程、评估。根据工作性质，成人教学人员分为全职教师、自由教师和行业教师。全职教师是在培训机构全职工作的教师；自由教师是指那些兼职或以培训为主要职责的签约自由职业者；行业教师是指拥有稳定职业之余，将从事与成人教育相关工作作为副业的人。培训管理人员的任务是对培训机构进行管理，包括对培训计划、培训资源、学习系统的管理。人力资源管理人员通常由独立顾问担任，工作内容涉及整体人力资源的开发和管理，帮助机构更好地适应不断变化的需求，提高培训机构绩效。

无论是普通教育还是成人教育，都要求教师具备良好的学历和培训资格证书。据统计，新加坡 90% 以上的成人教师都具有大专以上的学历。教师拥有丰富的实践经验，一半以上的教师拥有五年以上的工作经验，而且 70% 的教师曾经在其他行业工作过，有从事相关行业的技能和实践经验。[2] 虽然成人教育的目的是为社会提供优质的成人教育培训，但是成人教

[1] CHEN Z, CHIA A, BI X. Promoting innovative learning in training and adult education: a Singapore story[J]. Studies in continuing education, 2020(6): 1-12.

[2] CHEN Z, CHIA A, BI X. Promoting innovative learning in training and adult education: a Singapore story[J]. Studies in continuing education, 2020(6): 1-12.

育作为一项专门的职业，与其他职业一样也需要进行相关的入职培训。随着新加坡不同行业继续教育需求的不断扩大，新加坡劳动发展局设定了 5 个关键领域，即人力资源开发、学习设计与开发、教学与评价、评估与研究、继续教育政策的开发，只有在关键领域中达到要求方能成为成人教育工作者。

新加坡还成立了成人学习研究所（IAL），提高成人教育工作者的专业化技能，开展成人教育工作者的基础培训以及成人教育的相关研究。该研究所与新加坡社会科学大学合作，通过项目开发、研究以及行业实践等理论与实践相结合的形式，为成人教育工作者提供科学的指导，推动教育创新，提升成人教育工作者队伍的质量。

（六）劳动力技能资格认证体系

劳动力技能资格认证体系（WSQ）是由政府、雇主、行业协会、工会和专业机构共同合作，为劳动者开发的继续教育和职业培训的综合认证体系，意在建立其行业的技能资格认证框架，培训、开发、评估和认证劳动者的技能和能力。在"技能创前程"计划中，该体系被赋予了新的任务，即通过认证技术和能力推动技能的掌握和进步；促进劳动力全面发展；通过技能的专业化来支持经济发展，推动行业转型，发展生产力和创新能力；鼓励终身教育。该认证体系将不同的利益相关者连接起来，根据实时的市场需求建立技能框架，给培训人员提供清晰的职业路线图。

新加坡劳动力技能资格的特点之一就是开发了劳动技能框架。劳动技能框架能够提供有关求职、招聘、工作、新兴技能以及相关教育和培训计划等的最新信息。劳动技能框架由以下五个模块组成。①行业信息：描述行业和就业现状，利用统计数据对行业人力以及职业需求进行说明。②职业途径：阐明职业的构建过程，提供垂直和横向竞升的机会路径图。③职业描述：全面介绍该职业的技能要求、工作环境以及工作期望。④技能描述：详细介绍职业所需的专业技能和普通技能。⑤培训项目：介绍该行业的相关培训项目。技能框架给不同的人群提供了不同的便利，如：劳动者可以利用技能框架在职业发展和技能升级方面做出明智的选择；雇主可以参考技能框架进行人力资源的研究，以做出明智的决定；培训提供者可以使用技能框架来开发相关的计划，满足雇主和劳动者的需求。至今，已有会计、航天、电子产品等34个技能框架。[1]

在技能框架的基础上，将劳动力技能资格分成了基本技能体系和专业技能体系。基本技能体系是培养培训者阅读写作与计算能力、信息处理与通信能力、终身学习能力等基础的工作技能；专业技能体系包括产业技能和职业技能。这两种体系都包括培训、资格认证和经济资助三个模块。基础技能的培训分为读写、计算、工作技能三个培训模块，而产业技能则根据不同产业的特殊需求进行培训。新加坡劳动力发展局主要负责资格认证制度，证书分为修业证明书、劳动力技能资格证书等不同等级。经济资助的经费来源于企业、国家等不同主体，根据培训的性质和劳动者的个人条件，可以获得不同的资助。

第二节　成人教育的特点和经验

在终身教育思想的指引下，新加坡将成人教育与职业教育密切联系在一起，促进了成人教育的发展。新加坡政府尤其重视成人的职业培训，将职业培训作为人力资源培养的重要手段。

---

[1] 资料来源于新加坡技能创前程网站。

一、以终身教育理念为指导

终身教育是贯穿人一生的自我提高和自我完善的过程，是获得职业技能或提高个人素养的持续教育过程。随着技术变革的步伐逐步加快，对劳动力进行终身教育成为未来经济发展的重要影响因素。只有通过终身教育，全民在思想道德素质、科学文化素质、身心健康、创新意识和实践能力等方面才能持续提高。

新加坡把提高全体国民的教育水准和文化素质作为政府的一个重要任务，并紧紧依托实施职业教育和成人教育培养国家所需的人才，提升劳动队伍的知识水平和技能。作为一个经济文化发达的都市化国家，新加坡就业结构在快速地发生变化，职业和岗位变动也越来越频繁，只有不断地改变和调整，不断地学习和创新，方可跟上时代发展步伐。和世界上许多发达国家一样，新加坡已经实现了让多数人获得中小学和高等教育的目标。尽管如此，还是不能满足社会经济发展的需要。因此，终身教育已经不是一个选择，而是人们生存和发展的第一需要。成人教育是终身教育的重要环节，只有成人教育搞好了，终身教育体系的建立才有保障。为此，新加坡政府积极推广成人教育与终身教育的融合，建立终身教育体系，致力于把新加坡建设成一个学习型社会。

近年来，新加坡政府坚持把终身教育作为其推进教育事业改革与发展的理念。1999 年，时任新加坡总统纳丹在 21 世纪的政府议程中阐述："我们的工人需要培训和再培训，做新工作需要新的技能。否则，随着经济的增长，他们的工作将会逐步淘汰，他们可能会发现自己没有工作。即使熟练的工人也必须更新旧的技能，获取新的技能，保持最新。因此，我们将促进终身学习。"[1]2014 年，时任新加坡教育部部长王瑞杰在参观资讯通信发

---

[1] NG S K. An insider perspective of lifelong learning in Singapore: beyond the economic perspective[D]. Durham: Durham University, 2006: 10.

展管理局举办的"跨代资讯科技训练班"时说:"持续教育一方面与提高技能和经济发展有关,但除此之外,我们也应该探讨如何在本地培养终身学习的文化,鼓励人们学习各种各样有意义的知识,而这些未必一定和就业有关。"[1] 同年,《新加坡持续教育与培训 2020 年总蓝图》发布,要求教育和培训机构必须提供高素质的培训内容,雇主必须对雇员的培训计划负起责任,政府提供各方面所需要的资源和资金,以培养追求终身教育的文化。

在迎接信息化、智能化挑战的今天,新加坡政府积累了大量的终身教育经验以满足人们旺盛的受教育意愿。首先,政府高度重视成人教育,并从经济上给予支持。政府从理念到行动的大力作为对于形成终身教育体系起到极为重要的作用。新加坡政府领导人过去几十年不断提醒国人终身教育的重要性,重点多半围绕鼓励工人提升技能,以应付新经济的需要。为支持终身学习,新加坡还专门设立了终身学习基金,用于支持实施各种各样的培训计划,培养人们终身学习的态度,发挥创新和进取精神。其次,形成了较为成熟的政策和制度,政府积极通过制定相关的政策和条例来保障成人教育的顺利开展和后续管理。最后,设立了终身教育机构,建立完善的终身教育体系。终身教育体系的建立需要专门的机构综合运用终身教育资源、协调不同社会主体、加强各类教育之间的联系,确保终身教育体系的实施。

二、充足的经费保障

经费是成人教育事业发展的经济基础和物质保障。新加坡政府非常重视对成人教育事业的经济投入,财政拨款、企业投资和个人投资是新加坡成人教育发展经费的主要来源,形成了政府、企业、个人共同参与的投资

---

[1] 王运武、王其云. 新加坡终身教育的特色与启示 [J]. 江苏开放大学学报,2016,27(1):65-74.

教育模式。政府建立相应的监督管理部门对资金进行管理，由其负责成人教育各项经费的支出，明确规定企业在职员工必须接受一定时间的成人教育培训。在制定这些强制措施的同时，新加坡中央政府每年会拨出一大笔资金给生产力局等部门用作成人教育和职工培训。2021 年，新加坡预计在成人教育支出 54 亿新元以促进职工就业与技能提升。[1] 利用政府拨款，新加坡设立了众多的成人教育基金，支持实施各种各样的成人教育计划，推动成人教育的发展。新加坡设立的成人教育基金种类繁多，各具特点，如终身学习基金、成人教育技能发展基金等，满足了各类人群的发展需要，极大地调动了民众参与成人教育学习和培训的热情和积极性。

新加坡政府把成人教育和培训当作了一项重要的事业来推进，设立各项基金政策鼓励公民参与成人教育，并且给予参与学习的员工一定的经济补偿，支付成人教育所需的费用，鼓励社会成员积极参与到成人教育的学习和培训中去。企业自身也采取积极的措施，充分重视员工的培训学习，注重员工的学习培训工作，甚至对参与学习培训的员工给予物质奖励，实行带薪的教育培训，调动员工参与成人教育的热情。国家也对这些企业做出一定的补偿，参与成人教育越多的企业获得的补偿就越多，免除了企业和员工的后顾之忧，有效地推动了新加坡成人教育的创新发展，在全社会范围内营造了一个积极健康的成人教育和终身学习文化氛围。

三、发展特色的老年教育——乐龄教育

老年教育是新加坡成人教育的重要组成部分。作为世界上老龄化最快的国家之一，新加坡正在努力采取措施来应对人口老龄化引发的一系列社

---

[1] 资料来源于新加坡财政部官网。

会问题。在新加坡，将老年人尊称为"乐龄人士"，积极推广"活跃乐龄"理念，采取"乐龄教育"帮助乐龄人士实现活跃的乐龄生活。[1]

新加坡的乐龄教育是面向老年群体的教育，由活跃乐龄理事会负责和推进，由大学、理工学院、工艺教育学院、工商企业和社会基层组织等联合组织。其中，乐龄理事会在乐龄教育实施方面发挥着重要的作用。新加坡活跃乐龄理事会成立于 2007 年，是一个独立性的团体，主要职责是创办和协助一些有意义的乐龄活动，以便向国人推广活跃乐龄的理念，同时还承担教育的使命，向乐龄人士传达"活跃乐龄"的相关信息。活跃乐龄理事会把终身学习、社交老年学和乐观面对乐龄就业三大领域作为工作重点，提倡过充满活力和积极的晚年生活。新加坡活跃乐龄理事会通过与第三年龄大学、爱龄学院、乐龄志愿者组织等伙伴合作推动老年人的终身教育。活跃乐龄理事会推出了 400 多种免费课程，包括实用社会老年学课程、代际学习课程等，运用简单易懂的方式让乐龄人士进行学习。

乐龄教育的课程内容十分健全。中老年人可以参加的课程类型有社区课程、就业课程、技能提升课程、学历课程、爱好课程等。中老年人还可参加学术课程，如文凭课程、学位课程、研究生学历课程等，甚至可以获得培训与评估高级证书、社会工作硕士、法学学位等资格证书。这些学术课程较为严格，采用讲座或研讨会的授课方式，有作业、演讲和考试，学员必须参加一定数量的课程模块，将学习到的技能应用于实践方能毕业。为了鼓励学习，课程采用角色扮演、专题研习、体验式学习、社会工作等多种教学形式，甚至有与其他国家中老年人学习机构交换的机会。

此外，其他机构也依据自身的特点开设了五花八门的课程。新加坡国际管理学院提供"黄金年华"课程，该课程以活跃乐龄理事会提出的乐龄康乐六个层面，即社交、智能、体能、就业、感情、精神，帮助乐龄人士

---

[1] 王冰. 新加坡乐龄教育探析 [D]. 长春：东北师范大学，2012：16.

形成终身学习的理念，培养新的知识与技能，结交新的朋友，为家庭、社会做出贡献，在"乐龄时期"再创人生高峰。新加坡继续教育协会和新加坡第三年龄大学都属于世界性的第三年龄大学的一部分。新加坡第三年龄大学为那些年满 50 岁的乐龄人士以及退休的、半退休的或行将退休的公民提供学习课程、研讨会和活动；继续教育协会则提供健康、金融、个人发展、关系、爱好、知识的追求等六类课程。

对于拥有多元文化的新加坡来说，乐龄教育之所以能够逐步受到广大乐龄人士的认可，与其实施模式的多样化是密不可分的。由于语言、文化背景、受教育程度等的不同，不同的乐龄人士对学习的要求与目的也不尽相同。为此，新加坡通过多种途径来实施乐龄教育，如以私立的形式开展乐龄准备教育；依托项目，开设快乐学堂；与大学合作，以社区为中心，创办乐龄学院。[1] 多样化的实施途径在一定程度上满足了不同乐龄人士对学习的不同需求，不仅扩大了受教育的对象，也是促进民族团结、维护社会稳定的重要手段。

第三节 成人教育的挑战和对策

在转型与变革的时代，新加坡成人教育在展现出良好的发展态势的同时，也面临着前所未有的挑战。

一、构建新的教育教学理念及模式，提高教学质量

新加坡传统成人教育的教学质量在社会变革中暴露出许多问题，面临

---

[1] 王冰. 新加坡乐龄教育探析 [D]. 长春：东北师范大学，2012：23.

着巨大的挑战。相较于普通教育，成人教育特点之一就是成人教育的对象是更加具有能动性、自主性以及自我意识的成人。成人生理、心理发展都已成熟，记忆力、理解能力、自觉性等都比青少年强，同时也积累了丰富的实践经验，拥有独立的自我概念和强烈的学习动机，能够给自己制订学习计划来指导学习。此外，成人学生学习的目的性也更强，他们更加喜欢实用性的知识内容以适应职业发展的需要。可见成人教育教学不能够采用普通的教学方式。但当前新加坡成人教育依然停留在知识与技能的培训上，没有很好地照顾到成人教育的特殊性，难以更大地发挥成人教育的价值。

第一，在成人教学中，教师的角色定位模糊。在传统的教育模式下，教师是教学活动的中心，教师仅仅对知识进行灌输，在学生中具有权威的地位。而学生被动地接受教师的知识，缺乏对知识的独立思考。这种教学方式过度强调教师的教学，而忽视了学生的学习，导致教学主体的偏离，使学生处于被动的地位，降低其学习的积极性，缺少精神上的沟通。在师生对话的过程中，教师是对话的主导者，甚至是"独白者"，把握着课堂话语的霸权，而学生的课堂话语权甚至完全被教师剥夺。这种师生地位不平衡的教学不符合成人学习者的心理特点与学习需求，难以体现其主体性。随着新加坡信息社会和技术教学的发展，"以学生为中心"的思想观念受到了成人教育界的关注，教师的角色定位发生了重要转变。教师不再是学习的中心，逐渐从台前走到幕后，成为教学的设计者、引导者和组织者。网络教学逐渐成为成人教育的重要教学方式，然而网络教学中信息的结构化以及先进技术的直观化极大地制约了学生的创造力，使得教师的教学方式面临着极大的挑战，其角色定位在传统教学和新技术教学中摇摆不定。

第二，成人教育的学习过程缺少必要的交流与互动。在实际的教学中，对话教学缺乏有效的组织，主要表现在两个方面。一类是师生之间互动甚少，课堂氛围冷清，教师仅与极少数的同学进行对话。另一类就是课堂秩序混乱，教师在讲台上讲授大量的理论知识，而学生则在讲台下进行与课程内容无关的活动。这样的课堂教学仅仅是流于形式，教师无法高效地发挥对话式教学的特点，学生也无法深入思考。此外，师生的对话教学很难得到相互的反馈。一方面，教师没有在对话教学中及时给予评价或指导，降低了学生的积极性；另一方面，学生也没有对教师的提问或评价做出积极回应，以致教师无法准确掌握学生的学习情况。除了在课堂上与教师互动外，成人学生大多利用业余时间学习，学业之外还有其他琐碎繁杂的事情，与教师交流接触的机会不多；而且部分教学在网络上进行，由于网络教育的局限性，使师生无法面对面交流开展实践活动，互动更是不容乐观。总之，在传统成人教学过程中，师生的教与学长期处于隔离状态，人际关系闭塞，师生之间缺乏互动和情感的交流，教师无法了解学生学习的真实状况，学生学习过程单调，教学效果不佳。

第三，学生无法有效开展小组活动。很多成人教学活动需要通过成员间的交流、互助、协作等方式开展小组合作，共同解决学习困难，完成学习任务。但是成人教育的学习者来自不同的地区，职业、性格等也不尽相同，学习时间很难统一，无法进行课后的小组活动。即使教师开展小组活动，也可能会因为小组组建形式单一、教师指导不到位等因素而流于形式，无法达到理想的效果。

当前，数字化、交互式的学习方式正在逐渐取代传统的学习方式，技术学习由于收益高、灵活便捷等优点，变得越来越受社会的欢迎。技术学习主要是指利用技术而进行的学习，如电子学习、在线学习、手机学习、虚拟现实学习等。新加坡的继续教育学习技术行动小组在面对低效率的成人教育教学时，主张利用技术学习促进成人教育，实现教学变革，让学习者更加自主地参与培训，灵活地选择培训的时间与内容。

在技术学习的基础上，新加坡的成人教育部门推出了以混合学习为主要特点的"创新学习2020计划"，以满足企业和个人的动态学习需要。混合学习是课堂学习、技术学习以及工作场所学习的有机结合，克服了传统教学和网络教学两种学习方式的局限，在教育和培训中发挥了重要作用。混合学习提供了创造性的教育方案，能够帮助学习者跨越地区、时间的界限，使学习成为一个连续的过程而非一次性的学习活动；通过良好的教学设计和教学过程，满足学习者多样化的需要，提高参与度，从而获得良好的学习效果。混合学习给学习者提供了良好的实践课程和基于工作场所的学习机会，将理论与实践结合，在不同的环境中学以致用。然而，在成人教育中推广混合学习是一个漫长的过程，当前大部分的培训机构和教师仍然采用课堂教学。此外，研究发现，在混合教学的使用中，存在技术教学的应用并不深入、没有与学习过程发生实质的联系等问题。混合学习该如何适应创新学习的浪潮？这对新加坡的政府、企业和培训机构来讲是一个新的难题。

同时，新加坡的有识之士提出，将成人教育的关注点从传统的教育者转向学习者和学习过程，以此构建新的教学方式和理念，采用对话教学的教学方式促进深度学习，帮助成人学会更好地自我学习，学会与自我、他人、社会相处。对话教学是一个多边互动的过程，教师成为小组的成员参与活动，形成教师与学生、学生与学生之间的双向互动。在这样的交往方式之下，教师能够允许学生质疑、表达不同的声音，学生也不再被动地接受知识，而是一个有独立思想的个体，打破了"一言堂"的尴尬氛围，教师和学习者在思维的碰撞中，促成新的意义创造。

对此，成人教育研究者结合对话教学的特点，针对不同主体对当前对话教学的有效实施提出了四点建议。第一，培训机构应该鼓励教师探索对话教学，让教师享有教学尝试的自由权。同时也要总结对话教学模式的经验，开展经验分享会，共同促进进步，实现教学模式的革新。第二，提高教师专业教学能力，形成对话教学的"思维方式"，培养对话的意愿和态度。教师也要精心设计教学过程，创设合适的教学情境，安排适当的教学活动，吸引学生成为对话性的学习者。第三，提高学习者的实现对话教学的能力，如元认知、元思考；倾听他人声音；学会批判性思考、探究问题等。教师要帮助学生树立对话的意识，真正积极地加入对话与交流的过程中，将学习者从知识的接收者转变为对话的主体。第四，改变教育体系以支持教学方式的革新，鼓励教学做出改变，倾听教育者和学习者的心声。

二、推行多项职业支援及培训计划，提升劳动力就业技能

当今世界，新技术革命浪潮风起云涌，全球经济深度调整，新加坡的产业结构调整也明显加速，表现为就业结构从劳动密集型向资本密集型、技术密集型转变。劳动力素质对于新加坡的工业化进程至关重要。在劳动密集型企业处于边缘化的今天，如果现有的劳动力没有掌握市场所需的技能，就无法适应当下的市场竞争，很难再就业，这必然会导致结构性失业人数增加。在当前劳动力短缺的情况下，提高劳动者能力是产业结构调整的必要举措，也是使就业者不至于陷入失业的人力资本保障。

进入 21 世纪以来，新加坡面临着人口老龄化、经济增速放缓、失业人口剧增、整体就业形势恶化等多方面前所未有的问题和挑战。在紧张的经济形势下，新加坡的企业只能采取裁员的方式来缓解内部压力，失业人数呈爆炸式增长。据人力资源统计，2016 年新加坡失业超过 25 周的人数占总体失业人数的五分之一。此外，由于工作压力大、消费水平高、适育人口的生育意愿降低等原因，出生率成为世界上最低的国家之一，加上医疗水平的提高，新加坡的预期寿命也逐年上涨。新加坡老年人口比例急速增长，劳动力人口却急剧下降，预计到 2050 年，老龄人口将达到 38%，成为世界上老龄化最严重的国家。当前和未来劳动人口年龄的变动，迫使新加坡不得不采取各种政策来缓解经济等多方面的压力。比如，采取积极的政策引进高素质海外人才，企业引进外国员工来解决人员短缺问题等。但是，仅

仅依靠引进外来人才并不能从根本上解决问题。为此，新加坡政府针对不同主体制定了"职业支援计划""在职培训计划""领袖培育计划"等方案，以提高劳动力素养，适应未来市场需求。

首先，新加坡在成人教育方面针对大龄失业人群实施"职业支援计划"。职业支援计划通过对大龄失业人群进行继续教育和培训，提升失业人群的就业技能，确保其实现再就业。政府重点关注对失业人群的继续教育，在雇主和失业者之间建立起桥梁。"职业支援计划"培训项目已经覆盖包括保安、印刷、会计等 20 多个职业领域。[1] 失业的一个重要原因就是失业者所掌握的技能无法与企业进行匹配，职业支援计划通过举办现场和虚拟职业展，给失业者进行有针对性的培训，使求职者找到工作，为企业招聘心仪的人才。在资金投入上，新加坡设立了基金，给大龄失业人群提供继续教育，并且专门针对大龄失业人群的雇主提供相应的薪资支持。根据失业者的不同层次，政府会给雇主提供不同数额最多 18 个月的薪金支持。在培训管理上，成人教育机构密切配合职业支援计划的推进，给失业者提供具有针对性的培训计划，满足不同年龄层的失业人群，以保障产生良好的效果，帮助他们找到工作。"职业支援计划"的另一个特色是重点面向 40 岁以上的中年失业人群。中年人群在社会迅速发展的背景下，其个人技能已经很难满足当前职场需要，在企业裁员危机中，他们往往首当其冲。失业后，由于个人能力和年龄歧视等问题，也很难再就业。同时，中年人一般承担着维持家庭正常运转的重任，一旦失业，会给个人、家庭甚至社会产生巨大的压力和负担。"职业支援计划"帮助这些失业者通过劳动人力部网站根据自己的意向申请免费的技能培训，提升职业技能和就业竞争力。中年失业人群在新课程学习和培训后，掌握了新知识和技能，获得了新岗位，同时还拓展了人际关系，感受到终身学习的魅力。

---

[1] 资料来源于新加坡劳动人力部网站。

其次，推行"在职培训计划"。"在职培训计划"主要面向毕业生，帮助毕业生能够边工作边进修，在工作岗位上接受系统培训，并在学院参与相关课程学习，更好地向工作岗位过渡。参加"在职培训计划"的毕业生在工作岗位中都会分配到一名导师，接受有针对性的技能培训，企业也会为学生制定合理的职业发展计划。在培训结束后，培训者可以获得兼职文凭、高级文凭、技术文凭等不同的文凭，提升在劳动力市场的竞争力。当前的培训项目已经覆盖了 20 余个领域，60 余项课程，如生物医药、游戏开发、酒店、科技咨询等，参与人数增加迅速。预计在 2025 年，三分之一的新加坡职业院校毕业生都能够参与到这项计划中。

再次，推出了"领袖培育计划"，主要面对企业的优秀员工，培养新一代的企业领袖。新加坡政府通过与海外的企业合作，安排人员通过海外工作等方式进行训练，培养具有国际视野、能掌握全球市场动向的优秀人才。此外，政府还与权威企业合作，提供优质的管理课程，深化企业领袖的技能，提高其工作能力，培养具有潜力的员工成为企业领导人。政府争取在"领袖培育计划"的推动下，使新加坡的劳动力队伍能够把握机遇、与时俱进。

第九章 教师教育

新加坡的教师教育自 1950 年教师培训学院成立至今已走过 70 余年的风雨历程。在这 70 多年里，新加坡教师教育积极应对困难与挑战，紧跟国际国内教育发展趋势与走向，依据国家和教育部的政策措施不断变革，形成了系统稳定的教师教育体系，是新加坡教育成功的根本力量。

第一节 教师教育的发展和现状

李光耀曾指出，解决新加坡面临的诸多问题的关键在于人才的培养，因为人才是新加坡的唯一资源。而人才的培养又依赖于教育，特别是教师队伍的建设。新加坡教师教育历经 70 余年的发展与变革，在正确的理念引领之下，严格把控教师教育的准入门槛，形成了成熟、系统、实用、有效的职前职后培养体系。

一、教师教育发展历程

1950 年教师培训学院（TTC）的成立，标志着新加坡教师教育的诞生。

以此为起点，新加坡教师教育的发展历史可以划分为以下四个时期，即：形成时期（1950—1972 年）、规范时期（1973—1990 年）、成熟时期（1991—2000 年）以及变革时期（2001 年至今）。[1]

（一）教师教育发展的形成时期：增加教师数量（1950—1972 年）

这一时期，新加坡教师教育发展处于形成阶段，教师教育主要由教师培训学院主导，以培养足够数量的教师、满足国家教育需求为主要目标。

新加坡独立以前属于英国的殖民地，尚未建立起独立自主的教师教育体系，也没有专门的教师教育机构牵头负责教师专业发展。第二次世界大战结束之后，新加坡开始在中小学校进行扩招，[2] 由于学生数量激增，急需系统稳定的教师培训机构输送足量师资与之匹配。因此，新加坡于 1950 年成立了教师培训学院，主要负责在职教师的培训工作，这标志着新加坡教师教育有了较为正规的专门培训机构。这一时期，新加坡教师教育的课程设置主要包括三大领域，即：教育理论与学科知识、教师技能与教育方法、教育实践课程。[3]

1959 年，新加坡实现自治，1963 年与马来亚、沙巴、沙捞越共同组成马来西亚联邦。政治的不稳定性导致新加坡的教师教育在这几年未能取得长足进展，直到 1965 年新加坡脱离马来西亚联邦才有所转变。国家初立之时，新加坡物质文化条件欠佳，教师教育发展较为落后。为了应急之需，新加坡政府采取了提高薪资待遇、缩短教师教育年限、短期速培上岗等方法，在一定程度上补充了教师需求缺口。例如，在这一时期，新加坡的华语教师和英语教师培养课程只需要一年时间即可修读完毕，毕业后就能够

[1] 曹永清. 新加坡中学教师专业发展的一体化研究 [D]. 成都：四川师范大学，2019：15.

[2] 刘世强. 新加坡职前教师教育质量管理研究 [D]. 石家庄：河北师范大学，2018：15.

[3] 黄瑾，姜勇. 新加坡精神取向的教师教育改革述评 [J]. 外国中小学教育，2012（8）：32-37.

去小学任教。教师培训学院也采取了"速培"上岗的办法，即将入职的教师进行短期培训后就可以上岗教学。[1] 通过以上措施，新加坡教师数量有所增长，初步满足了教育教学的基本需求。

尽管这一时期新加坡的教师教育开始得到重视并取得了一定的发展，但是这种以生存为取向、以"短平快"为突出特点的教师教育发展模式属于应急方案，重点关注对教师数量需求的即时满足。由于"应急方案必须大量进行，往往意味着标准必须被稀释"[2]，必然导致后续发展动力不足且问题突出，对教师专业发展产生负面影响。因此，在教师缺口问题已基本得到解决的情况下，新加坡政府开始逐渐将重点转向提高教师质量上，为之后新加坡教师教育的规范化、体系化埋下伏笔。

1970 年，新加坡国会通过了《教育学院法案》，建议撤销教师培训学院，设立教育学院。教育学院作为自治机构，致力于提升教师教育的学术水平，有权向有意从事教师职业的学生提供教育学士学位和硕士学位的攻读机会。[3]

（二）教师教育发展的规范时期：关注教师质量（1973—1990 年）

这一时期，新加坡教师教育发展由教育学院（IE）主导，教师教育发展的阶段性重点从关注数量转变为关注质量，主要任务聚焦于改善培训条件、提高教师队伍素质。[4]

1973 年，教师培训学院、新加坡大学教育学院以及教育部下设的研究单位合并为教育学院，代替了原来的教师培训学院，成为新加坡唯一

---

[1] 谭华凤. 新加坡中小学教师职后培训体系研究 [D]. 重庆：西南大学，2016：18.

[2] LUN C Y, CHAN W C. A brief survey of teacher education in Singapore[M]//LUN C Y, DE SOUZA D. In experience: the first ten years. Singapore: Institute of Education. 1983, 3-17.

[3] 刘世强. 新加坡职前教师教育质量管理研究 [D]. 石家庄：河北师范大学，2018：16.

[4] 潘娟. 回应 21 世纪的挑战：新加坡教师教育模式研究 [D]. 北京：首都师范大学，2011：12.

的"一站式"教师教育高等学院，向中小学教师提供职前训练，同时为符合要求的教师开设在职培训课程。教育学院的成立，标志着新加坡教师教育职前培养、在职培训两大体系的建立，新加坡教师教育由此进入规范化发展时期。[1]

在这一阶段，教育学院根据急速变化的外部教育环境做出敏锐反应和及时调整，对本国教师教育的发展路向进行了重新定位，从以下三个方面对新加坡的教师教育进行了变革与改进：一是改善职前教师对教学过程的看法，二是加深对国家、地区和国际教育问题的思考意识，三是提高教师的课堂管理能力、语言交际能力和教育技术运用能力。[2] 教育学院根据这一时期的改革重点，对师范院校教师教育的整体课程设置进行了改进，以提升教师专业能力的课程和提升教师个人能力与修养的课程为两大抓手，通过专业理论知识讲授、实际操作能力培训以及职业动机引导等对教师进行培养与教育。

教师教育模式逐渐转变为实践取向下的理论与实践相结合的培养模式。为提升师资质量与水平，在职前教育阶段，新加坡立足本国国情设计出了"理论–实践课程框架"，并据此将职前培养课程分为实践课程、核心课程和选修课程三类，教育实习也首次作为正式课程进入教师培养阶段，体现了教师教育过程中教学实践的重要性。在职培训阶段开始采用"区分层次、按需培训"的策略进行，以促进每一位教师的专业发展为最终目的，将在职教师分成不同的层次类型，各类型的教师有着各自不同的培训需求与发展目标，真正做到"因师而异"，从而有针对性地促进教师专业发展。

---

[1] 曹永清. 新加坡中学教师专业发展的一体化研究 [D]. 成都：四川师范大学，2019：17

[2] 潘娟. 回应 21 世纪的挑战：新加坡教师教育模式研究 [D]. 北京：首都师范大学，2011：13.

（三）教师教育发展的成熟时期：教师学术化与专业化发展（1991—2000 年）

新加坡教师教育发展在此时进入了成熟时期，在这一阶段，新加坡教师教育由国立教育学院主导，教师教育的重心为强调教师学术化、专业化发展。

1991 年 7 月 1 日，教育学院与 1984 年设置的体育学院合并为新加坡国立教育学院。同年，国立教育学院并入新成立的南洋理工大学，成为设立在南洋理工大学内的独立自治学院，标志着新加坡教师教育进入综合性大学阶段，也标志着新加坡教师开始朝着高学历的方向发展。

国立教育学院是当时新加坡教育部唯一认定的教师教育机构，承担着全国性的教师教育任务。它依托南洋理工大学，同时享有较多的自主权，能够充分利用南洋理工大学在计算机科学、多媒体技术等方面的优势，助力新加坡教师教育。国立教育学院设置了艺术学院、科学学院、教育学院、体育学院和教育应用研究中心。为进一步提高教师质量，新加坡国立教育学院设计了三种主要的教师教育方案：即一年制研究生文凭教育项目、四年制教育文/理学士（教育）学位方案、两年制教育文凭方案。2000 年，国立教育学院开始提供教师教育的硕士和博士学位。可见，国立教育学院用项目制模式代替传统的学科划分模式来培养高学历、学术型教师[1]，形成了兼顾不同学历、多样类型教师专业发展需求的教师教育体系。

此外，国立教育学院还继承发扬了注重研究的优良传统。1998 年，新加坡教学思考中心成立。该中心旨在为新加坡的学校和教育机构提供高质量的教学、研究和咨询服务，并致力于将创造性和批判性思维培养纳入教育教学之中。

---

[1] 曹永清. 新加坡中学教师专业发展的一体化研究 [D]. 成都：四川师范大学，2019：19.

（四）教师教育发展的变革时期：面向未来的教师教育（2001 年至今）

21 世纪是信息社会和知识经济的时代，社会发展对人才培养提出了更新更高的要求，教育发展也面临着前所未有的挑战。这一阶段的新加坡教师教育通过批判与反思、继承与创新，紧随基础教育改革步伐，从"以学生为中心、以价值观为导向"的教育理念出发，形成了面向未来的教师教育体系[1]。

2003 年，国立教育学院设立教学法与实习研究中心。2005 年，学习科学实验室设立，致力于探索和优化科技在教育教学中的使用服务。2007 年，国立教育学院推出"3：3：3 蓝图（2007—2012 年）"，强调新加坡国立教育学院的教师教育方案应该在追求科学研究目标的同时，满足基本的教师供给，注重教师质量。

面对 21 世纪以来国际国内教育发展变化的现实需求，新加坡国立教育学院基于对国际趋势的理解、结合当地政策以及研究数据，于 2008 年发布了《21 世纪教师教育模型》（TE21）。该模型强调教师教育的关键要素包括基础理念、课程设置、教师期望的成果和学术途径等，涉及从初期准备阶段到后期发展阶段全面系统的教师教育。[2]

2011 年，时任新加坡教育部部长王瑞杰强调新加坡的教育在未来应关注两个发展重点："我们希望使我们的教育系统更加以学生为中心，并加强整体教育的重点——以价值观和个性发展为中心。我们可以称之为以学生为中心、以价值观为导向的教育。也就是说，要重视我们的学习者和学习价值观。"[3] 自此，"精神"取向在教师教育中逐渐走向主流地位，培育 21 世纪泛能力、新兴能力、社交与情感能力、核心价值成为新加坡教师成长模

---

[1] 刘世强. 新加坡职前教师教育质量管理研究 [D]. 石家庄：河北师范大学，2018：19.

[2] 杨丽. 高标准教师的培养：新加坡教师教育的经验与启示 [J]. 教育现代化，2018，5（32）：311-313.

[3] 刘世强. 新加坡职前教师教育质量管理研究 [D]. 石家庄：河北师范大学，2018：19.

式的主要目标，"培养新加坡教师成为伦理教育者"成为教师教育的核心，此外还要求教师成为专业胜任者、协作学习者、变革型领导者与共同体建设者，[1] 以应对 21 世纪的挑战。

综上所述，新加坡教师教育发展历经 70 余年，先后经历了形成时期、规范时期、成熟时期、变革时期，从最开始增加数量到后来提升质量，最终走向不断追求教师数量合理与教师能力优质化并存的过程，实现了从无到有、从弱变强的目标，形成了全面综合、系统专业、面向未来的教师教育体系。

二、教师教育现状

（一）理念引领——21 世纪教师教育模型

2008 年，国立教育学院发布了《21 世纪教师教育模型》，为 21 世纪新加坡教师教育的发展指明了方向。作为新加坡教师教育改革的蓝皮书，该报告希望以此引领教师教育项目的设计、实施和评估，将教师培养成为 21 世纪高素质的教学专业人员。[2]

该模型以 21 世纪学习者为教师教育的核心，共提出了六项建议，分别是 V³SK 模式、师范毕业生能力框架（GTCF）、加强理论与实践的结合、教学法的拓展和培养方案的改进、21 世纪教与学评估框架、增加专业发展的途径等，贯穿了教师专业发展的全过程。[3]

其中，V³SK 模式代表了国立教育学院教师教育的基本理念，包括以学生为中心、教师身份认同、服务于专业和教师群体三种价值观以及 21 世纪

---

[1] 李晓华，李义茹. 新加坡教师教育透视及启示：基于"教师成长模式"的分析 [J]. 清华大学教育研究，2020，41（4）：97-106.

[2] 资料来源于新加坡国立教育学院网站。

[3] 杨丽. 高标准教师的培养：新加坡教师教育的经验与启示 [J]. 教育现代化，2018，5（32）：311-313.

全球化进程中教师专业发展所必备的技能与知识（具体内容见图9.1），旨在培养具有积极态度、技能和知识渊博的教师。[1]

价值观1： 以学生为中心	价值观2： 教师身份认同	价值观3： 服务于专业和 教师群体	技能	知识
（1）与学生寻求共鸣； （2）相信所有学生都能学习； （3）承诺发展每个学生的潜能； （4）重视多样性。	（1）以高标准为目标； （2）热爱探寻； （3）追求学习； （4）力求完善； （5）充满热情； （6）适应能力和应变能力； （7）诚信可靠； （8）保持专业性。	（1）合作学习和实践； （2）为新教师发展服务和参与从事管理工作。	（1）反思性技能和思维特质； （2）教学技能； （3）人事管理技能； （4）自我管理技能； （5）沟通技能； （6）辅导能力； （7）技术能力； （8）创新创业技能； （9）社会和情绪智力。	（1）了解自我； （2）了解学生； （3）了解社区； （4）了解学科内容； （5）教学法； （6）教育基础和政策课程； （7）多元文化素养； （8）全球意识； （9）环境意识。

图9.1 V³SK模式

　　师范毕业生能力框架强调高素质的教师队伍需要具备"专业实践能力""领导力和管理能力"以及"自我效能感"三个方面的综合素养。其中，专业实践能力维度的核心能力包括培养全面发展的学生、为儿童提供高质量的教学、为儿童提供高质量的课外活动、具备人才培养的知识。领导力和管理能力维度的核心能力包括赢得他人认同、与他人合作的能力。自我效能感维度的核心能力包括了解自我和他人的多项能力。[2]该框架定义了新加坡的师范毕业生应该掌握的知识和能力要求，强调对师范生价值观、社会责任、专业知识等方面的培养，为毕业生质量的评判提供了标准和依据，有助于保障教师教育质量。同时，该框架为师范生提供了自我反思的重要参照，师范生可以根据该框架的能力要求来反思自己的学习行为和教

---

[1] 资料来源于新加坡国立教育学院网站。

[2] 资料来源于新加坡国立教育学院网站。

学实践，并根据反馈进行调整和优化，助力自身专业成长。

21世纪教师教育模型为教师发展提供了多样化的课程选择和学习方案，以促进教师学术和专业上的发展。其中，课程旨在提供整体的学习经验，包括课程知识、教学技能、沟通技能以及哲学、心理学和社会学知识等。"教学法、评价、理论与实践相结合"是教师学习的基本要素，也能促进课程的开发与创新。其中，教学法的改进应坚持两个原则，一是"教学法应该是适合学科的"，二是应做到"以学习者为中心"。与此同时，国立教育学院的教师教育课程强调对学习进行评估，其目的是通过及时有效的反馈使学生充分掌握自身学习情况。[1]此外，在TE21强调理论与实践相结合的背景下，国立教育学院、教育部和学校之间建立了强有力的合作伙伴关系。其中，国立教育学院与教育部和公立中小学密切合作，通过落实教育实习、完善在职培训课程等帮助职前教师顺利适应教学工作，不断提高在职教师教学水平；中小学积极参与国立教育学院和其他机构开展的教育研究；作为教育主管部门，教育部通过出台相关教育政策、资助教师教育改革、支持教师教育研究等多种方式改善国立教育学院和中小学的实践工作。[2]

（二）严格把控的准入门槛

与一般的高等教育项目开放申请不同，新加坡教师教育项目的招生计划由新加坡教育部根据每年不同年级学生人数的变化、当年实际教师缺额情况以及国内经济发展状况统一制定。在新加坡，教师教育项目极具吸引力，主要有以下几个原因：第一，新任教师工资与同等资格毕业生起薪相比水平相当或更高；第二，教师专业发展和职级晋升的机会较多，工资也会随之增加；第三，教育部会为教师教育项目的学生支付全额学杂费，并

[1] 杨丽. 高标准教师的培养：新加坡教师教育的经验与启示 [J]. 教育现代化，2018，5（32）：311-313.

[2] 资料来源于新加坡国立教育学院网站。

提供奖学金。与此同时，为了保障教师队伍建设的质量，新加坡政府制定了较高的准入标准。

国立教育学院是新加坡负责教师职前培养的主要机构，教师教育项目毕业生是公立中小学师资力量的主要来源。其他人若想成为教师需要先提交申请，在经过严格的筛选之后，按要求在国立教育学院修读专业的教师教育课程，才能最终获得任教资格。[1] 为了从源头上保证教师的基本素质，国立教育学院教师教育项目在准入环节通过严格的标准筛选确定师资生候选人，突出了纳优性。通常情况下，新加坡教师职前培养的准入流程依次为：提交申请与证明材料、面试、入学资格考试、注册以及入学。具体来看，每年国立教育学院和教育部会在网站主页上发布详细的教师招聘信息，包括招聘人数、任教学科、申请流程、申请条件等。在新加坡，成为教师的首要前提是必须获得新加坡初级学院毕业 A 级证书或是新加坡五所理工学院（新加坡理工学院、义安理工学院、南洋理工学院、淡马锡理工学院和共和理工学院）的毕业生。唯有满足上述基本条件，才有申请入学和参与课程学习的可能性。根据新加坡教育部关于教师招聘的规定，有志于在新加坡从事教师职业的初级学院毕业生，首先需要提交两份申请表：一份是南洋理工大学的招生申请表，且在申请表中需表明至少有一门课程是文科（教育）或理科（教育）；另一份则是政府职业生涯网站上的文学士或理学士（教育）教学学者项目申请表，并需围绕特定主题写一篇文章，最后再附上相关证明材料。

申请递交后，新加坡教育部"高校联办入学处"会根据各个学位项目的入学要求对申请者递交的材料进行初步评估和筛选。而后，教育部会通知入围的申请人在每年六月底前参加面试。面试官通常是非常有经验的一线教师、教师教育者、学校校长、国立教育学院官员等。面试官会重点关注申请人是否具备未来作为教师的相关品质：教学的热情；与他人良好沟

---

[1] 杨丽. 高标准教师的培养：新加坡教师教育的经验与启示 [J]. 教育现代化，2018，5（32）：311-313.

通的能力；创造性和创新精神；自信心；领导力；成为行为模范的潜力
等。[1] 面试结束后，教育部将根据面试结果通知面试通过者在七月入学前自
行决定是否参加入学资格考试，入学资格考试合格的，才能注册入学。[2] 接
受职前教育的师资生在新加坡被称为"受训教师"或"学生教师"，在受教
期间拥有公务员及师资生双重身份，并可享受相应待遇。[3]

　　良好的待遇加上严格的准入标准和层层筛选流程，保证了越来越多的
优秀生源被吸纳到中小学教师队伍中来，为新加坡教育质量和水平的提升
提供了重要保障。

（三）成熟系统的职前教育

1. 多层级多种类的职前教育项目

　　为培养不同专长、不同层级的中小学教师，国立教育学院开发了丰富
多样的教育学课程，制定了各类明晰的入学资格标准、课程内容、修业年
限及毕业后任教学校类型和任教科目等，分层分类地进行教师培养，并通
过教育文凭项目、研究生学位项目（PGDE）和教育学士学位项目等，为新
加坡公立中小学输送足量的高素质教师。

　　教育文凭项目是两年制的全日制培养项目，持有新加坡-剑桥 A 水准考
试证书、理工学院文凭或新加坡-剑桥 O 水准考试证书可以申请该项目。其
目的是培养知识广博、有能力、反思型的教师，他们能够理解教与学的核
心理念和原理，有能力实施、分析、探索和建立关键教学过程的理论，并

[1] TAN S K S, WONG A F L, GOPINATHAN S, et al. The qualifications of the teaching force: data from Singapore[C]// INGERSOLL R M. A comparative study of teacher preparation and qualifications in six nations. Philadelphia: Consortium for Policy Research in Education, 2007: 71-84.

[2] 曹永清. 新加坡中学教师专业发展的一体化研究 [D]. 成都：四川师范大学，2019：30.

[3] 游自达. 新加坡教师教育制度与改革趋势 [J]. 师资培育，2010（17）：11.

且专业地完成教学活动。[1]

研究生学位项目是为期一年的教师教育课程培养项目，面向有意从事教学工作的本科毕业生开设，毕业时由南洋理工大学授予研究生教育文凭。本科毕业生可以通过该项目将理论应用于实践，并获得教学资格。[2] 该项目的培养目标是将教师培养成为知识面广阔、有能力、会思考的专业人员，应做到对"教学与学习"的核心理念有深刻理解，能够顺利地进行教学、分析教学过程，并能使教学过程理论化；能够教授 2—3 门的小学科目或者 2 门中学科目；对学生的需求、能力、兴趣和态度较为敏感；充满热情地培养和提高学生的能力；能够坚持自我持续提升和终身学习。

教育学士学位项目培养采用学科专业学习与教育专业训练并举的模式，主要是为小学和中学培养师资。学制为四年，毕业时授予南洋理工大学的学位，具体有文学士（教育）、理学士（教育）和教育学士（小学）三种学位。[3]

2. 宽广灵活的职前教育课程结构

新加坡职前教育课程内容丰富、结构合理、模块完备，具有宽广性、基础性和灵活性的特点，主要分成三大类。①核心课程：完成学位必须修读的基础课程。②必修课程：针对某一学科领域，提供深广的延伸课程，修读该领域的学生必须选课，以增进对该学科知识与技巧的了解。③一般选修课程：从学校（国立教育学院院内或院外）所提供的一般选修课程列表中选择符合学分要求的课程。[4]

---

[1] 潘娟. 回应 21 世纪的挑战：新加坡教师教育模式研究 [D]. 北京：首都师范大学，2011：20.

[2] TAN S K S, WONG A F L, GOPINATHAN S, et al. The qualifications of the teaching force: data from Singapore [C]//INGERSOLL R M. A comparative study of teacher preparation and qualifications in six nations. Philadelphia: Consortium for Policy Research in Education. 2007: 71-84.

[3] 潘娟. 回应 21 世纪的挑战：新加坡教师教育模式研究 [D]. 北京：首都师范大学，2011：20.

[4] 王亚军. 新加坡如何培养 21 世纪教师——新加坡教师教育制度研究 [J]. 中小学教师培训，2019（1）：73-78.

如图 9.2 所示，新加坡职前教师教育培训项目的课程涵盖了以下四种主干课程：教育研究、课程研究、实习、语言强化与学术论述技巧。教育研究课程能够为职前教师了解社会、了解学生、了解教育教学奠定基础。课程研究课程旨在提高教师候选人的教学技巧。[1] 实习、语言强化与学术论述技巧等课程是促使教师候选人能够达到授课教师标准的重要保障。

PGDE 项目	文 / 理学士学位（教育）项目	教育文凭课程项目
（1）教育研究； （2）课程研究； （3）实习； （4）语言强化与学术论述技巧 ……	（1）教育研究； （2）课程研究； （3）学术学科知识； （4）基础课程； （5）实习； （6）语言强化与学术论述技巧； （7）团体服务学习； （8）学科知识（体育）； （9）普通选修 ……	（1）教育研究； （2）课程研究； （3）学术学科知识； （4）实习； （5）语言强化与学术论述技巧； （6）学科知识（体育） ……

图 9.2 新加坡职前教师教育培训项目课程设置

不同于教育文凭和研究生学位这两个项目，教育学士学位项目包括 9 门课程，除了上述提及的 4 门主干课程外，还包括学术学科知识、基础课程、团队服务学习、学科知识（体育）、普通选修等。[2] 新加坡职前教师教育课程通过团队学习、微格教学、学校实习、案例学习等多元的教学方法加强教育理论与教育实践的联系，力图弥合师资生教育理论与教育实践的鸿沟，创建基于真实、复杂教育问题的课程学习，提升师资生教学现场应对力。[3]

[1] 刘世强. 新加坡职前教师教育质量管理研究 [D]. 石家庄：河北师范大学，2018：33-45.

[2] 刘世强. 新加坡职前教师教育质量管理研究 [D]. 石家庄：河北师范大学，2018：35.

[3] 王亚军. 新加坡如何培养 21 世纪教师——新加坡教师教育制度研究 [J]. 中小学教师培训，2019（1）：73-78.

总的来说，新加坡职前教育阶段的课程，从教育研究、课程研究、实习等方面，为职前教师搭建了理论与实践的桥梁，确保职前教师在进入真实教学环境时，能用反思型、研究型的视角进行教学实践活动，这为培养高质量教师奠定了良好基础。

（四）实用有效的职后培养

新加坡教师职后培训主要分为两类，即教师学历提升培训和专业能力提升培训，分别由不同的机构承担。学历提升培训主要由南洋理工大学附属的新加坡国立教育学院负责，专业能力提升培训主要由新加坡教育部下设的新加坡教师学院、校群和中小学校等承担。这种职后培训分工明确、实用有效，有利于教师培训工作的顺利推进与高质量完成。[1]

1. 国立教育学院提供的教师专业发展项目

国立教育学院主要负责学历提升类的教师培训，旨在为不同学科的在职教师提供官方认证、丰富多样的专业发展短期课程。这些课程内容主要集中在学科内容、课程开发、教学方法、课堂评估等方面，其中大多数课程能够授予在职文凭和高级专业资格。[2] 此外，国立教育学院相关培训计划的制定十分民主，能够充分尊重教师自己的学习意愿与学习兴趣，让教师自主进行选择。目前，新加坡国立教育学院提供的职后教师学历培训主要包括证书项目、文凭项目、高级文凭项目三大类。

证书项目主要是为已经获取本科学历的中小学教师提供更高一级的学

---

[1] 谭华凤. 新加坡中小学教师职后培训体系研究 [D]. 重庆：西南大学，2016：25.

[2] BAUTISTA A, WONG J, GOPINATHAN S. Teacher professional development in Singapore: depicting the landscape[J]. Psychology, society & education, 2015, 7(3): 316-321.

位证书。根据 1998 年"专业化发展脱产计划",教师每工作六年,即可申请一次为期半年的脱产学习,新加坡教育部会根据当年的教育领域实际需求状况确定参与脱产的学习人数。而且,想要参加学历课程培训的教师可以申请无薪脱产培训。如果教师在此期间仍然有意愿承担工作责任的话,便可获得全部酬劳。进修期间的岗位保留制度为教师接受教育培训提供了充足的保障,使其在追求专业发展的同时免去了后顾之忧。

文凭项目是专门为非大学毕业的小学教师设置的两年制职后培训课程。现今,新加坡提高了中小学教师的任职资格要求,要求小学教师的学历层次逐步达到本科学历。为回应政策与社会需求,国立教育学院设置了该文凭项目,教师在接受培训、完成学业后即可获得本科文凭证书,并成为其职级晋升和加薪的参考依据。

高级文凭项目是介于本科文凭和研究生文凭之间的一种项目,是专门针对本科毕业的、有个性化发展需要的中小学教师开展的,它能够兼顾教师的专业发展需要和个人兴趣发展需要,具有一定的特色。

2．教师学院提供的教师发展项目

新加坡教师学院是新加坡教育部下设的机构,专门负责教师专业培训的相关事务。新加坡教师学院的核心愿景是"建立一支对教学充满热情、称职、不断自我提升的教师队伍",使命是提升教师专业技能。[1] 其职责包括以下几点。①根据学校发展和教师需要,科学设定培训课程并组织教师学习。此类课程是提升教师专业能力的,不为教师提供学历和证书。②召开教师研讨大会等,通过开展教研活动分享教师的教学和科研成果,促进教师的专业发展。③监督学院发展计划、方法和管理措施的实施,并为之

---

[1] 谭华凤. 新加坡中小学教师职后培训体系研究 [D]. 重庆:西南大学,2016:25.

提出策略性建议。④为领导者提供包括能力提升在内的专业发展机会。比如为学科主任、部门主管等教学领导者提供教育法律法规、教育统计、教育变革等课程；为中小学校长等教育行政领导提供领导发展课程和名校实习课程，以及国外考察学习和挂职锻炼等。⑤为新加坡教师培训寻求建立本地及海外合作关系，如送到国外进修和学习等。⑥对优秀教师进行专业认可并颁发奖项，奖项设定丰富多样，包括"卓越教师总统奖""教育杰出青年奖"等等。⑦鼓励网络学习社区的建立，建立和加强教师主导的专业学习文化。此外，还有专业焦点小组协同教育者一起研究教学实践中的问题，并为教师提供互相交流的平台。[1]

新加坡教师学院提供一系列教师专业发展项目，包括教学技能强化指导项目、教师–领导者项目、新教师指导培训项目和教师研究项目等。这些项目满足了不同发展阶段教师的多样化专业发展需求，能够助力提升教师的学科知识和教学技能。[2]

除此之外，新加坡教师学院还建立了学科分会和卓越中心来组织各类教师专业发展项目。教师学院下设4个学科分会，包括人文学科学会（地理、历史、社会研究）、数学学科学会（小学数学、中学数学）、科学学科学会（生物、化学、物理、小学科学）和其他学科学会（设计和技术、营养和食品、科学、会计学）。[3]此外，学院还下设6个卓越中心（或学院），其中4个为不同语言的教师提供专业发展，即新加坡英语学院、新加坡华语中心、新加坡马来语中心和新加坡泰米尔语中心。另外两个中心专门负责音乐和艺术教师的专业发展。学科分会和卓越中心组织的教师专业发展项目涵盖了正式活动与专业发展研讨活动，正式活动有校本研究方法工作坊、

[1] 谭华凤. 新加坡中小学教师职后培训体系研究 [D]. 重庆：西南大学，2016：25-27.

[2] 王铄，包华影，刘远霞. 新加坡中小学教师专业发展的策略与模式 [J]. 比较教育研究，2017，39（2）：87-92.

[3] BAUTISTA A, WONG J, GOPINATHAN S. Teacher professional development in Singapore: depicting the landscape[J]. Psychology, society & education, 2015, 7(3): 316-321.

关注学科内容和教学方法的课程、研讨会等，专业发展研讨活动有行动研究、合作反思性讨论等。[1]

3．校群和中小学校提供的教师培训

新加坡将中小学校分为东南西北四个学区，28 个校群，每个校群由 13—14 所学校组成，囊括了小学、中学、初级学院在内的不同类型的学校。对内来看，校群内的具有特色的基地学校，要承担对校群内其他学校教师进行培训的任务，定期在基地学校开展研讨活动，以促进教师的共同发展。对外来看，校群与校群间也会举行不定期的分享和交流，促进校际交流与提升。另外，校群在接受职前教师实习和校园生活体验方面发挥了组织协调的作用，对准师资的实习配置发挥了一定的作用。

此外，基于中小学校工作场域的教师培训是新加坡教师职后教育的重要组成部分。在新加坡，中小学校承担着教师的校本培训工作，每所中小学校都有教育部分派的"教师指导员"或叫"教师专业发展主任"，一般由学科主管和资深教师担任。他们了解学校发展的近期目标、长远目标，了解教师现实需要和长远需求，负责帮助教师制订年度培训计划和个人发展计划，并检查落实培训内容，督查教师发展。[2] 教师也可以通过学校的专业学习社区继续专业学习、开展行动研究。专业学习社区面向所有新教师及在职教师开放。在专业学习社区里，教师以 4 人至 8 人小组会议的形式讨论如何改善教学效果或参与学校的课程设计和评估活动，具有共同兴趣的学习社区可以互通有无，相互促进。[3]

---

[1] 王铄，包华影，刘远霞. 新加坡中小学教师专业发展的策略与模式 [J]. 比较教育研究，2017，39（2）：87-92.

[2] 谭华凤. 新加坡中小学教师职后培训体系研究 [D]. 重庆：西南大学，2016：29.

[3] BAUTISTA A, WONG J, GOPINATHAN S. Teacher professional development in Singapore: depicting the landscape[J]. Psychology, society & education, 2015, 7(3): 316-321.

第二节 教师教育的特点和经验

目前新加坡教师教育拥有了丰富多样的教育培训内容，建立了全面完备的质量管理体系，形成了建立有效合作关系、发展开放型教师教育、注重培养教师课堂实践能力等特点和经验。

一、教师教育的特点

（一）丰富多样的教育培训内容

目前新加坡中小学教师培训课程十分丰富，以菜单的形式提供给教师供其自由选择。培训的内容大致可以划分为五个领域：与教学内容相关的专业培训、与教学工作有关的非专业培训、与自我人格发展有关的培训、与个人兴趣爱好相关的培训、利用"教师实习计划"进行的培训。[1]培训内容紧贴教师教学生活实际的同时，还符合国家和时代的整体价值观，重视培训内容的适时调整和更新。

与教学内容相关的专业培训主要是提升教师特定学科的专业知识素养和技能，旨在提高教学水平。如科学教师的课程包括"科学知识内容""科学教育技能""信息技术课程"等学习单元，为其专业发展提供了多样化选择。与教学工作有关的非专业培训包括语言课程（外语）、学生心理课程、课堂管理、电脑培训等。这种辅助性的专业培训，具有很强的实用性、操作性和应急性，能够帮助教师更加自如地开展教育教学工作。与自我人格发展有关的培训包括对教师学习的认识、学习态度、学习动机、人际沟通

---

[1] 谭华凤. 新加坡中小学教师职后培训体系研究 [D]. 重庆：西南大学，2016：34-35.

与交往等，能够帮助教师正确认识自我、理解他人，不断完善人格，做学生的榜样。与个人兴趣爱好相关的培训课程主要针对那些有特定兴趣爱好的教师，包括插花、茶艺、绘画、书法、瑜伽、舞蹈等非专业培训课程，目的是提升教师的人文素养、丰富教师的精神世界、促进教师的全面发展。利用"教师实习计划"进行的培训为教师提供国内国外实习、开阔视野、进行社会实践的机会。[1]

（二）全面完备的质量管理体系

新加坡建立了从国家层面自上而下具体到中小学校的师资队伍评价体系。在国家层面，新加坡确立了全国统一的教师评价标准，综合考核教师的价值理念、知识和技能等，以便分阶段、有层次地保证教师质量。

新加坡教师教育质量管理主要通过绩点评价法、电子档案袋评价法、师范生毕业能力框架、绩效评估等评价方法和标准进行，以促进教师的专业发展与成长。绩点评价法用最基本、最直观的方式反映职前教师学习质量的优劣，具有实效性。电子档案袋收集教师职前教育在个人陈述、个人学习规划、个人能力发展概述以及各项能力发展方面的支撑材料与证明四大方面的学习成果，具有过程性和发展性特征。师范生毕业能力框架规定了新加坡职前教师毕业时所应达到的基本职业素养，通过专业实践、领导和管理能力以及个人效能三类维度明确感知毕业生的水平高低以及今后专业发展的侧重点。[2] 学校层面主要采用绩效评估的方式，对教师进行系统性的评价。评价分多次进行，主要考核教师的日常工作等环节。通过备课、上课、作业布置和批改以及学生成绩评定等来考核教师的实践教学和理论教学能力；通过满意程度调查表，调查学生对教师教学、学校管理和学习

[1] 谭华凤. 新加坡中小学教师职后培训体系研究 [D]. 重庆：西南大学，2016：34-35.
[2] 刘世强. 新加坡职前教师教育质量管理研究 [D]. 石家庄：河北师范大学，2018：57.

结果的满意程度。绩效评估的结果会为教师后续工资提升与职位晋升提供参考。

（三）给予教师规划专业发展自主权

不同的教师有不同的特点、潜能、理想和抱负，为了能更好地发挥教师潜能，新加坡教师的职业生涯发展路径非常多元。教育部为教师提供了教学、行政领导、专家三种不同的生涯发展路径，如图9.3所示。教师路线主要为渴望进一步发展教学能力的教师提供专业发展和提升的机会；领导路线主要为教师提供承担学校和教育部门领导岗位的机会；高级专家路线适用于致力运用高深的专业知识和技能寻求教育发展的教师。[1] 教师可依据自身特点，选择不同的晋升路径。值得注意的是，相关教育证书和文凭是新加坡教师在不同专业发展路线上获得晋升的必要条件，这也成为新加坡教师积极参加专业发展培训项目和课程的重要推动力。

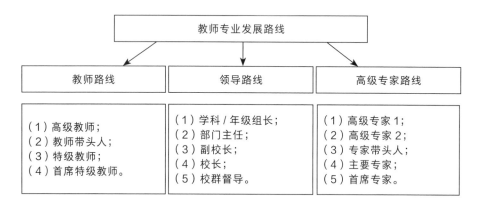

图9.3 新加坡教师专业发展路线

新加坡教师专业发展路线为新入职的教师描绘了各不相同的职业发展

---

[1] 资料来源于新加坡教育部网站。

蓝图，且每条路径之间可以纵向流动、横向互通。同时，明确的专业发展路线有利于新任教师顺利地度过适应期，在日常的教育教学情境之中，按照规划有目的地促进自身专业发展。

二、教师教育的经验

（一）建立有效的合作关系，发展开放型教师教育

从封闭走向开放是国际教师教育发展的共同趋势。进入 21 世纪以来，新加坡教师教育建立了"国立教育学院–教育部–中小学"的三方伙伴合作关系，形成了以综合大学为依托的非定向、开放型教师教育，见图 9.4。

新加坡教师教育的伙伴合作关系模式一定程度上借鉴了英国的"伙伴合作"制度，该制度从根本

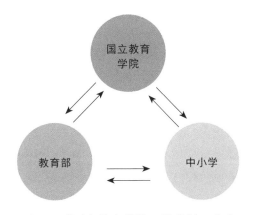

图 9.4 "国立教育学院 – 教育部 – 中小学"的三方伙伴合作关系模式

上解决了教师教育中实习基地和一线指导教师的问题，明确了教师教育各方——大学教育学院、实习学校、教育行政部门、督导部门以及相关利益群体的权责。[1] "国立教育学院–教育部–中小学"的三方伙伴合作关系模式强调三者之间的紧密合作，重视中小学校和教育部在教师培养中的关键作用，力图将中小学和教育部的优势充分地发挥出来，更好地培养符合时代

---

[1] 王艳玲. 教师教育中理论与实践的整合：英国的经验和启示 [J]. 全球教育展望，2010，39（6）：50-54.

要求的教师队伍。在这种模式下，教育部在职前教师的整个教育实习过程中，起到监管与调控的作用；国立教育学院负责制定导师培养方案，培养高质量的实习导师以确保职前教师的实习质量；中小学校需提供实习场所与实习指导教师，配备相应的学校协调导师，全面负责学校实习的相关事宜，帮助职前教师完成教育实习、提高教学技能。这种职前教育模式通过三方通力合作促进其专业发展，有利于培养出更高水平的师资队伍。[1]

此外，新加坡高度重视中小学教师的职后培训，将其视为教育发展的动力和保障。为此，教育部一方面与私人机构、公共机构和国家卫生保健机构联系，积极拓宽教师的工作实习机会；另一方面为教师国际文化交流和海外实习提供大量的机会和经费支持。此外，企业也积极参与到为教师教学和培训创建优质的资源环境的行动中来，大大改善了教师的工作环境，为教师专业提升创设了良好的氛围。学校为让教师安心参与培训，增加了更多的师资，给在职教师培训提供了更多的时间和空间；减少了资深教师的教学班级数目和课时量，以保证其有时间辅助、引导新教师专业发展。这种各界广泛参与保障新加坡教师职后培训的做法，提高了教师充分参与培训的积极性，也提高了教师职后培训体系的实效性。[2]

（二）注重理论联系实践，着力培养教师课堂实践能力

达林-哈蒙指出，"师资培育长久的困惑之一是，大学所学理论知识与中小学实践经验之间的鸿沟"[3]，如何搭建二者之间的桥梁，是许多教师教育领域学者探讨的议题。[4] 新加坡教师教育注重理论与实践之间的联系，尤其

[1] 曹永清. 新加坡中学教师专业发展的一体化研究 [D]. 成都：四川师范大学，2019：48-53.

[2] 谭华凤. 新加坡中小学教师职后培训体系研究 [D]. 重庆：西南大学，2016：44-47.

[3] DARLING-HAMMOND L. Constructing 21st century teacher education[J]. Journal of teacher education, 2006(3): 300-314.

[4] CHRISTIANAKIS M. Collaborative research and teacher education[J]. Issues in teacher education, 2010, 19(2): 109-125.

是实践方面的经验，运用多种方式来加强两者之间的联系，帮助教师尽快适应自身的角色转变，适应变化的学校环境。

教育实习是培养教师课堂实践能力的有效途径之一。国立教育学院特别重视教育实习，认为实习是师资生教学能力培养的核心要件，能让师资生真实地认识教学情境，更好地连接教育理论与教育实践。因此，在师资生培养中，国立教育学院采用增强型教学实习模式，在师范生学习的每个年级均安排时数不等的实习计划。如图 9.5 所示，所有师资生均需在国立教育学院指导教授及实习学校指导教师的帮助下，进行以"学校实务经验—教学跟岗（含海外实习）—教学实习—独立教学实习"为阶段实习内容的螺旋上升的递进式教育实习。其中，学校实务经验能够让师资生进入到课堂进行实地观摩与记录；教学跟岗能够让师资生观察合作教师的教学，并承担撰写教学计划、准备教学材料以及管理学生与课堂等辅助型教学工作；教学实习帮助师资生在真实工作场域内学会教学；独立教学实习让师资生通过试教不断提高自身的教学技能与课堂管理技能，做到能够胜任独立教学。另外，为确保实习生有一个整体的体验，他们也将有机会去探索除课堂教学以外的教师生活的其他方面，从而交出一份完整的实习记录。[1]

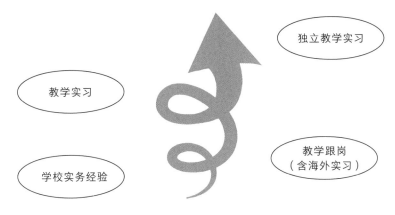

图 9.5 新加坡递进式教育实习构成

[1] 曹永清. 新加坡中学教师专业发展的一体化研究 [D]. 成都：四川师范大学，2019：48-53.

值得注意的是，这种教育实习并不集中在师范生大学学习生涯的最后阶段，而是从入学开始，分布在学习生涯各个阶段，每个阶段都有清晰、递进的实习课程和目标设计。这种实习模式将实践体验贯穿在师范生教育学习过程的始终，在实践中提升师范生运用理论、反思教学的能力与水平。[1]

第三节　教师教育的挑战和对策

新加坡教师教育在得到大力发展的同时也面临着诸多挑战。特别是近年来面对工具理性的"外铄式"教师专业发展持续动力不足，以及教师专业发展"重实践"与"重理论"导向有待调和等问题，新加坡教师教育开始倡导回归教师生命主体，焕发内在专业成长动力，注重培养研究型教师等。

一、教师教育的挑战

（一）工具理性的"外铄式"教师专业发展持续动力不足

工具理性是指选择有效的手段去达到既定的目标。[2] 其核心在于对效率的极大追求，行动者纯粹从效率最大化的角度考虑，漠视人的情感和精神价值。[3] "工具理性"的教师专业发展主要表现为以能力为本位、以技术为

---

[1] 潘娟. 回应 21 世纪的挑战：新加坡教师教育模式研究 [D]. 北京：首都师范大学，2011：19-25.

[2] HABERMAS J. The theory of communicative action[M]. Boston: Beacon Press, 1984: 1.

[3] 曹永清. 新加坡中学教师专业发展的一体化研究 [D]. 成都：四川师范大学，2019：82-83.

取向。该类型的教师专业发展从职业训练和满足就业需要的角度出发，一味地强调教学技能和知识积累，忽视了对批判性分析、反思教学背景和过程的能力培养，这种培训方式在特定的历史时期能够较为快速地解决师资数量问题，却忽视了对师资质量和终身发展的深远考虑。

总的来说，"工具理性"下的教师专业发展存在两方面问题：一是集中培训为主、方式单一，难以满足不同教师专业发展的需求；二是对教师作为一名专业者所应有的自主性的忽视，将教师置于一种被动接受者的立场，很少关注教师的内心体验、情感和精神价值。[1]这种缺乏内在动力、忽视回应内在需求的"外铄式"教师专业发展持续动力不足，不利于教师的专业发展。

（二）教师专业发展"重实践"与"重理论"导向有待调和

在新加坡教师教育历史发展过程中，教师教育存在三种理论倾向：技术倾向、实践倾向和改造倾向。技术倾向主张教学是教师向学生传递知识、技能和价值观的过程，由教学法理论、技能和步骤作为支撑。教师培养的主要任务是帮助职前教师掌握教学法的理论、技能和教学过程。实践倾向与技术倾向紧密联系，秉承相同的教学设想和一致的教师培养的核心目标。实践倾向的基本特征是它对实践经历至上论的认同，认为实践是学习教学法理论、过程和技能的正确来源和方法。新加坡教师教育培养模式中教育实习的重要地位充分反映了实践倾向理论的思想，通过实践帮助教师掌握理论、技能和教学步骤，优化教学技能。改造倾向完全不同于技术倾向和实践倾向，更加强调教学在学习过程中促进、鼓励和激励学习者，重视在教师培养和课堂研究中运用跨学科方法，强调理论与实践相互作用、缜密

---

[1] 卢乃桂，钟亚妮. 教师专业发展理论基础的探讨 [J]. 教育研究，2007（3）：19.

思考和创造力。[1]

受以上三种教师教育理论倾向的影响，新加坡教师专业发展在 20 世纪 80 年代注重实践性、师范技能的培养；90 年代则重视对学术性、专业性的追求。[2] 但在发展教师教育的探索过程中，线性单一的师资培育模式收效甚微：只注重实践性技能的师资培育持续发展动力不足、专业性受到局限；只注重学术性的师资培育难以应对复杂的教育情境。进入 21 世纪后，教师专业发展"重实践"与"重理论、重学术"导向之间存在脱节，有待进一步调和。

二、教师教育的对策

（一）回归教师生命主体，焕发内在专业成长动力

教师的发展应该关注教师生命主体的回归，重视教师发展的内在价值，跨越狭隘的专业发展，令教师获得工作价值和生活价值的统一，丰富充盈教师的生命历程。进一步而言，工具理性主义取向下孤立的教师专业发展只会吞没教师，只有关注教师生命成长的全方位发展，才能"使教师的精神属性、丰富品性和完整形貌得以充分彰显"[3]，使教师拥有持续内生动力，全情投入教育生活。

树立标准、检讨差距并加以训练的教师发展模式，可以被形象地称为"赤字模式"，这属于典型的工具理性的"外铄式"教师专业发展模式。近

[1] 潘娟. 回应 21 世纪的挑战：新加坡教师教育模式研究 [D]. 北京：首都师范大学，2011：42-46.

[2] 王亚军. 新加坡如何培养 21 世纪教师——新加坡教师教育制度研究 [J]. 中小学教师培训，2019（1）：73-78.

[3] 伍叶琴，李森，戴宏才. 教师发展的客体性异化与主体性回归 [J]. 教育研究，2013（1）：119.

年来，新加坡强调以教师个体为本，发现教师的兴趣和潜质，赋予教师更多权利，使教师成为对自身专业成长及个人幸福担负最大责任的自主个体。在此"成长模式"的导向下，新加坡教育部为教师提高薪水待遇，提供更多的专业发展机会和经费支持，助力教师强化专业认同，减轻后顾之忧，有助于教师在专业成长的过程中发挥潜能，取得长足的进步。

（二）顺应国际教师专业发展趋势，培养研究型教师

教师成为研究者，是 21 世纪新加坡教师教育的目标，同时也是新加坡教师专业发展变革时期的一种策略，目的在于以 21 世纪的教师队伍培养 21 世纪的学习者。因此，为顺应教师专业发展的世界趋势和时代发展需求，解决 20 世纪 80 年代"重实践"与 90 年代"重学术、重理论"之间的脱节，21 世纪后新加坡教师教育从"技术理性"走向"研究为本"的培养模式，开始转型培养研究型教师。

新加坡认为教师专业具有独特的"专业性"内涵，它是自反性、自主性与责任性的三位一体。其中，自反性强调教师培养项目应培养新教师的研究能力、评判能力与实践能力，使其在教学实践、研究实践中反复思考、应用专业知识技能；自主性与责任心强调教师应在自主设定教学目标的基础上开展教学活动、应用教学资源，并对自己的教学活动承担来自社会与政府的问责。[1] 由此，新加坡的教师培养中非常强调师资生的研究能力和研究素养的培养，期待师资生在未来的教学中能通过个人专业观察与自省，解决复杂情境中的个性化教育问题。[2] 为加强理论与实践的有机联系，新加

---

[1] National Institute of Education. Transforming teacher education: redefined professionals for 21st century schools[M]. Singapore: Nanyang Technological University, 2008: 149-178.

[2] 王亚军. 新加坡如何培养 21 世纪教师——新加坡教师教育制度研究 [J]. 中小学教师培训, 2019（1）: 73-78.

坡国立教育学院采取了多种举措，如采用角色分离导向的伙伴合作教师教育模式；强化专业研究型学习课程；采用反思型教学实践模式；建立实习督导制度等。这些举措能够带动教师加强理论与实践的紧密联系，同时能够增加教师的教学探究与反思能力。[1]

综上所述，新加坡自独立以来为打造本国的优质教师教育做出了不懈努力，建构了准入严格、成熟系统的职前教育格局，以及内容丰富、管理有效、重视自主发展的培养体系，为新加坡教育的发展提供了强有力的师资保障。但是，仍面临着工具理性的"外铄式"教师专业发展持续动力不足、教师专业发展"重实践"与"重理论"导向有待调和等挑战。近年来，进一步回归教师生命主体，焕发内在专业成长动力，着重培养研究型教师，成为新加坡教师教育与培训改革的趋势。

[1] 曹永清. 新加坡中学教师专业发展的一体化研究 [D]. 成都：四川师范大学，2019：41-43.

第十章 教育政策

本章系统回顾新加坡教育政策与规划，并选取新加坡近年来重要的教育政策进行研究分析，以建立起对新加坡教育政策历史的整体把握与了解。

第一节 政策与规划

教育政策是一个政党和国家为实现一定历史时期的教育发展目标，依据特定历史时期的基本任务、基本方针而制定的关于教育的行为准则。新加坡教育发展取得的瞩目成就，很大程度上得益于新加坡政府审时度势的教育发展决策判断和各项教育政策规划。

一、教育政策发展历程

根据政策规划重点的不同，新加坡教育政策发展可以分为三个阶段。

第一阶段（1959—1978 年）为新加坡实现自治及独立初期，教育政策的重心是普及基础教育。在这一阶段，新加坡政府开始制定教育政策和方针，普及基础教育；调整中等教育结构，实行普通教育与职业教育的分流；

重视英语教育，推行双语教育。[1] 经过约 20 年时间，新加坡初步建立了较为完整的教育制度，满足了社会发展的基本需求。

第二阶段（1979—1996 年）为新加坡经济腾飞阶段，教育政策的重心是改革教育体制和结构，提高教育质量。在这一阶段，新加坡政府开始改革教育体制，探索实行分流政策；推行教育储蓄计划，保障学龄儿童受教育权；进行课程改革，实行精英教育计划；强调价值观教育，重视学生全面多元发展。[2] 经过这一阶段，新加坡的教育开始逐渐成熟，逐步适应了经济社会发展需求。1996 年新加坡进入世界发达国家之列。

第三阶段（1997 年至今）为亚洲金融危机后新加坡经济的复兴阶段，教育政策的重心是面向世界与未来改革教育。为了更好地迎接 21 世纪以来全球性的竞争，同时坚守本国特色，这一阶段新加坡的教育政策强调改革课程开放教材，提高国民素质，增强国际竞争力，以全人教育、国家认同教育、教育信息化等作为新加坡教育发展的重点，课程辅助活动计划、国家教育计划、国家教育信息化发展规划是其中的重要代表政策。

二、全人教育领域：课程辅助活动计划（2001 年至今）

（一）课程辅助活动计划制定背景

进入 21 世纪后，时代发展对于创造性、多样化人才的需求日益强烈。联合国教科文组织国际教育发展委员会编著的《学会生存——教育世界的今天和明天》中提出："教育应把社会的发展和人的潜力实现作为它的目标；教育要把体力、智力、情绪和伦理等各方面的因素结合起来，使人成为一

---

[1] 王学风. 新加坡基础教育 [M]. 广州：广东教育出版社，2003：5-19.
[2] 王学风. 新加坡基础教育 [M]. 广州：广东教育出版社，2003：5-19.

个完善的人。"[1] 新加坡政府逐步开始注重全人教育，期望学生能够获得全面的发展，从而更好地应对未来社会的竞争与挑战。

课外活动实践性较强，能够培养学生的独立性和创造性，提升学生综合素养与能力水平，在新加坡学生成长与发展中发挥着重要作用，是新加坡课程改革的重要组成。2001 年新加坡教育部将课外活动改为课程辅助活动，进一步强调了此类活动在辅助育人方面的重要地位和价值。

课程辅助活动是新加坡"全人教育"的重要组成部分，也是新加坡基础教育中极具特色的创新之举。新加坡教育部希望通过课程辅助活动，培养学生的领导力、自律和自信精神，提升他们的社会交往能力，使他们锻炼出健康的身体，让他们学会做一个有责任、守纪律的人。在新加坡，课程辅助活动由教育部颁布专门政策保障实施。在小学阶段，课程辅助活动不是强制规定的。小学低年级阶段的学生可以不参加课程辅助活动，高年级阶段的学生可以根据自己的兴趣自主选择。在中学阶段，课程辅助活动是学生必须参加的活动，其成绩最终会记入学生升学考试结果之中，虽然所占的比例很小，但也是评价学生的重要参考因素。在课程辅助活动中表现好的学生更受优秀学校的青睐。到了大学，学生在课程辅助活动中的表现是用人单位考虑的重要因素。[2]

（二）课程辅助活动计划政策内容

为保障课程辅助活动的质量，新加坡教育部出台了专门的课程辅助活动指导手册，开发了一套完整的操作系统和评价体系，并设有专门的部门对课程辅助活动进行管理，对相关师资培训做出相关规定。

---

[1] 联合国教科文组织国际教育发展委员会. 学会生存——教育世界的今天和明天 [M]. 华东师范大学比较教育研究所，译. 北京：教育科学出版社，1996：113-139.

[2] 廖隆珑. 新加坡课程辅助活动的设置和实施研究 [D]. 长沙：湖南师范大学，2016：23.

1. 课程辅助活动的课程设置

课程辅助活动课程内容丰富多样，能够满足学生个性化发展的需求。在实施上，新加坡教育部只提出了总体的指导框架，学校有充分的自主权来结合本校特色，设置不同的课程辅助活动项目。在时间安排上，新加坡中小学主要采取半日制上课形式，放学之后为课程辅助活动的专门时间，为学生提供相应的技能训练和综合素质提升指导。[1]

课程辅助活动主要包括四个部分：第一，体育运动，包括剑术、马术、竞技体操、足球、篮球、跆拳道、曲棍球、橄榄球等；第二，视觉及表演艺术，包括中国舞蹈、戏剧、现代舞等；第三，俱乐部和社团活动，包括国际象棋、青年飞行俱乐部、天文社等；第四，制服团体活动，该活动进行军事化步操训练，结构严谨、服装统一，包括童军、少年旅、学生军等。此外，如果学生对当前学校开设的课程辅助活动不感兴趣，也可以在学校的批准下自己进行其他的活动，从而实现自我发展。为了迎合学生的不同兴趣，新加坡教育部与体育理事会和国家艺术委员会合作，实施了一项集中的、不以学校为基础的课程辅助活动——战略伙伴合作课程活动。该活动为所在学校不提供课程辅助活动的学生提供了多样化的学习机会。

课程辅助活动具有计划性、结构性等特点，对学生的全面发展起着至关重要的作用。通过课程辅助活动，学生能够逐渐发现自己的兴趣，在活动与学习中形成正确的价值观，提升社会情感能力和重要技能，为应对未来的挑战做好准备。此外，课程辅助活动为来自不同背景的学生提供了相互学习和交往的契机，有助于发展友谊、加深对学校和社区的归属感。

---

[1] 李嘉稼，隋红. 新加坡 CCA 对我国中小学体育教育发展的启示 [J]. 体育科技文献通报，2020，28（10）：102-106.

2．课程辅助活动的评价体系 LEAPS 2.0

2003 年，新加坡将课程辅助活动的评价体系改为 LEAPS，LEAPS 之前的课程辅助活动主要从参与、成就和加分三个方面来评价学生等级。为鼓励学生积极参加课程辅助活动并取得全面发展，LEAPS 从领导、丰富、成就、参与、服务五个范畴评价学生在课程辅助活动中的表现。

此后，新加坡也在不断探索课程辅助活动的评价制度，从 2014 年开始，新加坡教育部在中学引入 LEAPS 2.0。LEAPS 2.0 是一个较为全面的课程辅助活动评价体系，旨在鼓励学生在生活技能、能力和价值观方面的全面发展。同时，给予学生和高校充分的自主权，在课程辅助活动、社区服务或者其他活动中表现优异的学生，可以自行向自己有意向的高校提交申请书，大学可以根据其具体情况决定是否录取。

LEAPS 2.0 从参与、服务、领导力、成就四个范畴来评价学生在课程辅助活动中达到的等级（一等级至五等级）。这四个范畴都有各自的含义，对学生的评价和要求也有自己的标准。"参与"这一范畴重在认可学生参加的学校课程辅助活动。学生获得的奖励根据参加课程辅助活动的时间、次数和在活动中的贡献而决定。参加课程辅助活动的时间越长，越有利于学生个性、技能、知识和友谊的培养，同时也能得到更高的等级评定。"服务"这一范畴重在认可学生作为有责任的社会公民，对社会做有意义的事，并规定每个学生每年都需为社区服务不少于 6 个小时。学生可以参加"价值在行动中"项目，并根据学生在项目中的服务和思考得到相应的奖励。学生要想得到五等级的最高评定，需要至少 24 小时的服务时间，并且至少完成一项影响学校或社区的行动计划。"领导力"这一范畴注重学生领导力的发展，对能够负责领导团队工作并为其他人服务的学生给予认可。除了正式的学生干部外，参加学生领导专题研讨会的学生、获得全国青年成就奖的学生和在课程辅助活动或者学生组织的项目中担任领导职务的学生都能够获得这一范畴的认可。"成就"这一范畴重在认可学生在课程辅助活动中作为代表获得的成就，这里的"代表"是指学生代表学校或者被认可的校外组织（如社区俱乐部或协会）参加表演或竞赛。这些表演或竞赛可以与学校的课程辅助活动不相关。"成就"指学生代表学校或者被认可的校外组织在竞赛、节日、表演、展览、会议和研讨会中获得的荣誉和奖励。"成就"范畴的等级评定将根据不同活动的举办方、活动规模和影响力、奖项含金量等进行评定。[1] 在学生毕业的那年，他们的课程辅助活动成绩会最终根据不同范畴的等级赋分界定为：优秀、良好或一般。不同的课程辅助活动水平会得到不同的加分，加分可以用于申请初级学院、理工学院和工艺教育学院。

3．课程辅助活动的师资招聘与管理

新加坡课程辅助活动的顺利推进与蓬勃发展离不开专门部门的有效管理与高质量师资队伍的保障。新加坡教育部课程辅助活动处负责统筹全国课程辅助活动的申办与开展，并颁布专项政策保障课程辅助活动的有效实施。此外，学校层面会设置一位副校长专管课程辅助活动，并且设立课程辅助活动项目部门，配备主任和课程辅助活动主任进行专门管理。

新加坡从每一年毕业的学生中，精选前 5% 的优秀毕业生进入教师队伍，并在新加坡国家教育中心（位于南洋理工大学内）接受高质量的培训，以发展自身的教学水平。新加坡中小学规定每位教师至少辅导一项课程辅助活动，要求课程辅助活动负责教师把多方面内容融入精心设计的各项活动中；同时学校会聘请有专业资质的教练对学生进行指导，这些教练中不

---

[1] 资料来源于新加坡教育部网站。

乏国家级体育教练和退役运动员。[1] 专业强大的师资力量为学生在课程辅助活动中接受有效的训练提供了强有力的保障。

此外，新加坡在课程辅助活动指导老师的聘请与管理方面有着明确严格的要求。新加坡课程辅助活动教练员注册的统一要求为所有教练必须年满 18 岁。不同课程辅助活动有各不相同的具体专业要求。[2] 教育部相关部门会在收到填好的申请表后 6 至 8 周内通知教练员申请的结果。学校在聘用教练员进行服务之前，可能会组织面试，根据聘用需求评估候选人在年龄、专业化领域、相关资格和经验、就业史等多个维度的适宜性。

在聘用人员管理方面，为了保证学校能够更好地评估教练员是否适合为学生开展联合课程和活动，所有教练员在其任职期间均须保持注册状态，有意继续为学校提供服务的教师，必须在注册期满前重新注册，否则其任职将被终止。每次注册有效期为 2 年。当教练员不再符合相应准则时会被除名，一旦被撤销注册，所有学校将被告知终止与被撤销注册的教练员的合同。[3]

在 2020 年新冠肺炎疫情暴发期间，为了保护学生和教练员不受新冠肺炎传播的影响，作为新加坡教育部新冠肺炎预防措施的一部分，新加坡教育部暂停了大型团体和社区活动，课程辅助活动和跨学校的学生联合活动也被暂停，以最大限度地降低潜在风险。同时，新加坡政府通过调整重组合同、实施就业支持计划和个体户收入救济计划为因此受损失的教练员提供一定的经济补偿与援助。[4]

---

[1] 李嘉稼，隋红. 新加坡 CCA 对我国中小学体育教育发展的启示 [J]. 体育科技文献通报，2020, 28（10）：102-106.

[2] 资料来源于新加坡教育部网站。

[3] 资料来源于新加坡教育部网站。

[4] 资料来源于新加坡教育部网站。

三、国家认同教育领域：国家教育计划（2017 年修订）

（一）国家教育计划制定背景

1. 国家认同教育发展的多方面挑战

新加坡在经济高速发展的进程中，面临着外来文化的冲击、民族认同与国家认同的冲突以及中小学生国家意识淡薄等问题，给新加坡中小学生国家认同构建带来了较为严峻的挑战。[1]

首先，新加坡独特的地理位置和环境使其成为全球开放程度最高的国家之一，为其经济发展提供了极大的便利，同时也带来了外来文化对本土文化的威胁。[2]21 世纪初，为抓住全球化发展机遇，新加坡需要吸引世界各地的人才为国家发展注入力量，同时，也需要在外来文化冲击中坚守国家特色。由于西方文化的强势涌入，新加坡民众深受西方价值观和生活方式的影响。这使李光耀对国家的文化根基表示担忧，认为西方价值观正在蚕食亚洲文化中值得称赞的东西。[3] 在此背景下，新加坡开展国家认同教育变得更加紧迫。

其次，由于国家历史原因，新加坡民众在民族认同与国家认同方面亦存在一定的冲突。新加坡是一个后殖民地岛国，岛上民众以外国移民为主，包括马来西亚人、华人、印度人等，因民众具有不同的文化背景、宗教信仰和语言，民族异质性较为明显，这导致新加坡人口缺少同一性根源，各民族群体之间冲突不断。而且，在这个时期，移民及其后裔仍然对原居住

---

[1] 高维，路璐. 新加坡中小学生国家认同教育的实践路径与启示 [J]. 教育科学研究，2020（4）：80-85.

[2] KOH A. Imagining the Singapore "nation" and "identity"：The role of the media and national education[J]. Asia Pacific journal of education, 2005, 25(1): 75-91.

[3] CHIA Y T. The elusive goal of nation building: Asian/Confucian values and citizenship education in Singapore during the 1980s[J]. British journal of educational studies, 2011, 59(4): 383-402.

国有着认同意识，民族意识常常强于国家意识。因此，政府不得不重新审视民族认同与国家认同之间的平衡问题。[1]

再次，在优越的环境中成长起来的新一代新加坡中小学生，容易以自我为中心，国家意识较为淡薄。20世纪90年代的"知识鸿沟"问题，表明新加坡年轻一代对国家历史和政治知之甚少且缺乏参与。新加坡总理李显龙认为，这种无知将阻碍国家共同意识的建立，更不利于保持国家在国际中的地位。[2]

中小学生的国家意识在很大程度上影响着国家的未来。缺乏国家意识和社会责任感的学生在面对外来文化渗透时易被同化，进而丧失民族特性。因此，在中小学开展以公民教育为核心的国家认同教育对渴望成为人力资本强国的新加坡来说尤为重要。

2.国家教育计划制定的政策和现实基础

新加坡国家认同教育在独立后至今经历了形成阶段、纠偏阶段、定型阶段以及优化阶段四个发展阶段。这四个阶段中新加坡国家认同教育相关政策的推行与实施为21世纪国家教育计划的制定提供了政策和现实基础。

1965—1979年是新加坡国家认同教育的形成阶段。1965年独立后的新加坡是一个国土面积狭小、资源短缺、社会动荡的多种族移民国家。在这种背景下，新加坡强调公民教育，增强学生对国家的认同感与归属感；通过颁布《学校德育与公民训练综合大纲》，指导道德教育发展；改革德育课程，使其更加贴近生活实际、适应国家发展需要；实行公民伦理教育计划，利用儒家伦理来抵制西方消极文化的影响，提高中小学生抵制西方腐朽价

---

[1] 高维，路璐. 新加坡中小学生国家认同教育的实践路径与启示 [J]. 教育科学研究，2020（4）：80-85.

[2] KOH A. Working against globalisation: the role of the media and national education in Singapore[J]. Globalisation, societies and education, 2006, 4(3): 357-370.

值观的能力。[1]

1979—1991 年是新加坡国家认同教育的纠偏阶段。20 世纪 70 年代后期，部分来自西方的消极文化观念严重冲击着新加坡本土的价值取向，加剧了东西方价值观的冲突与矛盾。[2] 在这种背景下，新加坡开展了一系列的改革运动，如发布《道德教育报告书》推行全面的道德教育、编写《生活与成长》《好公民》等学校道德教育课程教材供学校自由选择、规定道德教育必须辅之以宗教教育和儒家伦理教育等等。在这个阶段，新加坡着重推进道德教育发展，注重宣传和推广儒家伦理、强化国家意识，给中小学生国家认同教育赋予了东方特色，令新加坡国家认同教育充满活力。

1991—1997 年是新加坡国家认同教育的定型阶段。新加坡开设的宗教教育和儒家伦理教育课程加剧了新加坡国内各种族、各宗教之间的矛盾与冲突。为维护国内社会稳定、民族团结，新加坡政府决定停止儒家伦理课程与宗教课程的授课，创造新加坡各种族都能接受的、具有新加坡特色的文化。主要举措包括提出共同价值观，成为新加坡国家意识和精神支柱；修订中小学德育教材，加强小学生的道德教育；颁布《公民与道德教育大纲》，加入公民教育的相关内容等等。

1997 年之后是新加坡国家认同教育的优化阶段。在这一阶段，新加坡国家认同教育主要有以下重点。第一，颁布《公民与道德教育课程标准》，提高课程内容的时代性和新颖性，引导学生品德发展、增强学生爱国情怀。第二，大力推行国民教育，强调在整个受教育过程中潜移默化地培养学生的心智技能，帮助学生充分了解新加坡的国家发展历史，树立国家意识，明确自身对新加坡未来发展的责任与义务。国家教育计划就是推行国民教育的重要政策文件。[3]

---

[1] 苗晨阳. 新加坡中小学国家认同教育研究 [D]. 新乡：河南师范大学，2017：12-14.

[2] 苗晨阳. 新加坡中小学国家认同教育研究 [D]. 新乡：河南师范大学，2017：12-14.

[3] 苗晨阳. 新加坡中小学国家认同教育研究 [D]. 新乡：河南师范大学，2017：12-14.

（二）国家教育计划政策内容

新加坡教育部指出国民教育要实现以下四个目标：帮助学生牢固树立核心价值观；培养学生的国家认同意识；加强对学生的历史教育；教会学生积极面对未来挑战。国家教育计划（NE 计划）及"21 世纪技能框架"是新加坡教育部发布的两项与国民教育相关的政策，在培养中小学生与国家认同相关的情感、价值观和技能方面具有重要作用。其中，国家教育计划的提出是为了解决 20 世纪 90 年代青少年对新加坡的历史所知甚少的"知识鸿沟"问题 [1]，并于 1997 年正式走进所有新加坡学校，至今仍是新加坡国家认同教育政策的重要组成部分。

NE 计划旨在通过讲述"新加坡故事"，即国家历史、独特挑战、现实成就、民族和谐以及国家价值观等内容，培育新加坡年轻公民的国家知识、态度和价值观。2017 年修订后的 NE 计划强调对中小学生归属感、立足感、信念感和行动感四大主题的培养。通过了解个人和国家身份、尊重差异实现归属感，通过了解新加坡的过去困境、当代现实和未来发展培养立足感，通过塑造乐观的态度和应对挑战的能力保持信念感，通过学生集体使命和建设意识培养行动感。[2] 为促进 NE 计划的有效实施，新加坡将其渗透于社会研究、品格与公民、历史等课程以及实践活动中，并为教师提供教育策略指导。[3] 这些举措对于塑造新加坡的共同文化基因、推进新加坡国家认同教育的持续稳定发展具有重要意义。

---

[1] 王凤梅，梅宗奇，刘海龙. "国家教育"：全球化时代新加坡思想政治教育的新维度 [J]. 扬州大学学报（高教研究版），2012，16（6）：20-23+63.

[2] 资料来源于新加坡教育部网站。

[3] 高维，路璐. 新加坡中小学生国家认同教育的实践路径与启示 [J]. 教育科学研究，2020（4）：80-85.

四、教育信息化领域：国家教育信息化发展规划 Master Plan 4（2015—2020 年）

早在 20 世纪 70 年代末，新加坡就意识到 ICT 的发展对于国家经济发展具有重要的推动作用。在国家信息化战略驱动下，新加坡在 1997—2015 年发布了教育信息化一期到四期发展规划——Master Plan，为 21 世纪信息化学习的发展指明了战略方向，并使得新加坡在教育信息化领域保持全球领先地位。[1]

（一）国家教育信息化发展规划 Master Plan 4 制定背景

自 1997 年以来，新加坡教育部连续推出了三个教育信息化发展规划——Master Plan 1、Master Plan 2、Master Plan 3，对国家教育信息化发展做出了整体部署。以上政策规划的实施对新加坡教育信息化的发展起到了重要的推动作用，也为 Master Plan 4 的推出奠定了基础，如图 10.1 所示。

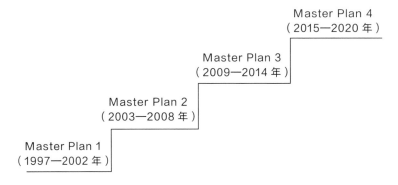

图 10.1 新加坡教育信息化发展规划政策演变

---

[1] 张力玮. 新加坡教育信息化：理念、挑战与经验——访新加坡教育部教育技术司副司长陈丽萍 [J]. 世界教育信息，2013（24）：22-24，31.

Master Plan 1（1997—2002 年）是新加坡第一个教育信息化发展规划。Master Plan 1 重点强调学校信息化基础设施的建设和教师 ICT 技能的培训，其实施为新加坡中小学开展信息化教学奠定了坚实的基础。[1] Master Plan 1 的规划目标是：拓宽教育资源、扩大教师视野；改革教育过程，推动教育创新；加强学生创新性思维的培养，促进学生终身学习和社会责任感的养成；提升教育行政管理能力。为实现上述目标，需要完善课程与教育评价体系、进行教师 ICT 技能培训、加强基础设施建设、开发学习资源等等。到 2002 年，一期规划结束时，新加坡在教育信息化方面、特别是基础设施建设方面取得了一定的发展。

Master Plan 2（2003—2008 年）是新加坡第二个教育信息化发展规划。Master Plan 2 强调将已有的信息化基础设施更深层次地应用于教育教学之中，以促进学生的学习。Master Plan 2 的规划目标是：进一步加强 ICT 在课程建设、教学效果和教育评价方面的应用；进一步完善基础设施建设，确保 ICT 在教育中应用的有效性，使得学生、教师和学校能利用 ICT 促进自身发展。为实现上述目标，需要完成加强 ICT 在课程与评估中的应用、完善教师专业发展计划、加强学校在推进 ICT 方面的作用、创建研究发展规划和进一步完善基础设施建设这五个主要任务。二期规划结束时，新加坡在教育信息化方面基本取得预期效果。[2] 大部分教师能够利用信息技术创造以学生为中心的学习环境，以满足学生的学习需求，促进学生对知识的建构，提高学生问题解决的能力。[3]

Master Plan 3（2009—2014 年）是新加坡第三个教育信息化发展规划。Master Plan 3 强调促进学生学习环境更加多样化，充分利用信息技术的优

---

[1] CHAI C S，WANG Q Y. ICT for self-directed and collaborative learning[M]. Singapore: Pearson Education South Asia Pte Ltd, 2010: 5, 6, 10, 13.

[2] 柴金焕. 新加坡教育信息化发展战略研究与启示 [J]. 中国教育技术装备，2020（2）：134-136.

[3] CHAI C S，WANG Q Y. ICT for self-directed and collaborative learning[M]. Singapore: Pearson Education South Asia Pte Ltd, 2010: 5, 6, 10, 13.

势，培养学生自主学习和协作学习的能力，[1] 从而让学生具备在未来社会取得成功的能力和品质。Master Plan 3 的规划目标是：引导教师在教学中应用ICT，通过建立师生学习伙伴关系、创建适合的网络平台和组建小组来促进学生的自主学习和协作学习，使他们成为有辨别能力和责任感的 ICT 使用者；进一步完善 ICT 基础设施建设，保证学生能随时随地学习。为实现上述目标，新加坡制定网络健康框架；创建研究发展规划；进行创新项目研究；提供更加方便的移动设施，以方便学生获取学习资源。[2] 相关调查显示，Master Plan 3 也取得了不错的效果。到 2014 年，新加坡的教师不仅能将 ICT运用到教学中，提高教学质量，还能为学生提供更多的 ICT 实践案例。

数字时代信息的激增和竞争的加剧，要求学习者具备较好的信息素养和数字化学习能力。在这种背景下，新加坡教育部又推出了第四个教育信息化发展规划——Master Plan 4（2015—2020 年）。Master Plan 4 以前三部发展规划的实施成果为基础，将重点拓展到自主学习和协作学习以外的全部课程，希望进一步利用 ICT 培养学生的创新意识和终身学习能力，让每位学生都能习惯利用数字化工具进行高效率的学习，以提高学习质量。[3]

（二）国家教育信息化发展规划 Master Plan 4 制定过程

为了确保 Master Plan 4 的科学性，新加坡教育部教育技术处组织规划小组，开展了大量的前期调研工作。首先，通过文献搜集与综述，全面了解当今国际教育信息化发展的最新进展与先进经验。其次，对国内教育管理人员、校长、一线教师进行访谈，准确把握 Master Plan 3 实施的真实效果。

---

[1] CHAI C S，WANG Q Y. ICT for self-directed and collaborative learning[M]. Singapore: Pearson Education South Asia Pte Ltd, 2010: 5, 6, 10, 13.

[2] 资料来源于新加坡教育部网站。

[3] 柴金焕. 新加坡教育信息化发展战略研究与启示 [J]. 中国教育技术装备，2020（2）：134-136.

再次，通过访谈部分学生和家长，了解学生使用信息技术促进学习的真实状况以及面临的困难和挑战，准确把握学生需求。最后，广泛征求高校研究人员、企业领导及合作伙伴的建议和意见，以期为政策制定提供参考和借鉴。

规划小组在广泛借鉴国际教育信息化发展的相关经验、充分调查新加坡国内教育信息化现状与需求的基础上，将 Master Plan 4 的重点放在了以下五个方面：利用 ICT 培养学生的学习能力，使其成为面向未来的数字化学习者；提高教师利用 ICT 进行教学设计的能力；学校要为教师和学生提供丰富的学习资源以及更多利用 ICT 的机会；注重网络健康和教育的价值；确保利用设备进行学习的公平性。[1]

（三）国家教育信息化发展规划 Master Plan 4 政策内容

Master Plan 4 是新加坡教育部近年来为教育信息化发展所做的整体规划，它与前三个教育信息化发展规划一样，均包括愿景、目标和实施策略三方面的内容（见图 10.2）。

Master Plan 4 的愿景高度概括了新加坡未来 5 年教育信息化发展的方向，即"培养面向未来的负责任的数字化学习者"[2]。"面向未来"是指学习者应是具备 21 世纪技能的人才，需要树立数字化学习的理念，形成数字化学习的习惯，具备

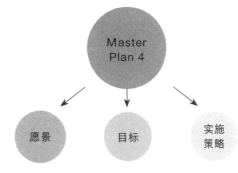

图 10.2 Master Plan 4 内容构成

[1] 唐夏夏，闫志明，袁杰，等. 新加坡教育信息化新战略述评——以 Master Plan 4 为蓝本 [J]. 现代教育技术，2016，26（11）：27-32.

[2] 资料来源于新加坡教育部网站。

创新思维和终身学习的能力。[1]"负责任"是指学习者要了解网络中存在的危险，在使用网络资源时学会尊重自己和他人，增强在网络使用过程中的自我保护能力和责任感。[2]学习者在数字化环境下应具备信息化技能和责任意识，成为在 21 世纪能够应对挑战、善于解决问题的优秀人才。

为实现上述愿景，Master Plan 4 制定了针对不同主体的三大具体实施目标。第一，针对学生的目标是"在技术的支持下，每一个学习者都能获得高质量的学习"，强调要利用技术促进学生高质量的学习，要求将信息技术应用于所有的学科，以加深学生对具体学科的掌握程度。第二，针对教师的目标是"教师要成为学习经验和环境的设计者"，要求教师不仅要具备运用信息技术工具与资源设计、实施数字化学习的能力，还要倡导安全、负责任的使用信息技术的理念，以及能够运用信息技术为学习者创造安全的学习环境；此外，还要能够充分利用学校提供的促进专业发展的机会，学习高质量的在线资源，并积极参与到网络化的学习社区中，与其他教师交流成功的教育教学经验。第三，针对学校领导者的目标是"学校领导者要成为文化的创造者"，要求学校领导者成为信息技术应用社会文化系统的创造者和领导者，不仅要在校内创建丰富的 ICT 环境，为学生提供良好的信息技术文化氛围，还要在校外注重与企业及利益相关者进行合作，一起开发学校课程。[3]

推动 Master Plan 4 实施的主体主要是教师和学校领导，其中教师为学生提供学习经验和创建学习环境，而学校领导是教育文化的建设者。如图 10.3 所示，为实现上述目标，Master Plan 4 有以下四个实施策略。

---

[1] 唐夏夏，闫志明，袁杰，等. 新加坡教育信息化新战略述评——以 Master Plan 4 为蓝本 [J]. 现代教育技术，2016，26（11）：27-32.

[2] 王国珍，罗海鸥. 新加坡中小学网络素养教育探析 [J]. 比较教育研究，2014（6）：99-103.

[3] 资料来源于新加坡教育部网站。

不断加大信息技术在课程、教育评价和教学方面的融合力度。

Master
Plan 4
实施策略

实现转化研究、创新和评估的融合。

持续开展教师专业学习。

建立互联的 ICT 学习生态系统。

图 10.3 Master Plan 4 实施策略构成

第一，不断加大信息技术在课程、教育评价和教学方面的融合力度。深化信息技术与课程的整合，要求教师将信息技术融入课程设计、开发与实施的全过程；将信息技术纳入评价之中，要求教师能利用信息技术实施信息化教学评价、学生能利用技术工具展开自评和互评，以提高评价效率、优化评价效果；将信息技术广泛地应用到教学之中，要求教师利用海量在线资源开展信息化教学，以满足学生的多样化学习需求。

第二，持续开展教师专业学习。这就要求通过职前学习、职后培训提高教师信息技术应用能力；同时也要求学校领导者为教师提供 ICT 实践环境，建立网络学习社区，培养教师开发完备的 ICT 应用案例的能力，并为学生在网络中进行协作学习提供技术支持。

第三，实现转化研究、创新和评估的融合。转化研究强调通过反复循环的过程将教育学理论应用于教学实践，并通过 ICT 的运用，加快从理论知识到教学实践的转变，同时通过解决教学实践中的问题进一步促进理论的发展。[1] 为了在校园内营造具有创新性和反思性特点的文化氛围，Master Plan 4 提出了转化研究、创新及评估相结合的策略措施，从而了解当前信息化教育实践中存在的实际问题，并提出有效的解决方案；通过创新项目的

[1] JONES S L, PROCTER R, YOUNIE S. Participatory knowledge mobilisation: an emerging model for international translational research in education[J]. Journal of education for teaching, 2015(5): 555-573.

推广和评估，将成功的实践经验迅速推广到其他学校并得到认可和运用。[1]

第四，建立互联的 ICT 学习生态系统。所谓相互关联的学习生态系统，是指既注重信息技术基础设施建设又注重社会-文化形成的学习系统。[2] 健全的信息化基础设施能够为 ICT 环境下高质量的教与学提供灵活的策略方法，以支持学习者随时随地学习；丰富的社会-文化系统则能使学校和利益相关者之间形成多种合作关系，以加强学校、家庭和社区之间的合作，共同促进新加坡教育信息化的发展。

第二节 实施与经验

新加坡在全人教育、国家认同教育、教育信息化领域的相关政策规划与实施，促进了新加坡教育的顺利发展，形成了独特的发展特点与经验。

一、专项专业、灵活规范的课程辅助活动计划

（一）课程辅助活动实施方式灵活

新加坡课程辅助活动实施方式灵活多变，采用自主选择与注重指导相结合、校内活动与校外活动相结合、全面训练与专项比赛相结合等方式，给予学生必要的个性化选择空间和自由度。

---

[1] 唐夏夏，闫志明，袁杰，等. 新加坡教育信息化新战略述评——以 Master Plan 4 为蓝本 [J]. 现代教育技术，2016，26（11）：27-32.

[2] 资料来源于新加坡教育部网站。

1．自主选择与注重指导相结合

新加坡教育部规定，从小学三年级或四年级起，学生可以根据自己的兴趣爱好自主选择课程辅助活动。从中学阶段起，学生必须参加至少两项课程辅助活动，其中一项活动必须从核心课程辅助活动（如合唱团、辩论社等）中选择，学生可以根据自己的个人发展规划、性格特征等进行选择；另一项活动学生可以根据自己的兴趣爱好从选择型课程辅助活动（例如象棋俱乐部、图书馆协会等等）中选择。

在给予学生充分自主选择权的同时，新加坡也兼顾到青少年的身心发展特点，采取加大宣传、试用体验、指导家长正确引导等方式来对学生进行选课指导。首先，学校会为新生制定相应的课程辅助活动选择时间表，学生可以在充分了解、体验和协商的基础上选择学校的课程辅助活动。此外，新加坡高度重视发挥家庭教育在塑造正确的价值观和健全的人格上的关键性作用，通过对家长进行相关指导等辅助孩子在这一过程中明确自己的爱好和特长等等。[1]

2．校内活动与校外活动相结合

新加坡教育部鼓励社会各界共同参与到培养青少年的个性和价值观中来。为鼓励学校和社会共同承担青少年的发展任务，新加坡承认学生在校外课程辅助活动中的表现，形成了校内校外课程辅助活动一体化结构。也就是说，只要是在教育部批准认可的校外机构中，学生积极参与表演、竞赛或社区服务，就可以获得课程辅助活动积分。此外，新加坡教育部还联合社区培养学生的社会责任感，鼓励学生积极参与"社区参与计划"，规定

---

[1] 廖隆珑. 新加坡课程辅助活动的设置和实施研究 [D]. 长沙：湖南师范大学，2016：26-28.

为社区服务超过 30 个小时的学生也可以获得相应的积分，让学生在实践中体验每一个新加坡人在共建美好社区和国家中的作用，促使他们未来成为积极的社会公民。

3．全面训练与专项比赛相结合

新加坡对每一种课程辅助活动的训练方式都是多种多样的，重视对学生进行全面训练，不仅要提高他们的知识与技能，而且要培养他们的各方面素质。比如，国家警察青年团的训练活动包括身体训练、制服训练、课堂理论教学、射击训练等；新加坡青年飞行俱乐部的训练活动包括私人飞行员执照课程、飞行学习等；圣约翰救助队的训练活动包括福利和服务知识、户外运动等。

除了各种训练活动外，新加坡为学生组织了各种专项比赛。体育运动方面的比赛有全国校际锦标赛、大众室内赛等；制服团体类比赛有航空模拟比赛、定向越野比赛、最佳团体比赛、射击比赛、社区服务比赛等；俱乐部与协会方面的比赛有全国软件大赛、信息技术挑战赛、动漫和绘图比赛、园艺杯、司法科学竞赛、陶艺大赛、新加坡神奇飞行器比赛、校际飞行模拟器比赛等；艺术表演类比赛有国际布鲁克纳合唱节、国际舞蹈节、新加坡吉他大赛、新加坡国际乐队节等。

除了上述的比赛外，新加坡每年会组织一场年度嘉年华活动——新加坡青年节，这是教育部为庆祝青少年学生在课程辅助活动中取得的成果而举办的年度盛会。新加坡青年节在七月份举行，时长持续一个月，为学生展示课程辅助活动的成果提供了良好的平台和机会。[1]

---

[1] 廖隆珑. 新加坡课程辅助活动的设置和实施研究 [D]. 长沙：湖南师范大学，2016：28-30.

（二）课程辅助活动管理规范

新加坡教育部对课程辅助活动的管理较为科学，建立了规范化的活动管理体系，合理安排活动时间和专门的活动场地，并请专门的教师和专业的教练对学生进行指导与训练。

在时间安排上看，新加坡课程辅助活动的时间安排科学合理。新加坡中小学采取半日制上课的形式，下午为课外辅助课程时间，符合学生身心发展规律及成长需要。各项活动的时长安排各有不同，体育运动、艺术表演等要求较高、活动时长较长，俱乐部与协会等注重培养兴趣的活动时长安排略短。

在场地方面，课程辅助活动综合利用校内校外资源，充分保证了每种课程辅助活动有专门的活动场地，为课程辅助活动的顺利开展提供了前提与基础。体育运动等活动有田径场、篮球场、体育中心、游泳池、拳击馆等作为训练场地。制服团体类活动以操场和学生活动中心为训练场地。艺术表演类活动有音乐教室、演讲大厅、乐队练习室作为训练场地。俱乐部与协会有机器人实验室、动画实验室等作为训练场地。

此外，课程辅助活动设有专业的指导教师。在新加坡，课程辅助活动的教师主要分为两种：一种是学校的任课教师，教师可以根据自身的兴趣和经验选择自己教授的课程辅助活动；另一种是学校专门聘请的教练。教练员受新加坡教育部统一管理，在一定程度上保障了师资。[1]

二、扎根本土、路径多元的国家教育计划

新加坡国家认同教育覆盖广泛而全面，开拓"课程＋实践"式国家认

---

[1] 廖隆珑. 新加坡课程辅助活动的设置和实施研究 [D]. 长沙：湖南师范大学，2016：28-30.

同教育多元路径。一方面设置正规课程，发挥学校教育在国家认同教育中的主导作用；另一方面开展课外实践活动，搭建国家认同理论走向实践的桥梁。同时，在实施过程中构建"三位一体"的教育网络，实现国家认同教育的全方位发展。

（一）设置扎根本土的正规课程，重视显性与隐性教育相结合

2014年实施的品格与公民课程充分融合"21世纪技能框架"内容，以核心价值观为基础，对各个年龄层次的学生进行由浅及深的爱国价值观教育，采用过程性、实用性、操作性较强的教学方法，如叙述法、设身处地考虑法、体验式学习法、价值澄清法等进行教学，[1] 以引导学生形成对国家的身份认同感。该课程的国家认同教育相关内容主要体现在课程大纲的指导原则及学习成果中。[2] 其指导原则包括四个方面：以价值观为导向的学生中心原则、品德教育与公民教育并重原则、从个人到世界递进关系中明晰个人身份原则、将价值观定位于现实生活情景中教授原则。以指导原则为导向的学生学习成果包括个人、家庭、学校、社区、国家及世界六大递进主题，其中，国家认同教育主要体现于社区和国家层面。在社区层面，课程内容涉及了解并认可新加坡多元文化、各民族团结、尊重种族差异等促进和谐与包容的内容；在价值观和态度上强调尊重和客观地看待多元文化及他人。在国家层面，课程内容在知识上要求掌握新加坡文化和遗产，通过尊重、欣赏、包容多元文化形成国家认同感；在价值观和态度上强调对国家的热爱、忠诚、责任感和归属感。[3]

除开设专门的品格与公民道德教育课程进行国家认同教育之外，新加

---

[1] 资料来源于新加坡教育部网站。

[2] 资料来源于新加坡教育部网站。

[3] 高维，路璐. 新加坡中小学生国家认同教育的实践路径与启示 [J]. 教育科学研究，2020（4）：80-85.

坡还将国家认同教育寓于各科教学之中，尤其是在历史、地理、语言文字、宗教知识等科目，对学生进行间接的国家认同教育。同时十分重视隐性教育，强调通过教育者言传身教和朋辈群体在同龄人中的影响等方式，增强学生对国家的认同。

（二）开展课外实践活动，辅助课程内化国家认同信念

实践活动是促进学生国家认同的重要方式，除课堂上的思想政治理论课程外，新加坡中小学注重通过丰富多彩的实践活动来促进学生的国家认同，[1]包括每日的升旗礼、四大国民教育日、学习之旅、社区服务等。

升旗礼是新加坡所有学校每天早上必须举行的活动，包括升国旗、唱国歌、宣誓新加坡精神，旨在使学生社会化，尊重并忠于国家。[2]这有利于学生自觉认识到自己是国家的一分子，并与国家命运联系起来，形成国家情感和公民意识。

四大国民教育日是为纪念新加坡有重大意义的四大历史事件而开展的相关纪念活动。四大国民教育日包括全面防卫日（2月15日）、种族和谐日（7月21日）、国际友谊日（7月30日）和国庆节（8月9日）。全面防御日是为了铭记新加坡1942年被日本占领，通过实地活动提醒每一个新加坡人都有责任保卫祖国；种族和谐日旨在铭记1964年新加坡爆发的种族骚乱，通过在校内回顾历史事件及开展活动来传递种族和谐意识；国际友谊日提醒中小学生要与邻国建立和保持良好关系，学校通过组织交流活动促进各国学生间的沟通与互动；国庆节是为了纪念新加坡的独立以及它作为一个国家迄今取得的成就，活动内容包括出席国庆国民教育演出、重新体验一

---

[1] 魏小岚. 新时代中小学生爱国主义教育的主要内容及路径——基于新加坡国家认同教育的借鉴分析 [J]. 福建教育学院学报，2020，21（11）：3-6+129.

[2] 资料来源于新加坡教育部网站。

个国家的诞生等。[1] 四大国民教育日的活动内容由各学校制定，以教科书为基础教授相关历史知识后进行组织。学生通过参与这些教育日活动，能够切身体会新加坡历史经历，有利于激发其情感共鸣，从而更加热爱新加坡。

"学习之旅"是 NE 计划中通过学生参观和旅行培养其国家自豪感和归属感的学习活动。新加坡教育部原部长张志贤在"学习之旅"启动仪式上说："学习之旅的目的是要让课堂内的知识得以与课堂外的活动相结合，促进经验与理论的联系，从而使课堂中的知识具有现实意义。"中小学生以学校为单位前往具有重要历史、文化或经济意义的机构场所，如文化遗产中心、科技公司、贸易发展局、港务局等，使学生发现并思考这些机构是如何应对挑战并取得成功的。[2] 参观和旅行能够使学生更加了解国家成就、脆弱性及发展突破口，培养其爱国心、自豪感和自信心，为将来融入和建设国家奠定基础。

社区参与计划作为 NE 计划的一个重要组成部分，是学校组织学生到社区提供的场地和情境中将学习的品德和价值观落实到生活中的社区服务实践活动。教育部基于学生的年龄和责任践行能力设置了社区服务纲领，要求从小学到初中的学生每年至少要参加 6 个小时的社区服务，如维护公园或探访老人等。[3] 这个项目旨在让学生认识到为自己的社区、社会和国家做出贡献的重要性，从而培养其公民责任感和对国家的承诺，做奉献社会和建设国家的好公民。

[1] MUTALIB H. National identity in Singapore: old impediments and new imperatives[J]. Asian journal of political science, 1995, 3(2): 28-45.

[2] SIM J B Y. National education: framing the citizenship curriculum for Singapore schools[G]//DENG Z, GOPINATHAN S, LEE C K. Globalization and the Singapore curriculum from policy to classroom. Singapore: Springer, 2013: 67-83.

[3] GOPINATHAN S, SHARPE L. New bearings for citizenship education in Singapore[G]//LEE W O, GROSSMAN D L, KENNEDY K J, et al. Citizenship education in Asia and the Pacific: concepts and issues. Dordrecht: Springer, 2014: 119-133.

（三）构建"三位一体"网络，形成国家认同教育合力

新加坡国家认同教育将学校、家庭与社会有机结合起来，构建起以政府为主导，学校、家庭、社会三位一体的爱国主义教育模式，形成全方位的、多层次的立体国家认同教育网络（如图 10.4 所示）。

学校教育与家庭教育、社会教育相结合是新加坡国家认同教育的一大特色。首先，学校教育将知

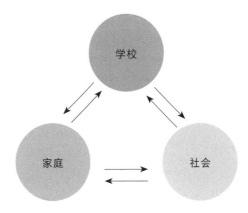

图 10.4 三位一体的爱国主义教育模式

识传授与社会实践相结合，注重学生的主体性发挥，增强学生的主动参与性与责任感。其次，重视家庭教育的基础作用，比如品格与公民教育课程中加入了"家庭时间"，通过亲子间的互动，达到强化国家认同的效果。再次，丰富社会教育形式，如设计敬老周、睦邻周、国家意识周等，有利于用活动培养学生对社会的责任感，切实地推进国家认同教育的落实。

新加坡国家认同教育采用协同推进的方式，使其覆盖广泛而全面，实现国家认同教育稳步推进与发展。新加坡国家认同教育的成功实施是其国家长期具有强大生命力和社会建设取得进步的重要保证之一。

三、渐进整合、多元共促的国家教育信息化发展规划

（一）重视多元主体在教育信息化发展中的重要作用

新加坡教育部高度重视多元主体在教育信息化发展中的重要作用。在

国家教育信息化发展规划目标的制定上，分别针对学生、教师和学校领导者三个主体提出了明确而具体的要求：对学生来说，Master Plan 2 要求学生能够有效利用信息技术进行主动学习，Master Plan 3 要求学生发展信息化环境下自主学习和协作学习的能力，Master Plan 4 则提出学生要成为面向 21 世纪的数字化学习者；对教师来说，Master Plan 2 要求教师能够有效利用信息技术促进自身的专业发展，Master Plan 3 要求教师提高利用信息技术设计教学内容的能力，Master Plan 4 则强调教师要成为信息化环境中学生学习经验和环境的设计者；对学校领导者来说，Master Plan 2 要求学校领导者积极开展信息技术应用于教育的研究，Master Plan 3 指出学校领导者要为师生创造信息化学习条件，Master Plan 4 则要求学校领导者成为文化的创造者。[1] 新加坡国家教育信息化发展规划制定的过程中基于整体目标，进一步细化对学生、教师和学校领导者不同利益相关主体的具体要求，有利于多元主体明确在教育信息化发展中各自的任务和挑战，从而促进政策目标的顺利达成。

除了通过政策目标与具体要求发挥学生、教师和学校领导者的多元主体重要作用之外，教育信息化的发展同样离不开社会力量的广泛参与和保驾护航。Master Plan 4 强调学校和利益相关者之间的合作伙伴关系，重视企业、社区、家庭在教育信息化发展过程中的作用，鼓励政府、学校、企业及家庭相互合作，参与到学校教育信息化的建设中，引导产学研结合，鼓励多方参与投入建设，发挥多方优势，为教育信息化提供更多个性化服务和优质资源，共同推进教育信息化发展。

（二）通过实施连续性和渐进性政策推动教育信息化

新加坡国家教育信息化发展规划的制定具有连续性和渐进性的特点。

---

[1] 唐夏夏，闫志明，袁杰，等. 新加坡教育信息化新战略述评——以 Master Plan 4 为蓝本 [J]. 现代教育技术，2016，26（11）：27-32.

教育信息化的发展不可能一蹴而就，需要依据社会对人才培养的需求和教育信息化发展的现状，分阶段制定不同的战略。每一阶段的战略既要以前一阶段的战略为基础，又要有所升华，再进一步提出新的发展目标。在新加坡制定的四个国家教育信息化发展规划中，Master Plan 1 重视信息化基础设施的建设，Master Plan 1 结束时，预期目标基本实现。Master Plan 2 在 Master Plan 1 取得成果的基础之上，致力于开展 ICT 在教学中的更深层次的应用，以提升教学质量。Master Plan 3 在此基础上进一步强调对学习者学习能力的培养，希望通过强化和丰富 ICT 的应用来培养学生的自主学习和协作学习能力，以适应未来社会的发展。之后，为了满足知识经济时代人才培养的需求，新加坡政府推出 Master Plan 4，以期通过实施信息化战略，促进学生 21 世纪技能的培养。

新加坡教育部推出的每一部国家教育信息化发展规划都是在继承前一部的基础上有所改进。这种渐进性政策的制定和实施极大地推动了新加坡教育信息化的持续性和连贯性，使其能够在全球的教育技术领域保持领先地位。

面对愈发激烈的世界竞争以及未来发展路向，新加坡教育以全人教育、国家认同教育、教育信息化等作为重点，通过课程辅助活动计划、国家教育计划、国家教育信息化发展规划等一系列政策部署系统推进，取得了不凡的成效。

第十一章 教育行政

　　教育行政泛指对教育事业的领导和管理，包括国家对教育事业的宏观管理和学校内部的微观管理两个方面，也可分为中央教育行政和地方教育行政。[1] 世界各国的教育行政大体分为三种类型：中央集权制，即由中央教育行政机关统一领导和监督全国教育事业；地方分权制，即由地方政府管理教育事业，中央政府负责指导和资助；中央和地方合作制，即介于上述两者之间的制度。[2] 当前，许多东南亚国家的教育行政体系逐渐走向分权制，但新加坡依然坚持中央集权的教育行政体系，其政策制定者认为，新加坡作为一个小型城市国家，要灵活应对外部环境的挑战，必须保持一定的中央集权程度。[3] 中央集权的教育行政体制具有鲜明的制度优势，可以依靠政府力量确保教育事业发展方向和进度，充分保障教育资源的公平分配和高效利用，但同时也面临着管控过度、限制地方及学校组织的办学积极性和创造性的挑战。作为典型的城市型国家，新加坡采取一级行政管理体制，只有中央行政，大、中、小学都由教育部直接管理。

　　[1] 张焕庭. 教育辞典 [M]. 南京：江苏教育出版社，1989：758.

　　[2] 张焕庭. 教育辞典 [M]. 南京：江苏教育出版社，1989：758.

　　[3] LEE S S, HUNG D, TEH L W. An ecological view of conceptualising change in the Singapore education system[J]. Educational research for policy and practice, 2016, 15(1): 55-70.

第一节 中央教育行政

中央教育行政是指一个国家主管教育事业的一级领导、组织、管理机构及与之相应的管理、组织工作。[1] 新加坡教育部作为全国教育事业的最高管理机构，负责拟定和执行国家在教育体制、课程、教学法和评价等诸多方面的教育教学政策，对政府资助学校的发展和管理工作进行监督。[2]

一、层次清晰的教育行政机构

新加坡教育部设一位部长、一位第二部长、两位政务部长作为最高级行政长官统筹教育部事务。设有一位常任秘书和一位第二常任秘书长期负责教育部日常事务。其下，设有专业司、服务司、技能创前程司和政策司四个职能机构，分别由教育主任或副秘书具体负责各部门内部事务。具体来说，有17 个职能部门，其名称和主要职能如表 11.1 所示。此外，教育部还对 10 家下属的法定机构拥有掌控权，它们分别是新加坡技能创前程所、新加坡工艺教育学院、东南亚研究所、南洋理工学院、义安理工学院、共和理工学院、新加坡科学中心、新加坡考试与评鉴局、新加坡理工学院、淡马锡理工学院。[3] 这些法定机构是由国会立法成立、以执行政府政策为主要职能的工作实体，[4] 由董事会负责管理，但经费主要来自政府拨款，政府对董事会有绝对控制权，董事会主席一般由教育部任命，教育部常任秘书为董事会成员之一。[5]

[1] 彭克宏. 社会科学大词典 [M]. 北京：中国国际广播出版社，1989：776.

[2] 资料来源于新加坡教育部网站。

[3] 资料来源于新加坡教育部网站。

[4] 刘坤. 中国、越南、新加坡高等教育管理体制比较研究 [D]. 桂林：广西师范大学，2010：21.

[5] 宋若云. 新加坡教育研究 [M]. 北京：经济科学出版社，2013：12.

表 11.1 新加坡教育部部门设置 [1]

部门名称	主要职能
新加坡教师学院	为教育部职员的专业发展提供支持
沟通及社会参与组	增加教育部职员及公共利益相关者对政策的理解，并支持和积极配合政策的实施
课程规划与发展署	负责实施一整套国家课程
课程政策办公室	制定和审查课程及考试政策，打造国家课程
教育科技署	推动科技应用以支持和促进学习
财务和采购署	对学校和教育部总部的财务及采购事务进行管理
高等教育组	监察高等教育和终身教育政策，监管高等教育院校
人力资源组	落实人力资源政策，吸引优秀人才从教，鼓励个体职业发展
信息技术署	发展信息技术系统，保证基础设施及信息技术服务质量，实现教育部行政管理及教育教学的数字化转型
基础设施服务署	规划、发展和管理基础设施服务，监督学校及教育部总部的安全及应急保障工作
内部审计署	对内部机构的管制系统开展独立评估
规划署	制定和检讨教育政策，搜集信息辅助教育决策，监督和发展国际策略与国际关系
研究和信息管理署	指导和利用研究，组织战略性的数据管理和开发
学校署	提升学校领导力和质量
特殊教育需求署	监管为有特殊教育需求学生提供的教育服务
学生发展课程署	负责丰富课堂之外的课程以发展学生认知、情感、体质和审美能力
学生就业与服务署	为学校就业工作提供策略和规划，就学生就业及奖学金事宜，向各相关人员提供迅速和优质的服务

---

[1] 资料来源于新加坡教育部网站。

二、集中与分类并行的教育行政管理

新加坡自独立以来一直实行高度中央集权的教育管理模式，确保教育朝着国家规定的方向发展。全国各级各类教育由教育部实行统一集中领导和管理，有关各级教育的方针、政策、内容、方法、规章制度及教师人事等诸多事项，均由教育部及其下属的各部门直接负责，学校无权过问。[1] 1985 年初，时任副总理吴作栋表示，有必要给予学校更多自治权，通过下放更多的责任，让学校委任教职员、自行设计课程及选择教材，使学校可以发挥个性、发展特色。自此，新加坡政府开始了针对教育体系的全面检讨，通过建设多样化的学校体系，给予学校更多办学自主权。[2] 但权力的分散、责任的下放不可避免地增加了教育质量标准下降的风险，进而对教育质量保障体系提出了更高要求。[3] 当前，新加坡已经建立了多种学校类型并存的教育体系，并通过不断完善教育质量监控制度，实现了对学校教育质量的高效、有序监督，使学校管理在集中统一中又不失灵活性和创造力。

（一）公立学校的分类与集中管理

在新加坡，虽然公立学校和私立学校并存，但始终以公立学校为主。公立学校不同于私立学校，属于公益事业，由政府承担主要的教育经费、负主要责任。与此同时，公立学校也需要对政府负责，在行动上绝对服从政府的统一领导。

[1] 刘珅. 中国、越南、新加坡高等教育管理体制比较研究 [D]. 桂林：广西师范大学，2010: 21.

[2] MOK K. Decentralization and marketization of education in Singapore[J]. Journal of educational administration, 2003, 41(4): 348-366.

[3] NG P T. Quality assurance in the Singapore education system: phases and paradoxes[J]. Quality assurance in education, 2008, 16(2): 112-125.

1. 公立中小学

（1）中小学类型。新加坡的公立中小学依照学校自主权的大小可划分为两类，具体包括六种：依照教育部统一标准设定费用和课程的政府学校、政府辅助学校和自治学校；自主灵活设定费用和课程的自主学校、专科自主学校和专科学校。

政府学校和政府辅助学校是新加坡中小学构成的主体。其中政府学校完全由政府资助，政府辅助学校大部分资金来自政府。政府学校和政府辅助学校由教育部进行标准化管理，在学费及学杂费设定、课程开设以及教职员选拔考核等事务上接受统一安排，具有较少自主性。新加坡公民进入政府学校或政府辅助学校需要支付一定数额的学费、标准学杂费和附加学杂费，学费纳入政府收入，标准学杂费和附加学杂费纳入学校个体收入。小学实行免费的强制教育，不用支付学费，附加学杂费可从国家为每个新加坡籍学生设立的教育储蓄户头存款中扣除，优秀学生可以申请教育部的教育储蓄奖及学校自设的各类奖学金项目，家庭经济困难的学生可以申请教育部推出的经济援助计划。总体来说，在政府学校或政府辅助学校接受基础教育的家庭没有太大的经济负担。

自治学校始设于 1994 年，在 2008 年被归属在政府学校或政府辅助学校类别中，是具有自治地位的优质校。自治学校受到政府更多的经费支持，在遵循国家教学大纲的前提下，也有更大的自主权为学生提供更为丰富的课程，形成自己的特色办学优势。自治学校在费用收取方面，较政府学校及政府辅助学校的标准，增加了一项 3—18 美元 / 月的自治费。对于新加坡籍学生来说，政府学校或政府辅助学校（包括自治学校在内）的整体收费水平在 15—43 美元 / 月。

自主学校始设于 1988 年，包括混合学校（中小学一体的学校）在内，现有 8 所（新加坡 2018 年统计数据[1]）。相较政府学校、政府辅助学校以及自治学校，自主学校在学费设定、招生、职员聘请、课程设置甚至办学方针等各方面享有更大的自主权。大多数自主学校提供通向国家通用考试（GCE 类）的课程，有两所自主学校也提供可以获得国际文凭的课程。自主学校的费用在 200—600 美元 / 月，视学校情况，学生可申请教育储蓄奖、自主学校奖学金以及其他学校自设的奖学金项目。

专科自主学校为那些在数学、科学、艺术、体育和应用学习上有天赋和浓厚兴趣的学生开设特殊课程、提供专门教育。新加坡共有 4 所专科自主学校，分别是新加坡国立大学附属数理中学（主修数学、科学、技术与工程）、新加坡科技中学（主要进行科学、技术、美学、工程和数学的应用学习）、新加坡体育学校（专为运动项目和竞技项目而设）、新加坡艺术学校（针对视觉、文学和表演艺术领域），收费范围在 300—830 美元 / 月。

专科学校为青睐手工制造和实践学习的学生提供定制化课程。专科学校有两种，一种是针对在小学毕业后没有能力接受普通中学课程的学生，为他们提供体验式和动手式技术课程，帮助他们走上职业学习道路，如北烁学校和圣升明径学校；一种是针对有能力在小学毕业后学习普通中学课程，但更喜欢定制的、动手实践为主课程的学生，如裕峰中学和云锦中学，两所学校均采用实践主导的教学方法，注重"学有所用"。专业学校的收费情况比较复杂，不同学校间差异较大。

（2）基础教育质量保障体系。为保证基础教育质量，新加坡形成了较具特色的学校督导制度，即基础教育质量保障体系，主要包括校群督导制度、学校排名制度和卓越学校评估模式。

校群督导制度：新加坡教育部以地域为基本标准把全国划分为东、南、西、北四个区，在教育部学校署下分别成立东、南、西、北学校署分部，

---

[1] 资料来源于新加坡教育部网站。

每个分部设一名学区主任，并为其配备一位私人助理负责整个区的学校督导工作。各个学区内的小学、中学及初级学院又被进一步按地域进行划分，组成 7 个学校群，每个学校群安排一位督学官，其中的五位督学官各配备一名特别助理。此外，东北区、西南区各自合设一名牵头经理，负责学区间的沟通交流工作（见图 11.1）。校群督导的基本职能是对校长进行监督管理，对学校工作有直接管理评价的权力，可自行管理和分配一定数目的专项督导经费，兼具事权、人权和财权，督导班子是教育部管理学校的桥梁和纽带，在加强教育管理、落实国家教育政策、整合教育资源方面发挥着独特的作用。[1]

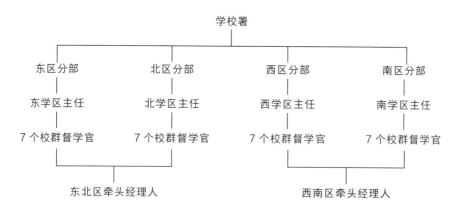

图 11.1 校群督导结构

学校排名制度：自 1992 年以来，新加坡每年都会对所有的中学和初级学院进行排名，并通过当地媒体公开结果。排名主要依据三个标准：一是学生在全国考试中的综合成绩；二是学校的增值性成绩，通过对学生的离校和入校成绩进行对比所得；三是学生在国家体质测试中的表现和学校的超重学生比例。尽管排名制度引起了广泛的争议与质疑，但仍在实施。新

[1] 宋若云. 新加坡教育研究 [M]. 北京：经济科学出版社，2013：61.

加坡教育部原部长张志贤在 2002 年曾解释道:"放弃排名是愚蠢的,因为它是对学校问责的一个重要工具。"后受舆论影响,2004 年时,学校排名制度有所修正,不再依据具体的学生学业成绩对学校进行严格顺序排名,而是把有相似学业表现的学校放在一起,不再公开具体的学校排名,以弱化以学业表现为中心的教育成就评价导向。[1]

卓越学校评估模式:是由商业组织所用的质量模型改编而来的一种学校自我评估模式。卓越学校评估框架有两种类别——过程要素和结果。过程要素类别包含文化、过程、资源三方面的内容,用来解释结果是如何实现的。结果类别呈现学校已经取得的或正在取得的成就。具体来说,卓越学校评估模式包含 9 个方面的质量标准(见图 11.2)。总分为 1 000 分,过程要素和结果各占一半分值。"过程"包括领导力、职员管理、战略规划、资源、以学生为中心的过程五个方面;"结果"包括职员、管理和运作、社会发展与合作、关键表现四个方面。在进行评估时,评估者要基于充足的证据来评分,学校不仅要提供能证明每个评估指标发展程度的证据,还要提供显示持续改进过程的证据。卓越学校评估模型不仅仅是为了衡量学校做得如何而给出一个最终判断,更重要的是为学校提供了一个自我评估框架,能让学校积极自主参与能力建设。和卓越学校评估模式相配套,新加坡政府还设立了"学校奖项总蓝图"激励体系(见图 11.3)。该奖项体系分为三个层次:第一层次为学校成就奖,奖励每年在某方面工作有突出表现的学校,鼓励学校争先创优发展特色,打造学校品牌形象;第二层次为最佳实践奖和持续成就奖,分别用来奖励在过程要素方面表现优异以及在结果方面连续取得好成绩的学校;第三层次为卓越学校奖,作为最高奖项颁

[1] NG P T. Quality assurance in the Singapore education system in an era of diversity and innovation[J]. Educational research for policy and practice, 2007, 6(3): 235-247.

发给在教育过程及结果上均具有杰出表现的学校。[1]

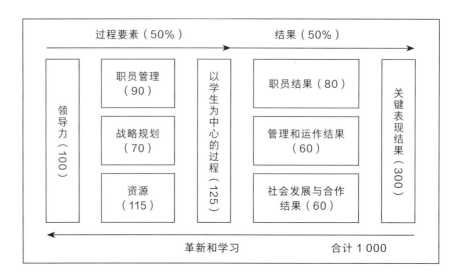

图11.2 卓越学校评估模式要素

图11.3 新加坡学校奖项总蓝图

[1] TEE N P. The Singapore school and the school excellence model[J]. Educational research for policy and practice, 2003, 2(1): 27-39.

2．高等教育机构

新加坡公立高等教育机构有四类，分别是工艺教育学院、理工学院、艺术学院和大学。工艺教育学院和五所理工学院是教育部下属法定机构，接受教育部的直接管理。两所艺术学院，拉萨尔艺术学院和南洋艺术学院本是私立学院，但接受与理工学院同等待遇的政府资助，在学校管理上具有更多自主权。六所公立大学全部为自治大学，除接受教育部在宏观方面的政策指引外，在学校行政、财政等各项具体事务上享有相对充分的自主权。下面主要分析新加坡政府对大学这一类高等教育机构的特色管理。

（1）大学自治化。公立大学转为自治大学后，政府的角色从直接管理者、经费提供者变为监督指导者和主要投资者，其对大学的控制相当于企业董事会对企业的控制，只制定方向，不干涉具体事务。各大学成立高校独立董事会，作为学校的最高权威机构，对校内的行政、财政、人事等各方面事项进行自主决策，比如自行分配经费、独立制定学费标准及招生条件、自主安排职员的征聘、升迁和薪资等。但更大的自主权也意味着要承担更多的责任，政府仍然是最主要的经费提供者，在干预学校重大决策上具有实质性的权力，其对大学自主权的监督和制约是与扩大高校办学自主权对立统一的。故而，新加坡自治大学的自主权是被限制在制度框架中的有限自主，比如必须要遵守教育部设定的问责框架、要将学校发展规划与国家战略紧密结合、向教育部报备董事会成员的任免等。

（2）大学质量保障体系。新加坡政府对自治大学的监督主要通过与大学签订三份质量保障协议来进行。其对自治大学采用的这种严密控制加行政自主的管理形式，既赋予了学校办学的灵活性，也提供了强有力的政府支撑。[1] 此外，市场竞争机制的合理引入，极大地调动了各利益相关主体的积

---

[1] 程海啸. 新加坡大学自治改革研究 [D]. 保定：河北大学，2012：38.

极性与创造性，为整体提升当地大学的办学水平，进而提高国际影响力和竞争力发挥了重要作用。

（二）私立教育机构的有限自主管理

私立教育机构作为私营单位，在市场竞争中自我负责，是公立教育体系的重要补充，以满足教育对象的多样化需求。政府对私立教育机构的管理主要从对国家意志以及私立教育消费者权益的维护出发，防止私立教育机构为追逐经济利益采取非正当手段。但总体来说，私立教育机构经注册备案后，政府对其活动的干预比较有限。

1. 私立教育的发展

新加坡独立后的很长一段时间里，私立学校的发展远远落后于公立学校。人民行动党作为执政党，对教育领域有明确的动机和行动议程，认为由非国有部门经营的学校阻碍国家建设，对其本身不友好。在新加坡独立早期，只有三育中小学和圣法兰西斯公会学校两所提供普通学校教育且较具代表性和影响力的私立学校。这两所学校不受政府规制，完全由宗教组织经营，前者提供当地的小学和中学教育，后者提供当地和海外的中学和大学预科课程。直到 2001 年，时任总理吴作栋在教师集会日演说中表示未来将会鼓励更多私立学校办学之后，私立教育的发展才开始备受关注。2003 年 8 月，时任代理教育部部长尚达曼正式宣布政府决定接受新一轮私立中学及私立初级学院的设立申请，私立教育的发展至此取得了突破性进展。私立学校不能获得政府津贴，但在课程设计、学费以及考试形式上享有绝对自主权。

2．政府对私立教育机构的规约

新加坡的私立教育机构同公立教育机构相比拥有更大的自主权，但仍需遵守一些政府条例。2009 年，新加坡政府颁布《私立教育法案》，把对私立教育机构的规约以法律条文的形式确定下来（后在 2011 年修订过一次），既陈述了对私立教育机构的直接管理规定，比如私立教育机构的注册程序、课程设置、教师配置、宣传等事务，也对相关政府机构的监管责任进行了明确说明，如视学官的委派、上诉委员会的设置等。[1] 在《私立教育法案》及其附属法例下，从 2009 年 12 月 21 日起，针对私立教育机构，新加坡开始实行新的规范管理制度，即由私立教育理事会开始推行强制性的强化注册框架和自愿性质的教育信托认证计划。[2]

（1）私立教育理事会。私立教育理事会是遵照《私立教育法案》成立的法定机构，拥有对私立教育部门进行管理的立法权，除了充当业界管理者的角色外，也通过学生服务中心（2010 年成立）提供学生服务、开展公共教育，积极助力私立教育机构的发展，全面提升当地私立教育水平。2016 年，由于管理体制调整，"私立教育理事会"改为"私立教育委员会"，成为教育部新的下属法定机构"技能创前程司"的一部分，除了在行政上接受技能创前程司的领导与支援外，具体职责没有太大变化。

（2）强化注册框架。"强化注册框架"规定了所有在新加坡运营的私立教育机构必须满足的强制性注册要求和立法义务，旨在保证私立教育机构水平，保障学校就读学生的利益。根据私立教育机构在管理者、教师、课程、学术及考试委员会、经营场地和宣传等方面符合要求的情况，强化注

---

[1] Private education act (revised edition 2011)[R/OL].(2011-12-31)[2020-11-4]. https://sso.agc.gov.sg/Act/PEA2009.

[2] 资料来源于新加坡技能创前程网站。

册框架认证有效期有二年（最初为一年，2018 年改为两年 [1]）、四年、六年三种。[2] 申请续期注册的私立教育机构，需要在认定期满前六个月内，进行信用等级认定。申请认定的私立教育机构需要向政府指定的信用评级服务提供商提供最近连续三年内有关教育服务的财务记录，然后由评级服务商对其财政基础、支付水平以及在经济条件不利时的履约能力做出判断，并最终给出等级，申请续期的私立教育机构必须满足私立教育委员会的最低信用等级要求。[3]

（3）教育信托认证计划。教育信托认证计划是一个比强化注册框架要求更严格的自愿认证计划，设有有效期一年的临时教育信托奖和四年的教育信托奖。[4] 虽是自愿认证计划，但新加坡移民局规定私立教育机构取得国际学生的通行资格必须要经过信托认证，此外通过信托认证也是私立教育机构在业界脱颖而出、彰显自己管理及服务质量优势的有效手段。[5]

（4）课程设置与学费保障。在私立教育机构的各项经营活动中，新加坡政府尤为重视课程设置及学费收取两方面的内容。《私立教育法案》中明确要求，未经私立教育委员会许可，注册的私立教育机构不得开设或提供超过一个月（全日制）和 50 小时的课程，否则就要追究法律责任。私立教育机构在开设新的课程前需要通过政府官方平台查询自己要开设的课程是否在被允许名单之列，有任何调整都需要事先获得私立教育委员会的准许。[6] 鉴于私立教育机构的运营风险，私立教育委员会通过推行收费保障计划和设置收费上限来保护学生缴纳学费获得的权益。收费上限的设定，确保在私立教育机构无法继续运行的情况下把学生的损失降到最低。收费保障计

---

[1] 资料来源于新加坡培训合作伙伴门户网站。

[2] 资料来源于新加坡技能创前程网站。

[3] 资料来源于新加坡培训合作伙伴门户网站。

[4] 资料来源于新加坡技能创前程网站。

[5] 资料来源于新加坡技能创前程网站。

[6] 资料来源于新加坡技能创前程网站。

划有两个："强化注册框架"下的"全行业课程费用保险计划"和"教育信托认证计划"下的"费用保障计划"，均是为了在私立教育机构运营出现问题时，保护学生尚未消费的课程费用。未经教育信托认证的私立教育机构最多只能向学生收取两个月的课程费用，如果想一次性收取超过 2 个月（不能超过 6 个月）的课程费用，就必须向政府指定的保险公司订购全行业课程费用保险。申请了教育信托认证的私立教育机构必须加入"费用保障计划"，为每个学生订购个人保险或订购集团保险，与此同时也获得了可以在任何时间向学生收取 12 个月课程费用的资格。其中，集团保险只有连续两次获得四年制教育信托认证的私立教育机构才有资格订购，若发生意外，保险公司将对私立教育机构在保障期内收取的所有课程费用予以特定金额的赔偿。[1]

第二节　学校教育行政

新加坡只有中央一级教育行政，没有地方教育行政，在教育部的直接管理下，中小学内部行政以人事管理为主，而高校在逐渐取得了自治地位后，依靠不断完善的内部行政体系在改革与创新中实现高质量发展。

一、人事管理为主的中小学内部行政

新加坡中小学内部实行董事会领导下的校长负责制，董事会主要起联谊和资助的作用，其成员是来自社会各界的知名人士，一般不会干涉教育

---

[1] 资料来源于新加坡培训合作伙伴门户网站。

和教学事务，校长在教学领域产生，由教育部委派。[1] 学校在教师聘请、招生、硬件配置、课程等相当多的方面接受教育部统一管理，其内部更多是在依靠人事行政力量做好教学工作。本部分主要讨论新加坡中小学内部的人事行政，重点分析其人员结构和教师考评情况。

（一）职能明确的岗位设置 [2]

1. 行政管理岗

（1）校长。校长作为学校的总负责人、教学领导者，主要在确立学校愿景、使教学实践与学校愿景相一致、协调学校课程、监督教与学、发展人力资源、创造良好的工作环境等方面发挥积极作用。[3]

（2）副校长。视具体情况，一所学校可以配备1—3名副校长。副校长作为学校高级管理团队的关键人物，肩负辅助校长工作的责任，具体参与监管学校战略规划的设计与执行，进行学校行政、设施及安全管理，领导学校教职工等工作。

（3）行政经理。带领一个行政小组，协助学校领导进行财政管理、人力管理、利益相关者管理和学校一般管理。

（4）运营经理。协助学校领导，监管学校产业、安全设备、学校纪律、后勤保障等方面的工作。

（5）行政主任。协助学校领导和行政经理，确保学校在财政管理、采购、学生服务、利益相关者管理及日常管理等方面工作的正常开展。

---

[1] 宋若云. 新加坡教育研究 [M]. 北京：经济科学出版社，2013：59-60.

[2] 资料来源于新加坡教育部网站。

[3] DONG N T, SEONG D N F. Applying the rasch model to investigate Singapore principals' instructional leadership practices[J]. Leading and managing, 2014, 20(2): 1-26.

（6）教育和职业指导顾问。帮助学生发掘优势、兴趣和抱负，并指导学生的教育和职业计划与决定；与教师、政府和不同行业的合作伙伴一起工作，设计指导方案及监测实施情况。

（7）信息和通信技术助理或经理。建议及支持学校管理层规划和实施信息及通信技术项目；与教育部信息技术部门密切合作，推动学校借助信息和通信技术改进教与学。

（8）技术支持官。担任学校实验室技术员或教育工作坊导师，协助教授科学、设计及技术课程。

（9）行政辅助员。在财务、采购、人力资源、房屋管理或一般行政等方面提供行政协助，诸如：准备及核实文件、管理记录、数字统计、草拟书信、处理来电等。

（10）运营辅助员。保持设备和工作场所的清洁，为学校活动提供后勤支持，诸如：运输和安排家具设备，协助准备实验室课程所需的设备、仪器和物质以及其他指定的简单办公室行政工作。

2．教育教学岗

这一类教师又分为任课教师和联合教育工作者。前者就是普通意义上的班级学科教师，后者通过在学校和课堂／学科教师合作，提高与每个学生的互动质量。联合教育工作者主要包括：为学生心理健康和社会情感发展提供支持的学校辅导员、为在普通学校有特殊教育需求的学生提供支持的协助教育工作者、负责户外冒险活动的户外冒险教育工作者、为处境不利学生提供指导和社会支持的学生福利官。

3．领导结构

新加坡中小学的领导结构大体可以分为三层：第一层也即最高层，由校长和副校长组成；第二层也即中层，既包括行政经理、运营经理等行政领导，也包括部门主管（某个学科或某几个学科组成一个部门）、学科主任、年级主任等教学领导；第三层也即基层，主要包括行政辅助人员及学科教师等被领导者。[1]

（二）强调发展的考评机制

新加坡教育部统一负责中小学教师的招聘、在职培养、晋升考核等事项，学校在教师管理上主要依据教育部出台的评估细则，收集、整理教师表现证据，同时给予适当干预，既为教师发展提供支持，又不断发掘教师潜力，以最大程度获得人力资源效益。

新加坡中小学教师有三条职业发展轨道，即教学轨道、学校领导轨道和高级专家轨道（见图11.4）。教学轨道为有意进一步发展师资教学能力的教师提供专业发展和晋升的机会，教师可从高级教师、领导教师、特级教师一直做到首席特级教师，一般一个学校只有一个首席特级教师；领导轨道为有志于领导学校、对学校工作进行有效管理的教师提供机会，教师可依次成为学科/年级组长、部门主任、副校长、校长、校群督导等；高级专家轨道为那些倾向于教育研究领域的教师提供机会，大多最后成为国立教育学院的研究者。教师进入工作岗位后，依托"强化绩效管理系统"，不断测试自己在知识、能力和专业方面的特点，通过持续的发展记录，结合自

---

[1] NGUYEN D T, NG D, SAN YAP P. Instructional leadership structure in Singapore: a co-existence of hierarchy and heterarchy[J]. Journal of educational administration, 2017, 55(2): 147-167.

己的潜力预估测试结果，走上最适合自己的发展道路。[1]

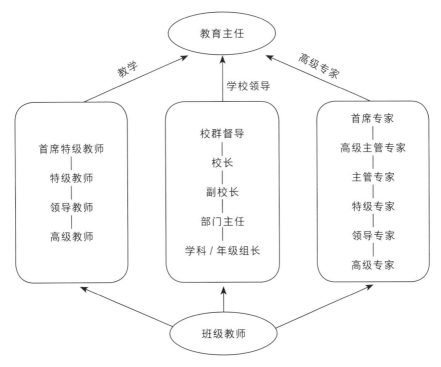

图 11.4 新加坡教师职业发展轨迹 [2]

　　新加坡政府采用"强化绩效管理系统"对教育人员的表现进行评估，同时也提供促进教师自我发展、改进表现的指导框架。该评价体系包括三部分，分别为表现评价、潜能评价以及排名。评价内容和指标以"工作总结表格"的形式呈现，由教师根据自身情况填写平时工作表现部分，由学校相关负责的部门主管结合教师平时表现及教师自评表填写个人发展潜能部分。具体的评价指标主要包括能力才干、付出精神、协作精神、个人专业发展等，每个一级指标下又会详细划分二级甚至三级指标，通过可以观

---

[1] 张佳. 新加坡校长专业发展与培训体系探析 [J]. 外国教育研究，2015，42（2）：90-98.

[2] 资料来源于新加坡教育部网站。

察的行为将抽象的指标具体化。其中，教师的能力才干体现为能否创造有质量的课堂教学，专业知识技能的传授理念与方法是否具有独到性和创新性，能否帮助学生解决复杂问题等；付出精神则包括是否对学生充满关爱，能否因材施教、增强学生自信心，以及根据对学校发展宗旨与目标的理解，提供专业建设相关建议；协作精神体现在能否与教研室成员通力协作，分享教学经验和技术资料，共同解决疑难问题；而个人专业发展的评价通过罗列听课记录、培训记录，以及参与项目情况与成果的方式加以体现。[1] 评价形式采用目标管理和等级评价相结合的方式。每年年初，教师参照学校总体战略目标或部门工作计划，结合自身实际情况，在直属上级领导的帮助下制订出自己一年的工作计划和预定完成的目标，并在年中、年末对工作进度、预定目标实现情况进行反思和检讨，部门领导也会在整个过程中进行适时反馈和指导。最终，由各级领导对下属的工作按照教育部的评估细则进行"强制排序"，即将教师随机成对比较，再按名次递增顺序进行排列，最后给出 A/B/C/D/E 的等级评定，规定 A 等级（优秀）应占教师总人数的 5%，30% 的教师获得 B 等级（良好），60% 的教师列入 C 等级（合格），D 和 E（差）人数占比 5%，但 E 等一般没有，如若出现需报教育部，教育部将组织复核确认等次。该绩效评定结果直接决定了年底"绩效花红"的分配，也影响着教师的晋升及其他奖励的获取，对教师有较强的激励作用。评价过程要求公平、公开、公正，评价结论也要经教师本人审阅、签字后才能生效，教师有异议的可直接上报教育部要求复核。

---

[1] 王霞. 新加坡教师专业发展及评价制度梳理 [J]. 中国成人教育，2017（7）：117-119.

二、自主权较强的高校内部行政——以南洋理工大学为例

南洋理工大学成立于 1991 年，是新加坡一所科研密集型大学，现有本科生和研究生近 33 000 人。[1] 虽然成立较晚，但发展极快，特别是在 2006 年由教育部下属的法定机构转为具有独立法人地位的非营利企业之后，学校办学活力得到了充分释放。2015 年 3 月，《泰晤士报高等教育》公布了世界成长最快的青年大学，南洋理工大学在短短 4 年内进步 108 个名次，位列第一；在 2020 年 6 月最新公布的第 17 届 QS 世界大学排名中，南洋理工大学位列全球第 13 位，是近 5 年来唯一一所跻身全球前 15 名的年轻大学。[2] 南洋理工大学优异的办学成绩，离不开其高效有序的行政管理体制，包括行政领导体系和教师管理制度等。

（一）南洋理工大学的行政领导体系

1. 校董会下的行政领导体制

南洋理工大学实行董事会领导下校长负责的行政领导体制。董事会是学校立法机构，校长是执行者。校长又和四位分管学术、研究、行政、校友与发展的副校长组成校长理事会，构成学校的核心领导层。校长理事会对接各学院院长以及法务部、财政部、人力资源部等行政部门的主管，他们共同组成高层领导队伍负责学校日常运营管理（见图 11.5）。

---

[1] 资料来源于新加坡南洋理工大学网站。

[2] 资料来源于新加坡南洋理工大学网站。

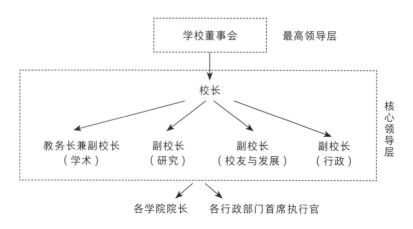

图 11.5 南洋理工大学行政领导体制结构

（1）最高领导层。南洋理工大学学校董事会（以下简称"校董会"）是学校组织架构内的最高管理机构，拥有最高决策权。校董会现设一位董事会主席，十八位董事会成员，均由新加坡教育部部长直接委任。校董会成员背景多样，既有杰出的学者、校友，也有商界领袖、企业家和来自公共服务、私营部门的专业人士，在综合考量才干、经验、地位、社会关系以及在规划、风险预估、资源分配等方面的决策能力后选定。校董会对学校的发展负有主体责任，与校方管理层及相关人士合作，制定学校愿景、规划主要方向、决定各项计划及措施，也负责审批学校年度预算、审计年度财务报表，对学校资金资产进行监管。为支持校董会履职，校董会下设 7 个委员会和 1 个咨询委员会，由部分董事会成员及增聘的具有专业知识的非董事会成员组成。各委员会在董事会授权的职权范围内运作，各自具体职责详见表 11.2。[1]

---

[1] NTU annual report 2019[R/OL].[2021-12-24]. https://www.ntu.edu.sg/about-us/annual-reports.

表 11.2 南洋理工大学校董会委员会、咨询委员会组成及职责

委员会名称	职责
教务委员会	对学术事务、学院管理等事宜进行政策指导和监督、提供支持
校友和发展委员会	监督有关大学发展的问题，维护大学与学生、校友和外部团体的关系
审计和风险委员会	监督大学的内部控制、财务报告和企业风险管理
财务委员会	负责监督大学的财务管理
投资委员会	负责监督大学资金的管理和投资
提名委员会	提名合适的人选担任董事会和委员会成员
薪酬委员会	就雇员薪酬事宜提供监督和政策指引
校园规划咨询委员会	负责监督校园整体规划的实施，并提供意见

（2）核心领导层。校长是大学的首席执行官，在学校课程的推行、各项事务的统筹、教育质量保障、学校未来发展等方面向校董会负责，并有权采取一切行动来实施校董会的政策和章程。四位副校长各有分工，作为核心领导全力支持、配合校长工作。教务长兼副校长（学术）是学校的主要学术负责人，负责学校的学术工作和发展，具体包括研究生和本科生教育、教师发展、学生生活和外部学术联络等。副校长（研究）负责指导学校的研究计划及其实施，具体包括制定研究规划和政策、构想研究资助策略、促进研究基础设施发展等。副校长（行政）负责领导教职工，确保学校的学术和研究工作顺利进行，具体包括提高教职工敬业度、组织能力和运营效率等工作。副校长（校友及发展）负责领导校友积极参与学校发展工作，提升学校的全球影响力。[1]

[1] NTU annual report 2019[R/OL].[2020-11-18].[2021-12-24]. https://www.ntu.edu.sg/about-us/annual-reports.

（3）重心领导层。南洋理工大学的管理重心在学院，学院是独立的办学实体，具有自主的经费使用权和人事录用权，内部的教师遴选、学位授予、科学研究、教学运行等事务都由各学院自行决定。[1] 学院下还设有小学院，为方便表述，以下把学院称作学部，小学院称作学院。南洋理工大学实行大学、学部、学院三级管理，学部在其中起着承上启下、沟通协调、指导把关的作用。在大学总层面，根据职务类型，设有法律事务处、资讯与公关处、财务处、人力资源处、校友事务处、学生与学术服务部等 16 个部门，由各自部门主管负责，为高级领导层决策服务，也负责监督、协助各学院相应事务的运作。在学部层面，设院长一名、副院长若干，通过学部会议研究讨论事项。主要职责有：将大学的发展战略传达到学院；协调本学部各学院的学术事务，促进跨学科研究；审核学院的预算、招聘、职称晋升、考核等事务。在学院层面，设院长一名，副院长 4 名，分别主管教学、科研、教职事务和学生事务，由学院管理委员会进行决策，学院管理委员会也下设多个专业委员会协助学院管理层开展工作。[2]

2．学术委员会为主的决策咨询体制

新加坡实行大学自治改革后，南洋理工大学致力于"教授治学"以优化大学内部治理结构，学术委员会、评议会、咨询委员会正是实现"教授治学"的重要依托机构。以学术委员会为主体的教授委员会保证了教授在学校学术事务发展中的话语权，为以校长为主体的行政高层进行决策提供了可靠的咨询渠道，是学校实现民主化行政管理、科学化发展的重要保证。

---

[1] 徐晓红. 新加坡南洋理工大学（NTU）治理结构之考量 [J]. 北华大学学报（社会科学版），2018，19（5）：148-152.

[2] 柯尊韬，陈芳. 自主化办学背景下新加坡高校人事制度改革的经验与启示——以南洋理工大学为例 [J]. 煤炭高等教育，2020，38（3）：68-73.

（1）学术委员会。学术委员会由大学所有终身教职人员和部分非终身教职人员组成，约有1 500人，作为代表学校教职员工的官方机构，维护教职员工在学术管理中的独立地位。学术委员会每年召开一次，通过由其选出的咨询委员会、评议会，以及评议会下设的各种委员会（见图11.6），主要对学校学术类事务进行讨论，也参与对学校发展战略规划、学术研究等重要行政决定和重大学术决策的表决及意见反馈。各学院（包括李光前医学院、国家教育学院、拉惹勒南国际研究院等独立学院在内）负责人以及部分行政官员（如首席创新与企业执行官、首席财务官、首席人力资源官和首席策划官兼注册主任）均是学术委员会的必要成员。

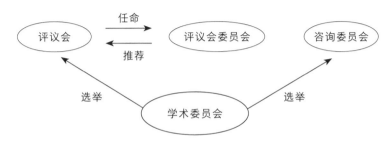

图11.6 南洋理工大学学术委员会运行结构 [1]

（2）咨询委员会。咨询委员会由九名从学术委员会成员中选出的终身教授组成，负责对校长或教务长提出的议题进行讨论，履行参议义务，议题主要涉及教职人员的任命、晋升、终身教职评审，以及创建新的学术项目等内容。

（3）评议会。评议会是学术委员会的核心机构，由50名从各学院选出的学术委员会成员组成，校长、教务长及首席策划官兼注册主任是其中的必要成员。评议会的主要职责包括接收、批准或认可评议会成员提出的意见，对学术事务管理规则提出修改建议，选举各评议委员会成员等。

---

[1] 资料来源于新加坡南洋理工大学网站。

（4）评议会委员会。评议会委员会是评议会的下属机构，共包括8个委员会，均由评议会选举产生，其中评议会指导委员会和任命委员会均从评议会成员中选出，其余从学术委员会成员中选出（见图11.7）。

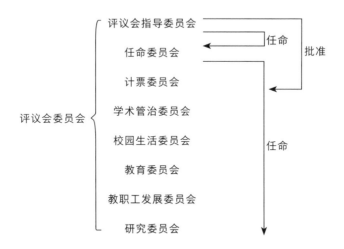

图 11.7 南洋理工大学评议会委员会构成

评议会指导委员会由5名评议会成员组成，评议会主席（也是评议会指导委员会的主席）、校长、教务长、注册主任是其中的必要成员，其职责包括任命任命委员会成员、批准任命委员会的任命；安排评议会议程、确定评议会研究和讨论的主题；接收来自各评议委员的报告等。

任命委员会由7名评议会成员组成，每届任期两年，其职责包括经指导委员会批准，任命各委员会成员；就各委员会的成立或解散、职权范围向评议会提出建议；提名评议会主席及指导委员会成员。

计票委员会经指导委员会批准和任命委员会任命成立，由学术委员会中的3名终身教授组成，负责确保所有评议会及咨询委员会的选举以公开、公平、公正的方式进行。

学术管治委员会负责为学术治理的讨论提供一个焦点，调动教职工对学术问题建言献策的积极性，为领导层向学院咨询学术事宜提供渠道。

校园生活委员会负责选定校园生活策略方面的议题，协助教职工回应领导层有关校园生活方面的咨询，向学院提供大学校园生活相关资讯。

教育委员会负责运营学生学习质量论坛，包括教学、评价、设施、支持、政策等模块，帮助教职员工、学生了解学校发展方向和政策，评估学校教育举措成效，为大学领导层提供建议。

教职工发展委员会重点关注教职工发展有关事宜，尽可能了解每位教职工的需求，充分发挥每位教职工的优势，为教职工职业发展提供支持。

研究委员会主要负责加强领导层和学院之间以及学院和学院间的互动，优化学校研究水平，积极促成教师广泛参与学校有关研究方向和范围的决策、新研究中心或研究所的建立、研究规范问题的探讨等学术事务。

（二）南洋理工大学的教师管理制度

截至 2019 年 7 月 1 日，南洋理工大学共有教职员工 8 345 人，包括科研人员、专任教师、教辅人员和行政人员四类（见图 11.8）。其中，所占比例最多的科研人员主要是指各个科研平台和项目组聘请的访问学者、博士后等研究人员，不承担教学工作，而专任教师则是承担学校教学和科研任务的主体。在 1 787 名专任教师中，副教授占比最多，讲师和助理教授占比相当，教授占比则比较少，教师内部职级晋升梯度明显，职级分布结构比较合理（见图 11.9）。为激发人力资源活力，南洋理工大学在教师管理上考评和激励并行，建立了严格的奖惩制度、灵活的薪酬体系、精确的业绩评价体系，[1] 形成了比较有特色的教师选聘制度、绩效评估制度和薪酬待遇保障制度等。

---

[1] 谭伟红. 新加坡南洋理工大学的竞争优势研究——基于钻石模型的分析 [J]. 西南交通大学学报（社会科学版），2016，17（3）：91-96.

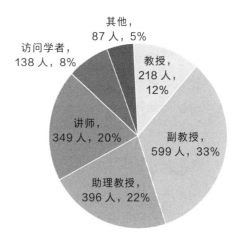

图 11.8 南洋理工大学教职工构成 [1]　　　　图 11.9 南洋理工大学专任教师构成 [2]

1．教师选聘制度

（1）选聘程序。南洋理工大学遵照严密程序，面向全球遴选优秀教师，突出考查其教学及科研能力。第一，由学院负责成立 5 人组招聘工作委员会。如果是招聘副教授和教授，委员会成员需全部由教授组成；如果是招聘助理教授，委员会成员可包括副教授；此外还要求必须有 1 位来自学院以外、学部以内的教授和 1 位来自其他学部的教授参加；学院领导不参加委员会。第二，学院在院系平台和网络媒体上发布广告，公布应聘条件、程序等，应聘者在网上进行申请，上传专家推荐信。第三，委员会从申请者中先筛选出 10 人进行视频面试，再确定 3 人到学校面试，最后留 1 位最佳人选。到校面试者要为本科生上一堂基础课，总分 5 分，学生打分须不少于4 分；应聘者还要面向师生做一场学术报告；院长会邀请应聘者共进午餐，以对他们进行近距离考察。第四，面试结束后，招聘工作委员会向院长、院长向学部院长提交推荐报告，学部对所有材料进行审核后，申请学校师

---

[1] NTU at a glance2019[R/OL].[2021-12-24]. https://www.ntu.edu.sg/about-us/annual-reports.

[2] NTU at a glance2019[R/OL].[2021-12-24]. https://www.ntu.edu.sg/about-us/annual-reports.

资招聘委员会讨论，届时院长再做详细陈述，最终研讨后确定招聘对象。[1]

（2）职称评审。南洋理工大学教师的职称评审工作有两个鲜明特点：坚持非升即走原则、重视同行专家意见。教师的职称分成两类：一个是讲师和高级讲师类，另一个是助理教授、副教授、教授类。讲师和高级讲师类的教师以教学工作为主，只承担少量的科研和服务工作，他们没有终身教职，每3年签订一次合同，讲师12年内没有晋升到高级讲师，将不再续约。助理教授、副教授、教授这类的教师教学与科研并重，以完成教学和科研任务为主，但也会承担一些服务工作。助理教授4年可申请晋升副教授，一次晋升没成功，3年后可再晋升，若7年内没有晋升为副教授，就要在1年内离开学校。助理教授晋升副教授后，需先取得终身教职（学校每年组织2次终身教职评审，具有终身教职的教师65岁退休，退休前若无特殊原因学校不可以将其解聘），若在规定时间内无法获得终身教职，必须离开学校，而取得副教授职称后工作满3年，且获得终身教职的副教授，可以申请晋升教授。

学校职称评审工作坚持优胜劣汰原则，对岗位数不进行总量和比例控制，只要教师资历达到标准就可以参与评审，评审方式以同行评审为主。由助理教授晋升为副教授，须有5位同行参与评议，其中教师本人自荐1位，学院推荐4位，若5位中的2位不予通过，则不能晋升。从副教授晋升为教授，须有10位同行参与评议，其中教师本人自荐5位，学院推荐5位，若10位中有2位不通过，则不能晋升。职称评审启动时，学院院长将参审教师提名到学部，学部审核后交学校学术委员会批准，然后再反馈给学院成立的升职评估委员会，由其开始评审工作，评审结束后再由院长向校董会评审委员会陈述评审情况，董事会最后裁决评定结果。

职称晋升的考核内容主要包括教学、科研、服务三个方面。教学方面，学生评教、听评课、辅导学生、其他比例为2∶1∶1∶1；科研方面，全部学

---

[1] 柯尊韬，陈芳. 自主化办学背景下新加坡高校人事制度改革的经验与启示——以南洋理工大学为例 [J]. 煤炭高等教育，2020，38（3）：68-73.

术成果都在考查之列，但会参考近 3 年成果，具体从发表论文的数量、质量、引用率和影响力，以及编写教材的使用率等方面考量。考核工作遵照一套完整的程序，每年 5 月份启动、7 月份出结果，考核范围是上一年度的 7 月 1 日至本年度的 5 月 31 日，只有院长、系主任和被考核者本人会被告知结果。

2．绩效评估制度

南洋理工大学采取"绩效为主"的原则对教师进行考核。教师在每年 8 月份制订工作计划、年度目标，涉及任教课程、课时数、科研项目申请、科研论文发表以及参加国际会议等方面。每一年度中期，教师所在系或学院将对其工作计划执行情况进行中期检查，了解工作进度；对于进展缓慢或问题比较突出的教师，会加强沟通交流，帮助他们正确认识自身差距与不足。在每一年度进行绩效考核时，将以教师自身设定的工作目标为主要基准，综合考察人才培养、科学研究和社会服务等各方面任务的完成情况。主要内容及程序有：被考核教师和系主任共同填写年度绩效考核书面报告，并交上一级学院院长审核；系主任或学院院长将被考核教师做出的贡献、待改进的地方、优势和劣势等评估结果反馈给被考核教师，考核教师签署意见；系主任撰写教师潜能发展考核报告（学院院长负责撰写系主任、副院长潜能发展考核报告），此报告不对被考核教师公布；最后，系、学院组成考核委员会对教师绩效进行打分并进行综合评价等级排序。

针对不同类型教师的考核内容权重不同。助理教授、副教授、教授系列教师考核权重为 5（教学）：5（科研）：2（服务），强调教学科研并重；讲师、高级讲师系列教师考核权重为 8（教学）：2（科研）：2（服务），着力考查教师知识传授、学生评价、课外辅导和教学方法等教学组织能力；对于"双师型"教师，考核权重为 2（教学）：2（科研）：8（服务），注重行政管理、决策咨询、服务企业等社会服务情况的考查。评价结果分为 A、B、C、D、E

五个等级，其中 A 等级表明被考核教师能力水平远超过职级要求，达到卓越标准；B 等级表明被考核教师多项能力超出职级要求，达到优秀标准；C 等级表明被考核教师在一些方面超过职级要求，达到良好标准；D 等级表明被考核教师基本符合职级要求；E 等级表明被考核教师未达到职级要求。在评定结果上，评定为 A 等级教师的比率约占 13%，B 和 C 等级教师比率约占 75%，D 和 E 等级教师比率约占 12%。对于未达到考核标准的教师，会有专门的委员会对其年度绩效完成情况进行再次审核评估，务必确保结果的公平公正性。[1]

3．薪酬待遇保障制度

南洋理工大学的教师薪酬由月薪和"花红"（奖金）两部分组成。月薪是学校与教师在签订聘期合同时，基于选聘教师原有薪酬、工作时间、职级和业绩成果等综合因素确定的；"花红"根据每年教师年度绩效考核、学校发展状况和当年新加坡经济状况等因素综合确定，一般相当于教师 1—3 个月左右的薪酬。绩效评定为 A 等级的教师所得"花红"为当年月工资的 3 倍，下一年度工资增长约 3.5%；B 等级教师所得"花红"为当年月工资的 2 倍，工资增长约 2.5%；C 等级教师所得"花红"为当年月工资的 1 倍，工资增长约 1.5%；D 等级无"花红"，工资增长约 1%；E 等级无"花红"，工资不增长。

除了薪酬外，南洋理工大学的教师还享有许多其他方面充满人文关怀的待遇保障。比如，教授和副教授会被授予终身教职，且拥有学术休假福利；学校为教师设立了康乐计划，教师可享受医疗保险、带薪休假、小孩陪伴假和病假休息等福利；对于外籍教师，学校为其提供公积金、住房和搬家补贴、外籍教师退休津贴、子女入学等福利，确保教师在南洋理工大学安家落户无后顾之忧等。

---

[1] 郝文斌. 南洋理工大学教师绩效考核及启示 [J]. 黑龙江高教研究，2014（11）：30-33.

第十二章 中新教育交流

1990 年 10 月 3 日，中国与新加坡正式建立外交关系，圆了中新两国人民共同期待多时的心愿。此后，中新两国在经贸、文化、教育等领域频繁来往交流。

第一节 源远流长的中新交流史

中国与新加坡的交往源远流长。唐朝时期，中国积极推行对外开放政策，连接中西方的海上丝绸之路繁盛起来，新加坡作为这条贸易线上的必经之地，渐渐被越来越多的人知晓。

中新正式建交后，本就文化相融相通、有着上千年友好交往历史的两国，在贸易、投资、科技、教育、文化等领域加强合作，实现了互利共赢。两国领导人几乎每年都有往来。各层级频繁的交往既是两国关系密切的象征，也是合作发展的需要。多年来，两国开展了领域广泛、层次多样、务实创新的全方位合作。2015 年，双方一致同意建立中新与时俱进的全方位合作伙伴关系，推动两国关系迈向更高水平。

一、中新教育交流合作大事记

中新建交初期，双方一致认同要加强教育领域的合作，积极探索人才培养和交流的方式。1991 年，新加坡教育部针对中国的初三毕业生、高二在读生及大一在读生中的优秀学生，提出 SM 系列计划，为其设立到新加坡公费留学奖学金。1993 年，中国教育部先后批准上海交通大学和南京大学到新加坡开办中文 MBA 学位课程，开创了双方合作办学的先例。[1]1999年，两国教育部签署了《新加坡共和国教育部与中华人民共和国教育部教育交流与合作备忘录》（以下简称《教育交流与合作备忘录》）。该备忘录就"代表团交流""留学生交流""教师交流和语言教学""学术交流和校际合作""专项教育和培训项目合作"五方面内容做出说明，确定了"双方每年互换一个 45—50 人天的教育代表团赴对方进行访问""双方每年互换 10 个为期一年的奖学金生（含本科生、研究生和进修生）""新方继续每年提供35 名培训奖学金名额（其中 5 名给中国海南省），用于培训中国高等院校在职英文教师""中方每年向新方提供 3 个为期六周的汉语教师短期研修奖学金名额、帮助新方在中国招聘每年不超过 60 名汉语教师到新方的学校教授汉语"等项目内容。[2]之后，两国教育部的《教育交流与合作备忘录》又分别于 2006 年、2009 年、2015 年依据形势发展进行重新签订。

2000 年，中国驻新加坡大使馆设立了教育处，两国的教育交流与合作在体制机制的保障下进入了新阶段。在合作领域上，双方由 20 世纪 90 年代主要以学生和师资交流为主，发展为 21 世纪的多方面合作，包括从小学到博士生的交流项目、访问学者项目、中英文教师培训、教科书交流以及协

---

[1] 韦文武. 中新教育合作及几点思考 [J]. 创新，2010，4（4）：34-37.

[2] 新加坡共和国教育部与中华人民共和国教育部教育交流与合作备忘录 [EB/OL].（1999-06-23）[2022-4-14]. https://www.mfa.gov.cn/web/ziliao_674904/tytj_674911/tyfg_674913/200203/t20020321_7949395.shtml.

助编写教材等。[1] 从 2006 年到 2015 年，新在华留学生由 1 500 余人 [2]，增长到了 4 865 人，中国在新留学人员也达到了 10 430 人 [3]。2020 年中新建交 30 周年之际，中国有近 4 万名学生在新留学 [4]。

二、中新文化交流合作大事记

　　新加坡是东西方文化的交汇点和结合点，华人占其总人口的大多数，华语是其通用语言之一，所以中新两国文化交流具有得天独厚的优势。[5] 1996 年，中国文化部部长和新加坡新闻及艺术部部长签署了《中华人民共和国文化部和新加坡共和国新闻及艺术部文化合作谅解备忘录》（以下简称《文化合作谅解备忘录》）。1999 年为落实《文化合作谅解备忘录》，中新双方又制定了《中华人民共和国文化部和新加坡共和国新闻及艺术部文化合作谅解备忘录二〇〇〇至二〇〇二年度执行计划》（以下简称"执行计划"），拉开了中新官方牵头制定文化交流与合作协定的开端。该执行计划就"文化代表团互访及人员交流""艺术表演""文物及展览""图书馆"四个方面的交流事项做出说明，提及的主要事项有：中新两方代表团互访时间及名额；中方钢琴家或小提琴家、音乐教授、作家等人员访新交流计划；中新双方互派表演艺术团演出计划；新在华举办画展、中新合作举办《日本侵略中国和东南亚展》事宜；中国文化部社会文化图书馆司与新加坡国

[1] 韦文武. 中新教育合作及几点思考 [J]. 创新，2010，4（4）：34-37.

[2] 韦文武. 中新教育合作及几点思考 [J]. 创新，2010，4（4）：34-37.

[3] 中华人民共和国驻新加坡共和国大使馆. 中新关系简况 [EB/OL].[2021-2-18]. http://www.chinaembassy.org.sg/chn/zxgx/zxgxgk/.

[4] 中新学生互选对方国家留学渐趋热门 [EB/OL].（2020-11-16）[2021-04-01]. http://m.ce.cn/bwzg/202011/16/t20201116_36012815.shtml.

[5] 署名文章：推动中新关系与时俱进，扬帆远航 [EB/OL].（2018-11-11）[2021-12-24]. http://www.gov.cn/xinwen/2018-11/11/content_5339320.htm.

家图书馆管理局建立工作联系、新加坡国家图书馆管理局与中国国家图书馆和上海图书馆开展交流项目等。[1]

2006年，为进一步深入中新文化领域的交流与合作，双方政府签署了《中华人民共和国政府和新加坡共和国政府文化合作协定》（以下简称《文化合作协定》），明确了"鼓励和推动在文化艺术、设计、遗产保护、新闻出版、广播影视等领域的合作"目标，确定了"文化政策、文化产业、文学艺术和教育等方面"几个合作领域，协定有效期5年，期满若双方无异议则自动顺延。[2]此后，中新两方间的文化交流项目每年逾200起[3]。

2009年，为进一步落实《文化合作协定》，增进两国文化交流与合作，两国政府签订了《中华人民共和国政府和新加坡共和国政府关于在新加坡共和国设立中国文化中心的谅解备忘录》。2015年，新加坡中国文化中心即将落成之际，两国政府又签订了《中华人民共和国政府与新加坡共和国政府关于在新加坡共和国设立中国文化中心的协定》（以下简称"协定"）。该协定明确了设立中国文化中心的宗旨是"增进中新两国在文化、艺术和文化创意产业等领域的交流与合作"，具体对新方法律法规的适用范围、中方人员的入境条件、新方税务征收等若干相关事项做出了特别说明。[4]中国文化中心位于新加坡文化区，毗邻南洋艺术学院、国家图书馆、新加坡美术馆等众多文化机构，内部设有展厅、剧场、图书馆、教室等场所设施，为举办各类文化活动提供了充分条件保障，是目前中国在海外建设规模最大、设施最完善的文化中心之一。新加坡中国文化中心以"优质、普及、友好、

---

[1] 中华人民共和国文化部和新加坡共和国新闻及艺术部文化合作谅解备忘录二〇〇〇至二〇〇二年度执行计划 [EB/OL].[2021-03-30]. http://treaty.mfa.gov.cn/Treaty/web/detail1.jsp?objid=1531876798881.

[2] 中华人民共和国政府和新加坡共和国政府文化合作协定 [EB/OL].[2021-03-30]. http://treaty.mfa.gov.cn/Treaty/web/detail1.jsp?objid=1531876904616.

[3] 中华人民共和国驻新加坡共和国大使馆. 中新关系简况 [EB/OL].[2021-2-18]. http://www.chinaembassy.org.sg/chn/zxgx/zxgxgk/.

[4] 中华人民共和国政府与新加坡共和国政府关于在新加坡共和国设立中国文化中心的协定 [EB/OL].[2021-03-30]. http://treaty.mfa.gov.cn/Treaty/web/detail1.jsp?objid=1531877058235.

合作"为宗旨，立足"文化活动、教学培训、思想交流、信息服务"四项
职能，自 2015 年 11 月运营以来，举办了大量高水平的艺术展演、教学培
训、思想学术对话等丰富多彩的活动，打造了一批有特色的文化品牌，如
"欢乐春节""文化年系列活动""新中青少年艺术节""发现中国讲座""电
影中国"等，是新加坡公众了解中国、认识中华文化的重要平台，在推动
中新两国文化、艺术、创意、影视、出版、体育等领域的交流与合作中扮
演着重要角色。[1]

中新建交后教育、文化领域重要双边文件见表 12.1。

表 12.1 中新建交后教育、文化领域重要双边文件

年份	文件名
1996	《中华人民共和国文化部和新加坡共和国新闻及艺术部文化合作谅解备忘录》
1999	《新加坡共和国教育部与中华人民共和国教育部教育交流与合作备忘录》 《中华人民共和国文化部和新加坡共和国新闻及艺术部文化合作谅解备忘录 二〇〇〇至二〇〇二年度执行计划》
2006	《中华人民共和国政府和新加坡共和国政府文化合作协定》
2007	《关于借鉴运用新加坡园区管理经验开展中西部开发区人才培训合作的 谅解备忘录》
2009	《关于合作建设新加坡第四所公立大学的谅解备忘录》 《关于在新加坡共和国设立中国文化中心的谅解备忘录》
2010	《中华人民共和国国家文物局与新加坡共和国国家文物局关于博物馆合作 谅解备忘录》
2015	《中华人民共和国政府与新加坡共和国政府关于在新加坡共和国设立 中国文化中心的协定》
2018	《文化合作谅解备忘录 2018—2020 年交流执行计划》
2019	《中华人民共和国政府与新加坡共和国政府关于青年实习交流计划的协议》

[1] 中国文化中心. 中心简介 [EB/OL].[2021-03-30]. http://cccsingapore.org/index.php?s=/home/index/jieshao.html.

第二节 欣欣向荣的中新教育交流现状

在双方政府的高度重视和积极促成下，中新两国先后建立了广泛的教育交流与合作平台，开拓了多样化的教育合作方式，两国教育交流与合作发展态势良好。

一、积极促成教育交流与合作

中国与新加坡政府高层都曾多次对加深两国教育领域的交流与合作明确表示期待，也在实践中持续推动一个又一个教育相关合作协定的达成与落实。

1999年，中新两国教育部间签订了第一个《教育交流与合作备忘录》，首次以官方文件形式专门确认了双方政府在教育领域开展务实合作的态度与决心。2000年，中国政府和新加坡政府发表联合声明，在合作框架里提到"在教育方面，双方将促进师生互访，鼓励中药等领域的交流与合作"[1]。同年，双方在各自大使馆中设立了教育处，专门负责处理教育合作相关事宜。2015年，正值中新建交25周年之际，国家主席习近平对新加坡进行国事访问。在同新加坡总理李显龙举行会谈时，习近平指出，"我同陈庆炎总统和李显龙总理一致同意将两国关系的定位确定为与时俱进的全方位合作伙伴关系。"他希望双方"保持人文交流势头，办好两国青少年和大学生交流，拓展教育合作新领域和新模式，拓展人力资源合作，提高文化合作水平。"[2]同时，在随后发表的《中华人民共和国和新加坡共和国关于建立与时

---

[1] 中华人民共和国政府和新加坡共和国政府关于双边合作的联合声明 [EB/OL].（2000-04-11）[2021-04-01]. http://www.gov.cn/gongbao/content/2000/content_60155.htm.

[2] 习近平同新加坡总理李显龙举行会谈 [EB/OL].（2015-11-07）[2021-3-31]. http://news.cntv.cn/2015/11/07/ ARTI1446887189974161.shtml.

俱进的全方位合作伙伴关系的联合声明》中，第十六条对两国教育领域的交流与合作进行了专门说明："十六、不断拓展教育合作新领域和新模式，共同推动中国－东盟教育交流合作实现新发展。"[1] 2017 年，新加坡教育部部长兼交通部第二部长黄志明在中国访问时表示："教育合作在增进两国年轻人的相互理解和友谊方面发挥着至关重要的作用，同时又能促进两国人民之间的联系，进一步巩固双边关系的基础。我们将继续发掘新的合作机会来进一步加强新加坡和中国在教育领域的合作。"[2] 2018 年，中国政府和新加坡政府发布的联合声明，明确要"进一步扩大和深化人文交流合作。……双方同意加强教育合作，探讨按照对等互惠原则商签两国大学生实习交流项目协议"[3]。

教育合作是中新政治、经济和社会文化发展的需要，是中新关系的重要组成部分，两国政府的有力支持与推进以及高层的密切往来，为双方教育合作奠定了良好的基础。[4]

二、搭建广阔的教育交流与合作平台

中国和新加坡借助诸多区域对话平台，诸如亚洲教育论坛、东盟国家教育合作论坛、中国－东盟教育交流周、中国－东盟职业教育国际论坛、中国－东盟高等教育合作论坛等实现了教育领域更广泛的交流与合作。

---

[1] 中华人民共和国和新加坡共和国关于建立与时俱进的全方位合作伙伴关系的联合声明（全文）[EB/OL].（2015-11-07）[2021-3-31]. http://news.cntv.cn/2015/11/07/ARTI1446896561647964.shtml.

[2] 黄志明："一带一路"背景下的新中合作将更广泛深入 [EB/OL].（2017-08-01）[2021-12-24]. http://world.people.com.cn/n1/2017/0801/c1002-29442269.html.

[3] 中华人民共和国和新加坡共和国政府联合声明（全文）[EB/OL].（2018-11-15）[2021-12-24]. http://www.gov.cn/xinwen/2018-11/15/content_5340507.htm.

[4] 韦文武. 中新教育合作及几点思考 [J]. 创新，2010，4（4）：34-37.

（一）亚洲教育论坛

亚洲教育论坛于 2003 年由博鳌亚洲论坛、联合国教科文组织、中国国家留学基金管理委员会主办，该平台力主"架起亚洲教育合作桥梁"，已成为亚太区域内各国教育官员、专家学者、各级院校、国际组织、企业交流与探讨教育合作与发展的高端平台。自论坛发起至 2020 年，已成功举办了包括发起者会议在内的十六届年度国际盛会，形成了亚洲教育部长级会议、博鳌亚洲教育合作磋商机制（司局级）、太平洋岛国部长论坛等官方磋商机制。[1]

（二）中国-东盟教育交流周

2008 年 7 月 26 日，由中国外交部、教育部和贵州省政府联合主办，贵州大学、中国教育国际交流协会和中国教学仪器设备总公司共同承办的首届"中国-东盟教育交流周"开幕。[2] 至 2019 年，"中国-东盟教育交流周"已举办至第十二届，先后举办了中国-东盟教育部长圆桌会议、大学校长论坛、学术研讨会等百余项形式多样、内容丰富的活动。

（三）"一带一路"与东盟国家教育合作论坛

2018 年 4 月 28 日，首届"一带一路"与东盟国家教育合作论坛在海口开幕，该论坛由海口经济学院主办，海南省教育厅、省外事侨务办和省社科联提供支持。开幕式上，中国、泰国、马来西亚、新加坡、越南、印度

---

[1] 亚洲教育论坛简介 [EB/OL].[2021-04-04]. http://www.asia-edu.org/2020/about_efa.asp.

[2] 首届中国—东盟教育交流周隆重开幕 [EB/OL].（2008-07-29）[2021-04-04]. https://www.edu.cn/zhong_guo_jiao_yu/shi_ye/news/200807/t20080729_312425.shtml.

尼西亚、韩国、新西兰等国家高校代表共同签署了成立东盟学院的谅解备忘录。根据备忘录，东盟学院将以理事会的形式，结成东盟及中、日、韩等国家高校间的联盟。联盟国家中的高校及相关机构，均可以本着平等、自愿、互利原则派代表参加理事会。[1] 该论坛又相继于 2019 年、2020 年成功举办了第二届、第三届，与会高等学校和相关机构代表也由来自 8 个国家相继扩展到了 9 个、10 个国家，成为每年各国专家学者深入交流和探讨"一带一路"国家教育交流与合作新模式、新问题的重要平台。

三、开拓多样化的教育交流与合作方式 [2]

中新双方在合作办学、留学生培养以及短期培训与交流等方面开展了广泛而深入的合作。

（一）合作办学

中新高校间有着长久和深厚的合作办学友谊。1993 年，上海交通大学和南京大学在新加坡开办了中文 MBA 学位课程，开创了中新双方合作办教育的先例。1999 年，中新两国教育部签署《教育交流与合作备忘录》及中国学生赴新学习、两国优秀大学生交流和建立中新基金等协议，中国 15 所高等院校在新开办了 20 个教育合作项目。

进入 21 世纪后，中国与新加坡高校间从合作建校、特许经营、联合授予双学位到衔接课程，始终在开拓新的合作领域。2002 年 10 月，上海交

---

[1] "一带一路"与东盟国家教育合作论坛在琼举办 [EB/OL].（2018-04-28）[2021-12-24]. http://tradeinservices. mofcom.gov.cn/article/ydyl/yaowen/gnyw/201804/59531.html.

[2] 本部分研究不包括港澳台地区。

通大学在新加坡南洋理工大学成立"上海交通大学新加坡研究生院"。2005
年，北京中医药大学与新加坡南洋理工大学生物科学学院联合开设双学位
课程。2006 年，南京林业大学与新加坡南洋艺术学院签订合作交流的相关
协议。[1]2009 年，两国教育部签署《关于合作建设新加坡第四所公立大学的
谅解备忘录》。近几年，单在中国教育部备案、实施硕士及以上高等学历教
育的中新高校合作办学项目就有以下 6 个（见表 12.2）。

表 12.2 现行实施硕士及以上高等学历教育的中新高校合作办学项目

项目名称	办学层次和类别	学制	招生起止年份	每期招生人数	颁发证书
清华大学与新加坡管理大学合作举办会计专业硕士研究生教育项目	硕士研究生教育	2 年	2017—2022（每年 1 期）	30	中方：硕士研究生毕业证书、硕士学位证书 新方：理学硕士学位证书
上海交通大学与新加坡南洋理工大学合作举办高级管理人员工商管理硕士学位教育项目	外国硕士学位教育	2 年	2016—2021（每年 1 期）	50	中方：无 新方：工商管理硕士学位证书
华东政法大学与新加坡国立大学合作举办法学硕士学位教育项目	外国硕士学位教育	1 年	2004—2022（每年 1 期）	60	中方：无 新方：法学硕士学位证书
上海交通大学与新加坡国立大学合作举办数量金融硕士学位教育项目	外国硕士学位教育	2 年	2018—2023（每年 1 期）	30	中方：无 新方：数量金融理学硕士学位证书

[1] 韦文武. 中新教育合作及几点思考 [J]. 创新，2010，4（4）：34-37.

续表

项目名称	办学层次和类别	学制	招生起止年份	每期招生人数	颁发证书
北京大学与新加坡国立大学合作举办西方经济学专业硕士研究生教育项目	硕士研究生教育	3年	2014—2024（每年1期）	50	中方：硕士研究生毕业证书、硕士学位证书 新方：金融工程理学硕士学位证书
北京大学与新加坡国立大学合作举办企业管理专业（金融工程）硕士研究生教育项目	硕士研究生教育	3年	2015—2024（每年1期）	30	中方：硕士研究生毕业证书、硕士学位证书 新方：金融工程理学硕士学位证书

（二）留学生培养

2018年中国在新加坡的留学生超过5万人，新加坡在中国的留学生也约有3 600人。[1] 中新双方留学生来往络绎不绝，是多重因素共同作用的结果，如中新各自教育质量的不断提升、双方对留学生交流的大力支持和特别优待、双方建交以来整体良好的合作态势、两国语言文化的相通相融等。

1．中国留学生赴新

从提供奖学金欢迎优秀公费留学生到鼓励留学中介进入市场、大力吸引自费留学生，新加坡的对华留学项目一直在由浅入深地渐进发展。

1988年起，中国每年派遣35名高校英文教师在新加坡国立教育学院接受为期10个月的培训，每期会从中选拔5名优秀者继续攻读硕士学位，由

---

[1] 杨静林. 新加坡 [M]. 大连：大连海事大学出版社，2019：163.

此拉开了新加坡在中国招收少量攻读硕士学位留学生的序幕。1993 年起，中国输送高中毕业生参加"护理专科留学项目"，每年有 150 人左右，也由新加坡提供奖学金。1995 年起，新加坡开始通过民间方式在中国的中学招收初三和高二在校学生，每年的规模约在 300—500 人。1999 年，中新两国签订《教育交流与合作备忘录》，后又陆续签订《中新两国关于选派初三毕业生备忘录》《中新两国关于互换优秀大学生备忘录》等文件。根据 2001 年中新双方签订的协议，中国开始大批量选派初三、高二和大一的学生到新加坡学习，并由新加坡提供奖学金。[1] 这是新加坡在 20 世纪 90 年代初就开始推出的 SM 系列奖学金计划的全面正式实践。

新加坡的 SM 奖学金计划分为 SM1、SM2 和 SM3 三类。SM1 招收对象主要是中国省级重点中学的优秀初三毕业生，被录取的学生将在当年 9 月底 10 月初赴新，首先进行两个月左右的预科班学习，主要内容是英语补习，次年 1 月进入新加坡中学三年级，中学四年级毕业后参加 GCE O-Level，根据考试成绩报考初级学院。SM1 学生和新加坡教育部的合同期限为 4 年，当 SM1 的学生从初级学院毕业后就可以自动解约，申请其他国家的大学。SM1 学生在学期间，学费、住宿费及伙食费由新加坡教育部拨付给学校，生活费前两年每年获得 2 200 新元，后两年每年获得 2 400 新元。SM2 特别针对中国高二理科优秀学生，被录取后将在当年的 12 月初赴新，同 SM1 学生一样，学费、住宿费、伙食费全免，每年可以获得 6 000 新元的生活费，但必须承诺在大学毕业后要为新加坡服务，即在新加坡的注册公司工作 6 年，若在合约期满前解除合约，学生需对奖学金提供方遵照协议标准进行赔偿。SM3 招生对象是中国名牌大学的大一入学新生，每年合作对象学校稍有不同，选拔通过的学生每年 12 月到新加坡，次年 8 月入学，期间接受 6 个

---

[1] 教育部出国留学政策调研组. 中国在泰国、新加坡、马来西亚三国留学人员情况调研 [J]. 世界教育信息，2012，25（2）：65-70.

月的预科班培训，奖学金、生活补助以及合约和赔偿问题同 SM2 学生一致。[1]

赴新加坡留学的公费学生以申请 SM 奖学金计划为主，但也可通过申请教育部的公派项目、两国高校间签订的交换项目以及民间组织资助项目等方式获得奖学金或赞助经费。但近年来，随着新加坡经济发展战略的调整以及早期奠定的"国际教育枢纽"的影响力，新加坡一面继续扩大国际教育市场，针对中国学生及其父母以及留学中介推出留学计划，竭力吸引自费留学生；一面开始缩小对国际留学生的资助力度，采取了诸如在 2012 年取消 SM3 计划，在 2015 年、2018 年先后增加外籍学生的学费，在 2019 年减少为永久居民学生提供的学费津贴，终止为国际学生提供津贴等举措，以期逐步增加国际教育对国家经济收益增长的贡献率。

当前，中国赴新加坡的留学生已覆盖从小学生到博士生多个层次，且公费生与自费生兼具规模。本科生、硕士生、博士生一般通过申请新加坡高校设置的诸多大学项目，来到新加坡学习，其中自费生、公费生以及部分自费生皆占一定比例。在小学和中学赴新的留学生以自费为主，这些低龄学生家长之所以把新加坡作为首选留学目的地无外乎以下几点原因。其一，新加坡华人居多，华语较为通用，孩子容易适应环境。其二，新加坡中西文化交融，在并不完全陌生的环境中孩子更容易学习外语、接受西方文化熏陶。其三，新加坡的中小学和西方教育体制对接，更容易获得被西方世界名牌大学录取的机会，也更容易获得在新加坡继续深造乃至留新工作的机会。其四，新加坡鼓励中小学生留学，为解除父母的后顾之忧，推出了陪读计划，规定 6 至 16 岁申请就读政府中小学的学生，其母亲可以申请陪读，而且陪读妈妈可以先申请陪读签证然后再申请就业准证，就业准证的申请没有年龄限制。[2]

---

[1] 新加坡 SM（Senior Middle）奖学金计划介绍 [EB/OL].（2019-01-17）[2021-02-27]. https://zhuanlan.zhihu.com/p/55113506.

[2] 王黎晨. 从留学到移民——改革开放后中国前往新加坡的留学生 [J]. 东南亚南亚研究，2007（Z1）：64-70.

2. 新加坡留学生赴中

2010 年，新加坡在华留学生约有 3 000 人；2018 年，新加坡在华留学生约有 3 600 人。[1] 这一数字变化的背后主要有两点原因。其一，中国高等教育影响力不断提升。在《泰晤士高等教育亚洲排行榜 2020》中，清华大学和北京大学分别位居第一位和第二位，新加坡国立大学位居第三位，南洋理工大学位居第六位。[2] 中国大学在亚洲乃至世界大学排行榜中的突出表现是新加坡学生赴华留学的最直接原因。其二，新加坡政府、高校、社会组织积极鼓励、支持赴华留学。随着近些年中国国际影响力的不断提升以及中新两国经贸合作的不断深化，新加坡政府致力于培养更多的"中国通"人才。在教育政策上，一改过去过分崇尚英文教育的局面，推出"华文精英"计划，加强中文教育，培养精通中文的人才。[3] 在此基础上，本就倡导培养国际化人才，积极为大学生提供赴外交流学习机会的新加坡政府、高校以及社会组织，设立了更多赴华留学奖学金项目。与此同时，获得一般性奖学金项目资助的优秀学生，也越来越愿意主动选择中国作为留学目的地。比如，一名荣获新加坡教育部"教学奖学金"的学生表示，他自小在讲中文的家庭长大，从小打下了中英文双语基础，如今立志成为中文教师，希望接下来尽快赴北京大学求学。长期致力于加强中新两国教育和文化交流、积极为新加坡政府培养"中国通"人才的新加坡宗乡会馆联合总会也表示，过去 10 年来，每年通过会馆申请赴中国留学奖学金的学生资质在不断提高。[4] 新加坡政府和民间组织不断保送或赞助新加坡青年学生到中国高校深造，所学科目涉及人文科学、中医、艺术等多个专业领域。[5]

---

[1] 杨静林. 新加坡 [M]. 大连：大连海事大学出版社，2019：163.

[2] 资料来源于泰晤士高等教育世界大学排名网站。

[3] 杨静林. 新加坡 [M]. 大连：大连海事大学出版社，2019：163.

[4] 中新学生互选对方国家留学渐趋热门 [EB/OL].（2020-11-16）[2021-04-01]. http://m.ce.cn/bwzg/202011/16/t20201116_36012815.shtml.

[5] 杨静林. 新加坡 [M]. 大连：大连海事大学出版社，2019：163.

（三）短期培训与交流

新加坡与中国间的短期培训与交流项目涉及面广，既有官方政府牵头组织，又有民间社团机构周旋运转，来往主体有专业技术者、教师、青少年学生等。

在中小学方面，新加坡 300 多所中小学（含初级学院）中将近一半的学校与中国的学校有合作关系。为了鼓励这种交流合作，从 2000 年开始，新加坡教育部为中小学开展国际合作设立了专项经费，学校可以申请经费开展合作活动。另外，新加坡教育部每年还会组织校长团到北京、上海等地访问、考察，由使馆为他们推荐访问学校，并为有意向合作的学校牵线搭桥。

在大学方面，新加坡聘用很多中国教授到新加坡讲学，两国教育部间每年都会互派大学生交流，新加坡高校和中国高校间也有许多关于交换生交流的合作项目。[1]

在教师培训方面，1999 年两国签订的第一个《教育交流与合作备忘录》中就规定"新方继续每年提供 35 名培训奖学金名额（其中 5 名给中国海南省），用于培训中国高等院校在职英文教师"，"中方每年向新方提供 3 个为期六周的汉语教师短期研修奖学金名额，招收新方的在职汉语教师来华进修汉语教学法课程。"[2] 此后，两国的教师培训与交流项目在官方与非官方、语言与非语言领域都有广泛的拓展。

两国青少年学生间的交流主要依托于学校间的合作项目，但也有不少非政府社会组织机构积极创造沟通交流平台，如 2020 年 12 月份开展的"中国–新加坡青年领袖交流项目"。该项目由中国新加坡商会和新加坡青年理

---

[1] 邓明茜. 漫谈新加坡留学与新加坡教育——访新加坡驻华使馆教育处一等秘书翁文炳 [J]. 世界教育信息，2009（1）：87-90.

[2] 新加坡共和国教育部与中华人民共和国教育部教育交流与合作备忘录 [EB/OL].（1999-06-23）[2021-12-24]. http://www.pkulaw.cn/fulltext_form.aspx?Gid=35c7001d8a30aff5b8602a9881fc4680bdfb.

事会联合主办，是新加坡政府推出的"亚洲领导力计划"的一个子项目。来自高等院校的 60 名中国青年和 60 名新加坡青年，被分成 20 支队伍，在新加坡以及中国的商业领袖、投资专家的指导下，通过线上和线下交流的方式，设计出应对中新两国共同面对的问题、实现联合国可持续发展目标的方案。青年们还参加了由行业专家主持的讲座，讲座主题包括跨文化合作、可持续发展、人工智能 / 大数据以及如何在新冠疫情暴发后找到自己的发展方向。通过参加这些讲座，青年们提升了完成项目所必需的知识和技能。[1] 该项目为两国年轻人进行文化交流和互动提供了机会，对增进他们的跨文化交流能力、帮助他们建立人际关系网非常重要。

第三节 中新教育交流的典范
——南洋理工大学孔子学院

南洋理工大学孔子学院是中新双方合作办学的典范，为促进两国人文交流做出了重要贡献。

一、学院概况

南洋理工大学孔子学院是一个高层次的中华语言与文化机构。2005 年 8 月，新加坡南洋理工大学孔子学院正式成立并开始运作，山东大学负责与之对接、参与合作建设。学院成立之初，临时办公室与授课地点安排在

---

[1] 新中青年领袖交流项目为全球可持续发展出谋划策 [EB/OL].（2021-02-01）[2021-04-01]. https://new.qq.com/omn/20210201/20210201A0DZAE00.html.

南洋理工大学校园内的南洋科技创业中心。2006年7月，南洋理工大学孔子学院正式搬迁到波那维斯达地铁站附近的南大校友会俱乐部暨教育中心。俱乐部地点位于新加坡纬壹园区的中心地带，拥有明净宽敞的教室、阅览室、资料库与休息区，教学与休闲设施配备齐全。[1] 学院定位为南洋理工大学直属的非营利组织机构，在理事会和学术委员会的监督下，由院长负责学院的运作。[2] 学院以"提升新加坡华文的整体资源、教学水平与学术研究，促进新加坡与中国的学术交流，扩大与世界华人、华社的联系"为使命，致力于"成为世界一流的孔子学院"。[3]

新加坡南洋理工大学孔子学院在十几年的建设中，产生了广泛的社会影响力，赢得了良好的社会声誉。大批有影响力的学者及社会各界人士都曾在南大孔子学院讲学，高水准的精品讲座、论坛以及国际研讨会极大地提升了学院的社会影响力。[4] 学院还与包括新加坡教育部在内的20多个当地政府部门、商界、华社建立合作关系，和中日韩的教学机构、社团联合举办学术活动，学院网站访问量在15万人以上，每年有10次以上电台、电视节目访谈及平面媒体专题报道。问卷调查显示，孔子学院举办的各种课程和活动的正面反馈率均达到98%。[5]

二、学院课程设置

南洋理工大学孔子学院针对不同人群的学习诉求，成功打造了一系列

[1] 资料来源于新加坡南洋理工大学网站。

[2] 宋若云. 新加坡教育研究 [M]. 北京：经济科学出版社，2013：149.

[3] 资料来源于新加坡南洋理工大学网站。

[4] 新加坡南洋理工大学孔子学院 [EB/OL]. （2014-10-13）[2021-12-24]. http://kzzy.sdu.edu.cn/xjpnylgdxkzxy/kyjj.htm.

[5] 宋若云. 新加坡教育研究 [M]. 北京：经济科学出版社，2013：150.

特色语言及文化类课程。依据其官方网站上对所开设课程项目的介绍，大致分为学生课程、成人课程、文化项目三类。[1]

（一）学生课程

学生课程可进一步分为基础课程、深广课程和华族文化课程。基础课程主要由"状元学堂"品牌课程构成，专为学前儿童以及中小学生提供华语强化及辅助课程。学前和小学"状元学堂"都是采用自主研发的系列教材，小班授课，通过互动式的学习体验，将文化与语言相结合，使学生在了解文化的同时习得语言；中学"状元学堂"根据学生的华文程度和学习能力，为他们量身定制课程，进行一对一教学。学院还与各中小学校合作，提供符合学校教学目标和需要的定制课程。深广课程是为小学二年级至小学六年级学生开设的阅读写作课程，依托专业的教师团队进行小班授课，紧扣教育部最新考试形式，采用自主研发的系列教材，训练逻辑思维、阅读技巧及语言表达能力等。华族文化课程包括文化故事花园和基础书法练习两个系列，前者通过各种趣味游戏和生动的故事，让孩子在轻松的学习环境中体会华族文化的奥妙，后者让孩子通过书法学习来记忆汉字、体会华文文字的智慧与深度。

（二）成人课程

成人语言课程是专为非华族成人、外派人员及对华文华语、中华文化有兴趣的人士所设的中文学习课程。通过这些课程，学员不但可以学习中文，也能对中华文化有所了解，无论是在社交场合或工作场所皆能学以致用，提高核心竞争力。主要包括"日常汉语 –HSK"课程和汉语拼音课程，

---

[1] 资料来源于新加坡南洋理工大学网站。

另外也可为企业培训、个人学习等各方面需求提供量身定制课程。"日常汉语 –HSK"是专门为有志于学习汉语和中华文化的人士定制的语言课程，课程以 HSK（中国汉语水平考试，为测试母语非汉语者的汉语水平而设立的国家级标准化考试）官方教材为主要教学内容，涵盖了熟悉的日常主题，例如个人信息、生活、工作、社交、习俗、文化、体育、伦理等方面。汉语拼音课程适合能说汉语却不熟悉汉语拼音的人士，具体开设的有汉语拼音基础课程和汉语拼音强化课程两种。

（三）文化项目

南洋理工大学孔子学院文化资源部，常年组织开展包括书法艺术、中国彩墨画、太极拳、八卦掌、认识中医、嗓音的应用与保健以及中文流行歌词创作与欣赏在内的众多文化类课程；邀请知名学者、专家前来开办各类讲座；负责海外文化浸濡项目、与中方各机构的联络合作以及各类团体的培训与接待；为新中企事业单位定制"高级管理研修班项目"；在中新两国政府及基金的支持下，召开各类文化比赛，包括"汉语桥"世界大学生中文比赛、青少年美文写作比赛以及南洋华文文学奖等。

三、学院师资、教材及资金情况

在师资方面，教师资质很高，很多是具有中国背景的新移民，有的是20 世纪 80 年代赴欧美留学、工作的，有的是语言学博士，既具备学术水平，又具有实际教学经验，但总体以外聘兼职教师为主。[1] 在教材选用方面，既

---

[1] 宋若云. 新加坡教育研究 [M]. 北京：经济科学出版社，2013：151.

有自主研发也有经本土化改造的其他机构出版的教材，在具体应用中会根据不同类型学员的学习需求，有差别地使用教辅资料。[1]

新加坡南洋理工大学孔子学院早期的主要资金来源为专项经费支持，而后通过社会集资设立了两个基金，分别为"南洋理工大学孔子学院基金"和"连士升青少年文学基金"。经过数年的市场化经营，现在孔子学院运营经费的 90% 是学院自收自支，总体盈亏状况是基本平衡、略有结余。[2]

李光耀在出席南洋理工大学孔子学院开幕式时表示："随着中国经济的起飞、经济实力的增强，世界各地的人们都在寻求如何学习中华语言、了解中华文化……""南大孔子学院的创立标志着新加坡与中国的合作又开创了新的里程碑，同时将有助于新加坡更好地进行中华语言与文化方面的教学。"[3] 十几年过去了，南洋理工大学孔子学院见证了两国双边关系的密切发展，成为传播中华文化的重要窗口。"一带一路"倡议建设的愿景之一是"增进沿线各国人民的人文交流与文明互鉴，让各国人民相逢相知、互信互敬，共享和谐、安宁、富裕的生活"[4]。孔子学院以文化带动语言，以语言促进文化，正是实现这一愿景的重要抓手。未来南洋理工大学孔子学院将继续紧密依托南大平台，充分尊重新加坡本土特色，通过丰富多样的文化活动，讲好中国故事，把中国"美美与共"的和平发展理念，求同存异、友好互助的交往态度，更透彻、更鲜明地传递出去，为进一步推进中新两国文化教育交流与合作，增进中新两国人民友谊添砖加瓦。

---

[1] 宋若云. 新加坡教育研究 [M]. 北京：经济科学出版社，2013：149-150.

[2] 宋若云. 新加坡教育研究 [M]. 北京：经济科学出版社，2013：165.

[3] 南洋理工大学孔子学院成立 李光耀发表华语演讲 [EB/OL]. （2007-07-18）[2021-04-12]. http://www.gqb. gov.cn/news/2007/0718/1/5899.shtml.

[4] 授权发布：推动共建丝绸之路经济带和21世纪海上丝绸之路的愿景与行动 [EB/OL]. （2015-03-28）[2021-04-12]. http://www.xinhuanet.com/world/2015-03/28/c_1114793986.htm.

结　语

　　新加坡在东西方文化的不断碰撞激荡、交流融合与变革创新中，始终秉持以人为本的教育理念，坚持践行因材施教的教育原则，逐步构建起独具特色、多元包容、灵活开放、系统完备的教育体系，取得了骄人的教育成就。教育的成功不仅为新加坡经济迅速发展和实现国家现代化提供了重要动力，卓越的教育水平本身也成为新加坡标志性"名片"之一。

一、秉持以人为本的教育理念

　　教育是培养人的活动，尊重学生身心发展特点和教育规律，是推动教育发展的根本。新加坡教育处处体现以人为本的教育理念。

　　其一，丰富多元的课程体系充分满足学生的个性化发展需求。新加坡注重国家课程与校本课程的结合，鼓励学校教师个体与校外团体合作，根据本校性质、特点开发具有学校特色、满足学生特殊需求的校本课程资源，以发掘处于不同发展阶段和层次的每个学生的潜能。新加坡政府坚持每所学校都是好学校的管理理念，给予每所学校、每位老师和每个学生充分的信任与支持。

　　其二，坚持"少教多学"，注重学生综合素质、创造性思维和能力以及解决实际问题能力的培养。自 2014 年起，新加坡教育部与新加坡科技馆合作、开始在中学推行 STEAM 有关的应用学习项目，鼓励学生创造性地解决实际问题，同时促进终身学习。在具体的教育教学实践中，教师也会为学生创设大量动手操作的机会，主张让学生做中学、错中学。此外，新加坡学校还设有系统完备的课程辅助活动（又称课外拓展活动，CCA），鼓励学生从小学二年级开始参加，每人至少选取一门兴趣课程，规定中小学下午一点放学后为专门的课程辅助活动和社区服务时间。教育部还专门制定出对应的课程辅助活动等级表，帮助量化学生在活动中达到的水平，并将学生参加课程辅助活动的成绩作为申请更高一级学府的重要依据。课程辅助活动内容十分丰富，包括体育运动、制服团队、视觉及表演艺术、社团及协会等，旨在让学生在真实的生活体验中塑造个性和价值观，提升学生的综合素质及解决实际问题能力。

其三，坚持教育优先发展，不断加大教育投入，完善教育资源配置。如 2017 年，新加坡教育经费支出为 129 亿新元（约合 93 亿美金），占当时新加坡全部公共支出的 17%。在如此高的教育投入之下，新加坡学生从小学到中学后接受的几乎都是"免费教育"，学杂费很低，并设立了名目种类繁多的奖学金，还为每个学生配备专门用来支付教育费用的储蓄基金。此外，各类学校设施设备先进、齐全，教师收入水平高，硬件和软件都得到了充足的经费保障，为实现新加坡教育发展创造了良好条件。

二、践行因材施教的教育原则

以分流制度为基础的精英教育模式曾贯穿新加坡整个教育体系，这种模式在兼顾教育公平和效率的同时，也体现了因材施教的教育原则，是新加坡教育成功的"秘钥"之一。

作为一个资源匮乏型国家，新加坡非常重视发展教育和开发人力资源

来服务国家经济社会发展。为此，新加坡自独立之初就制定了"教育必须
与经济发展相适应"的教育政策，要求学校教育要符合经济社会发展所需。
但新加坡的教育并不是罔顾学生发展的"唯实用主义"，个体发展具有差异
性，社会发展也需要多层次人才。在此思想指导下，新加坡一方面重视能
够为社会培养创新人才的精英教育模式，另一方面又大力发展职业教育和
技能培训，为不同层次的学生提供多样化、灵活的课程和学习体系。同时，
还给予学生充分的自由流动和选择权，最大程度保障每个学生接受适切的
教育。多层次、多类型的学生毕业后走向各个工作岗位，使得新加坡的社
会职业结构越来越合理和多样，适应了新加坡经济社会发展的需求。事实
证明，充分认识和尊重学生发展的个体差异性，在密切联系社会需求的基
础上，兼顾不同学习能力和不同天赋的学生，为其提供最适宜的教育，既
能满足学生多样化和个性化的教育需要，又能极大助力社会结构的完善和
经济的发展。

三、构建多元包容和灵活开放的教育体系

经过几十年的努力，新加坡逐步建立起一个独具特色、多元包容、灵
活开放的教育体系，为新加坡经济腾飞提供了重要的人才支撑。

新加坡教育体系的多元包容性主要体现在：课程设置的丰富和多元；
实施双语教育。作为一个多种族国家，新加坡一直采用"1+N"模式的双语
教育，即以英语教育为主，华语、马来语、泰米尔语为辅。这种制度一方
面有利于促进种族和谐、维护社会团结稳定，另一方面也增强了新加坡学
生的跨文化交流素养，使学生能更好地适应国际化潮流和竞争。

新加坡教育体系的灵活开放性主要体现在打破了普通教育和职业教育
的界限，实现了二者的互通互融。尽管新加坡的学生在中学阶段就被分流

至普通教育或职业教育轨道，但他们仍有较多机会和路径依据学业表现和兴趣转换"轨道"。

当然，新加坡的教育并非完美无缺。诸如筛选式评价与评级、层层分流、激烈的教育竞争、高度的精英教育等问题广受诟病，新加坡的学校、学生和家长长期处于"高压"之下，教育成本居高不下，在一定程度上也导致了生育率的节节下滑。近年来，新加坡政府已经认识到问题的严峻性，逐步开启了面向未来的新一轮教育改革行动，包括改革评价方式，减少学校作业、检测与考试次数，改变传统的唯学科考试成绩为标准的评价办法，根据多元智能理论建立新的评价体系，逐步取消分流制度等。

作为东南亚经济最发达国家，新加坡是东盟创始成员国，是东盟地区首个与中国签订自由贸易协定的国家，也是中国最为重要的东盟贸易伙伴之一。自1996年和1999年中新两国文化部和教育部分别签署《文化合作谅解备忘录》《教育交流与合作备忘录》以来，两国文化教育交流频繁、合作密切。"一带一路"倡议为中新两国在文化教育领域的交流与合作打开了一个全新的、更加广阔的局面，新加坡也是"一带一路"倡议最早的支持者和积极的参与者，相信未来两国的教育文化往来会更频繁、更顺畅、更密切。

参考文献

一、中文文献

本书编写组. 习近平总书记教育重要论述讲义 [M]. 北京：高等教育出版社，2020.

陈逢华，靳乔. 阿尔巴尼亚文化教育研究 [M]. 北京：外语教学与研究出版社，2021.

陈岳，陈翠华. 李光耀：新加坡的奠基人 [M]. 北京：时事出版社，1990.

冯增俊，陈时见，项贤明. 当代比较教育学 [M]. 2 版. 北京：人民教育出版社，2015.

顾明远. 顾明远教育演讲录 [M]. 北京：人民教育出版社，2014.

国家信息中心"一带一路"大数据中心. "一带一路"大数据报告（2017）[M]. 北京：商务印书馆，2017.

洪镰德. 新加坡学 [M]. 台北：扬智文化事业股份有限公司，1994.

华拉保绍. 新加坡职业技术教育五十年 [M]. 卿中全，译. 北京：商务印书馆，2018.

黄雅婷. 塔吉克斯坦文化教育研究 [M]. 北京：外语教学与研究出版社，2021.

教育部课题组. 深入学习习近平关于教育的重要论述 [M]. 北京：人民出版社，2019.

匡导球. 星岛崛起：新加坡的立国智慧 [M]. 北京：人民出版社，2013.

赖新元. 新加坡中小学教育特色与借鉴 [M]. 北京：中国戏剧出版社，2009.

李光耀. 李光耀 40 年政论选 [M]. 北京：现代出版社，1994.

李洪峰，崔璨. 塞内加尔文化教育研究 [M]. 北京：外语教学与研究出版社，2021.

李路曲. 新加坡道路 [M]. 北京：中国社会科学出版社，2018.

刘辰，孟炳君. 阿联酋文化教育研究 [M]. 北京：外语教学与研究出版社，2021.

刘迪南，黄莹. 蒙古国文化教育研究 [M]. 北京：外语教学与研究出版社，2021.

刘复兴，檀慧玲. 高等教育法规概论 [M]. 北京：首都师范大学出版社，2021.

刘捷. 教育的追问与求索 [M]. 北京：人民出版社，2021.

刘捷. 专业化：挑战 21 世纪的教师 [M]. 北京：教育科学出版社，2002.

刘进，张志强，孔繁盛. "一带一路"高等教育研究（2019）：国际化展望 [M]. 北京：北京理工大学出版社，2020.

刘生全. 教育成层研究 [M]. 北京：教育科学出版社，2011.

刘欣路，董琦. 约旦文化教育研究 [M]. 北京：外语教学与研究出版社，2021.

卢晓中. 比较教育学 [M]. 北京：人民教育出版社，2020.

陆有铨. 教育的哲思与审视 [M]. 北京：人民教育出版社，2016.

普雷特. 李光耀对话录：新加坡建国之路 [M]. 张立德，译. 北京：现代出版社，2011.

秦惠民，王名扬. 高等教育与家庭流动 [M]. 北京：科学出版社，2019.

秦惠民．教育法治与大学治理 [M]．北京：人民出版社，2021.

任钟印．东西方教育的覃思 [M]．北京：人民教育出版社，2017.

石筠弢．学前教育课程论 [M]．2 版．北京：北京师范大学出版社，2014.

宋若云．新加坡教育研究 [M]．北京：经济科学出版社，2013.

孙有中．跨文化研究论丛 [M]．北京：外语教学与研究出版社，2019.

滕大春．教育史研究与教育规律探索 [M]．北京：人民教育出版社，2019.

王承绪，顾明远．比较教育 [M]．5 版．北京：人民教育出版社，2015.

王定华，秦惠民．北外教育评论：第 2 辑 [M]．北京：外语教学与研究出版社，2021.

王定华，杨丹．人类命运的回响——中国共产党外语教育 100 年 [M]．北京：外语教学与研究出版社，2021.

王定华．教育路上行与思 [M]．北京：人民出版社，2020.

王定华．美国高等教育：观察与研究 [M]．2 版．北京：人民教育出版社，2021.

王定华．美国基础教育：观察与研究 [M]．2 版．北京：人民教育出版社，2021.

王定华．新时代高品质学校建设方略 [M]．长春：东北师范大学出版社，2019.

王定华．中国基础教育：观察与研究 [M]．北京：人民教育出版社，2021.

王定华．中国教师教育：观察与研究 [M]．北京：人民教育出版社，2020.

王吉会，车迪．刚果（布）文化教育研究 [M]．北京：外语教学与研究出版社，2021.

王晶，刘冰洁．摩洛哥文化教育研究 [M]．北京：外语教学与研究出版社，2021.

王名扬．美国公立研究型大学内部质量改进的实证研究 [M]．北京：中国社会科学出版社，2020.

王学风. 多元文化社会的学校德育研究——以新加坡为个案 [M]. 广州：广东人民出版社，2005.

王学风. 新加坡基础教育 [M]. 广州：广东教育出版社，2003.

吴式颖，李明德. 外国教育史教程 [M]. 3 版. 北京：人民教育出版社，2015.

吴元华. 务实的决策——新加坡政府华语文政策研究 [M]. 北京：当代世界出版社，2008.

习近平. 论坚持推动构建人类命运共同体 [M]. 北京：中央文献出版社，2018.

习近平. 习近平谈"一带一路" [M]. 北京：中央文献出版社，2018.

谢维和. 我的教育觉悟 [M]. 北京：人民教育出版社，2016.

杨汉清. 比较教育学 [M]. 3 版. 北京：人民教育出版社，2015.

杨静林. 新加坡 [M]. 大连：大连海事大学出版社，2020.

杨鲁新，王乐凡. 北马其顿文化教育研究 [M]. 北京：外语教学与研究出版社，2021.

苑大勇. 国际高等教育协同创新与人才培养比较研究 [M]. 北京：知识产权出版社，2020.

张方方，李丛. 安哥拉文化教育研究 [M]. 北京：外语教学与研究出版社，2021.

张弘，陈春侠. 乌克兰文化教育研究 [M]. 北京：外语教学与研究出版社，2021.

郑通涛，方环海，陈荣岚. "一带一路"视角下的教育发展研究 [M]. 广州：世界图书出版广东有限公司，2017.

朱睿智，杨傲然. 莫桑比克文化教育研究 [M]. 北京：外语教学与研究出版社，2021.

QUAH J S T. 高效政府：新加坡式公共管理 [M]. 魏晓慧，左昌，袁亮，译. 北京：新华出版社，2018.

二、外文文献

BOUND H, RUSHBROOK P. Towards a new understanding of workplace learning: the context of Singapore[M]. Singapore: National Library Board, 2015.

CHAI C S, WANG Q Y. ICT for self-directed and collaborative learning[M]. Singapore: Pearson Education South Asia Pte Ltd, 2010.

GWEE Y H. 150 years of education in Singapore[M]. Singapore: TTC Publications Board, 1969.

JING M. The ECE landscape being shaped by cosmopolitanism: an examination and evaluation of policies in Singapore[M]. Singapore: Springer, 2016.

LIM M Y S, LIM A. Governmentality of early childhood education in Singapore: contemporary issues[M]. Dordrecht: Springer Netherlands, 2017.

MORRIS B. Trends in university reform[M]. Washington, D.C.: World Bank, 1997.

OECD. Early learning and child well-being: a study of five-year-olds in England, Estonia, and the United States[M]. Paris: OECD Publishing, 2020.

Party Committee of the Singapore. Report of the All-Party Committee of the Singapore legislative assembly on Chinese education[M]. Singapore: Govt. Printer, 1956.